普行法師全集 3

楞伽經今文譯註

楞伽義趣幽眇，文字簡古，讀者尚不能句，
而況遺文以得義，忘義以了心，
所以寂寥於世，幾廢而僅存。

普行法師◆著

楞伽經今文譯註緣起序

佛在法華經譬喻品裡說：「今此三界，皆是我有，其中衆生，悉是我子。」讀經至此，未嘗不深自呵責，我們既是佛子，就該老老實實的荷擔如來家業，紹繼佛種，不使斷絕才是；何得背棄倫常，捨父逃逝。然末法障重，所謂道高一尺，魔高一丈，要想荷擔如來家業，也得使出兵家運籌帷幄，決勝千里的縱橫捭闔之術，然後才能破魔軍陣，保住如來家業，不受侵擾。否則，如來出世，尚有九惱；何況佛子，能不眼睜睜的，看著被愚癡凡夫，肆無忌憚的誹謗大乘嗎？所以老朽二十年來遊心三藏，既有淨土百絕吟草、金剛經探微述要、成唯識論研習、法華經易解等著述，以弘揚聖教；又有大乘止觀法門啓蒙之作，以剪魔衛道。

可是佛道長遠，法海淵深；學問之道，又如逆水行舟，不進則退。我不敢從此輟學，甚至有撫象感。只好再鼓舞一番，趕著老牛破車，向佛道的究極理境，繼續邁進。不料閱藏至宋譯楞伽，好像智慧的能源，宣告涸竭，我只有望著這汪洋的法海而興歎了。的確如東坡居士所謂：「楞伽義趣幽眇，文字簡古，讀者尚不能句，而況遺文以得義，忘義以了心。所以寂寥於世，幾廢而僅存」。其實不但宋譯，就是魏唐二譯，及各家註疏，以我們五四文字變革已後的今人來看，也不免有或多或少的簡古之嫌，扞格不入。我想，既是病在簡古，若以今文為之譯註，使其簡古的文字，得以通俗；幽眇的義趣，得以彰顯。讀者自能心領神會，得義忘詮，以心傳心，心心相印，不脛而走，不言而諭，這楞伽也就不寂寥於世了。於是，老朽就不自量力，毅然決然來從事這場今文譯註的筆墨之役了。自中華民國六十七年孟春握管，至六十九年季夏閣筆。當然嘍！像我這樣鈍漢，要不是參考先德的名著：楞伽經通義、楞伽經集註、楞伽經註解、楞伽經義疏、楞伽經宗通、楞伽經合轍等，以定奪是非，彌綸補遺；及鼓山寺供養所須不虞匱乏，決不會有這樣豐碩的成果。這不能不歸功於三寶的加被。還有風光旖麗，給我以精神上的慰藉，使我能在病魔的障難中，安之若素，為所無為。曾有詩云：「二利坐從筆底收，風光檻外任優游，花朝細雨浥塵後，雲向青山闕處流。」這也不能不歸功於自然界的增上助緣。

達磨西來，傳佛心印時說：「吾觀震旦，所有經教，惟楞伽四卷，可以印心。」在龍門香山寺，同如滿大師結香火社，專修念佛法門的香山居士，也有詩云：「人間此病治無藥，惟有楞伽四卷經。」慧思大師著大乘止觀法門，亦數引此經，以為印證。這都是給我琢得此荊山璞玉的先機啓示。而今而後，老朽雖朽，此玉不朽，他日見佛，將憑此玉牒，敘父子倫常，誰曰不可？是以為序。

中華民國六十九年六月釋普行識於臺灣田中鼓山寺

楞伽經分科表

科目　頁

佛語心品之一

佛語心品之四

乙偈頌

楞伽阿跋多羅寶經今文譯註

甲、釋題名

一、別　題

「楞伽阿跋多羅寶」這七個字，是本經特立，不與餘經混同的名目，所以叫做「別題」。梵語「楞伽」，是個國城的名稱，翻爲我們中國的話，叫做「險絕」；也叫做「難入」。「阿跋多羅」，有師翻爲「無上」；也有師翻爲「下入」。此城爲衆寶所成，在拔海三千尺，壁立如削的摩羅耶山頂上（即今之錫蘭島）。除佛菩薩應機降迹，以神通飛空，下入此城外；不是常人可以攀登得入的。此以處名經，表心地法門，言語道斷，去來路絕，非頓根上機，不能悟入。

二、通　題

「經」字，是一切經的都名，所以叫做「通題」。梵語「修多羅」，正翻爲「線」。由線的功用，延衍爲經。含：奏合、貫攝等義；即：直線爲經，橫線爲緯，經契於緯，貫穿攝持而成布帛。聖者的言教，也是這樣的：契理合機、貫穿法義、攝持所化而成覺道。所以都名為經。

乙、述譯傳

此經，今大藏所收，共有三譯：一是劉宋元嘉十二年（公元四三五）中天竺求那跋陀羅所譯的四卷，題名「楞伽阿跋多羅寶」。二是魏延昌二年（公元五一三）北天竺菩提流支所譯的十卷，題名「入楞伽」。三是唐久視元年（公元七〇〇）于闐國實叉難陀所譯的七卷，題名「大乘入楞伽」。

此三譯，比較起來，宋譯的四卷，雖文字簡澀，卻也精純樸拙，並不失為第一義心的眞詮。所以達磨西來，特傳此經以為心印。他說：「吾觀震旦所有經教，唯楞伽四卷，可以印心。」因此，世所盛傳者，唯此宋譯。

丙、釋正文

一切佛語心品之一

諸佛說法，無非為究明第一義心，故曰「一切佛語心」。經家按義類區分的章段，叫做「品」。楞伽經，在西竺的梵本，總有一百五十餘品之多，今東土所傳，僅此足以印心的一品。再分之為四，故有一至四的次第排列。

第一章　法會緣起

如是我聞。

〔註解〕這句話，是持佛法藏的阿難尊者，承佛遺命，冠於一切經首，爲未來際的聞法衆生，建立信心的入道之堦。所以智度論云：『佛法大海，信爲能入。』「如是」——是指佛所說的法，爲眞實如理。「我聞」——是阿難隨俗自稱爲我，說他是親從佛聞。若不隨俗，眞諦裏那有能聞的我，與所聞的法？

〔語譯〕這部眞實如理的楞伽經，是我阿難親自聽佛說的。

一時佛住南海濱楞伽山頂，種種寶華以爲莊嚴。

〔註解〕「一時」——是法緣際會的時候。何以不標定某年月日？有二種理由：①各國的曆法不同，無一定準則。②佛智圓融，可以演短促長。如法華經云：「神通力如是，於阿僧祇劫，常在靈鷲山，及餘諸住處。」那得爲世俗曆算的時限所滯礙？「佛」——是梵語佛陀的畧稱。翻爲覺者，具有：自覺、覺他、覺行窮滿三義。「楞伽城」——考魏唐二譯，都說是摩羅耶山頂上的楞伽城。今以城名山，不過取其簡畧罷了。試觀後文「爲楞伽國摩羅耶山」之句便知。

〔語譯〕佛說這經的時候，是住在南海濱，摩羅耶山頂的楞伽城裏。這山城，有種種寶華，莊嚴極了！

與大比丘僧，及大菩薩衆俱。從彼種種異佛刹來。是諸菩薩摩訶薩，無量三昧，自在之力，神通遊戲。大慧菩薩摩訶薩而爲上首。一切諸佛手灌其頂。自心現境界，善解其義。種種衆生、種種心色，無量度門，隨類普現。於五法、自性、識、二種無我，究竟通達。

〔註解〕「大比丘僧」——大，是稱讚之詞。比丘，是剃染出家，而又受具足戒的沙門，具有：破惡、怖魔、乞士三義。僧，是比丘三人以上的和合衆。但指其中一人，亦得稱僧。「異佛刹」——是不同的佛化國土。如：極樂世界，是彌陀佛的化土；娑婆世界，是釋迦佛的化土。「菩薩摩訶薩」——是梵語「菩提薩埵摩訶薩埵」之畧。此翻菩提爲「覺」；摩訶爲「大」；薩埵爲「有情」。總名應謂「大覺有情」。又，菩薩義通三乘，今但指大乘，故又說「摩訶薩」。「無量三昧……究竟通達」——這段文，是以稱歎菩薩的德行，來策勵聲聞的。參照唐譯，「大慧菩薩摩訶薩而爲上首」一句，應在文末，辭義始暢。若橫置中間，則此歎德一文，便被割成兩截，前一截爲總歎諸大菩薩；後一截爲別歎大慧菩薩了。然而，以前望後，二德並無軒輊，僅「無量三昧」一句，就賅盡衆德無遺了。此中句義後文自釋。

〔語譯〕跟佛住在一起的，有很多大比丘和大菩薩，他們都是從種種不同的佛土而來。這些大菩薩，都有無量三昧自在無礙之力，到處以神通化物，好像遊戲似的。一切諸佛，都給他們摩頂，表示護念。因爲他們善能了解當前境界，原爲自心所現的影相，並非心外有法的深義；又能以無量度化的法門，普遍對心識、形色種種不同的衆生，隨類應現；又於五法、三自性、八識、二無我的道理，徹底明了。大慧菩薩，就是這會下聞衆的班首。

〔章後贅言：這法會緣起一章，魏唐二譯，都有楞伽城的夜叉王勸請一段，此本獨闕，學人應會同參研。若按通途的序、正、流通三分來判，本章卽序分，向下爲正宗，最後戒酒肉的一章就是流通分。〕

第二章　大慧讚佛

爾時大慧菩薩，與摩帝菩薩，俱遊一切諸佛剎土。承佛神力，從座而起，偏袒右肩，右膝著地，合掌恭敬，以偈讚佛：

〔註解〕這是經家敘述法會開始時，當機的大慧菩薩，向佛致最敬禮的儀節。梵語「摩帝」亦翻爲慧。摩帝菩薩，是大慧菩薩遊一切佛土的同參道侶。「承佛神力從座而起」——表示菩薩的始覺之智，是由本覺佛性而起的。「偏袒右肩，右膝著地。」——表示荷担大法，到實際理地。「合掌恭敬」——表示法王之法，權實不二。「以偈讚佛」——表示以權智顯揚實智。

〔語譯〕這時，大慧菩薩與摩帝菩薩，同遊一切諸佛國土，適逢楞伽勝會，就承佛神力的感召，代表會衆對揚大法了。於是他從座位上起來。偏袒右肩、右膝著地、雙手合掌，恭恭敬敬的，以偈頌讚歎佛德：

『世間離生滅，猶如虛空華，智不得有無，而興大悲心。一切法如幻，遠離於心識，智不得有無，而興大悲心。遠離於斷常，世間恒如夢，智不得有無，而興大悲心。知人法無我，煩惱及爾燄，常淸淨無相，而興大悲心。

〔註解〕此下是大慧菩薩讚佛的偈頌。四句爲一頌，共六頌半文。這四頌是約用以讚。每頌的前三句讚佛智德，後一句讚佛悲德。悲智雙運，便是拔濟衆生的無邊大用。「智不得有無」——正智契於如如之理，非有非無，有何可得？若有可得，那就不是正智，而是妄想了。「斷常」——衆生不了因果相續而非斷之理，妄計萬象的消逝爲斷；不了生滅流轉而非常之理，妄計萬象的暫時存在爲常。「煩惱及爾燄」——爾燄是梵語，此翻所知。與煩惱並稱二障，煩惱障涅槃，所知障菩提。

〔語譯〕『離了世間與空華相似的生滅諸法，便是契於如如之理，非有非無的正智。由此正智起同體大悲，救度那墮入世網，不得出離的芸芸衆生。

一切法與幻化相似，無實自體，都是由心意識所變現的。如來既離心識，便是契於如如之理非有非無的正智。由此正智，起同體大悲，救度那不了如幻，而爲心識所迷惑的有情。

遠離世間與睡夢相似的斷、常二種邊見，便是契於如如之理，非有非無的正智。由此正智起同體大悲，救度那不了如夢妄執斷常的邊見衆生。

了知人無我、法無我的道理，則由人、法二執所生的煩惱、所知二障，就清淨無相，不成其爲涅槃、菩提的障礙了。因此起同體大悲，應化世間。

一切無涅槃，無有涅槃佛，無有佛涅槃，遠離覺所覺，若有若無有，是二悉俱離。

〔註解〕這一頌半文，是約體以讚。爲顯性體絕待，一切假名言相，都要遣除淨盡。「一切無涅槃」——涅槃，此翻寂滅，是一切凡聖本具的法性理體。然性非生死，何待寂滅？所以先遣涅槃。「無有涅槃佛，無有佛涅槃。」——佛是涅槃的果人，故名「涅槃佛」；涅槃是佛的果法，故名「佛涅槃」。二名都無，所以次遣人法。「遠離覺所覺」——能覺，是佛智；所覺，是佛理。理智雙泯，那有能、所的分別情見？所以次遣能所。「若有若無有，

是二悉俱離。」——佛與涅槃有沒有的情執，都要遠離。若但離有，不離無有，就成爲斷滅空了。所以最後有無雙遣，才顯出性體的絕待平等。

〔語譯〕一切法的理體，本自寂滅，無復涅槃。既沒有入涅槃的佛，也沒有佛入的涅槃。這能覺與所覺的分別情見，以及佛與涅槃，是有是無的情執，都已遠離了。

牟尼寂靜觀，是則遠離生，是名爲不取，今世後世淨。』

〔註解〕這最後一頌是結勸修觀。梵語「牟尼」，翻爲「寂靜」或「寂默」。是佛的尊號。即遠離生滅，究竟寂靜之義。「不取」，就是遠離。

〔語譯〕行者，若修牟尼世尊遠離生滅的寂靜觀；此人，便於今世後世，無所取著，而得清淨了。』

（章後贅言：無量法門，不出體用。所以大慧讚佛，先約用讚，明一經要義；次約體讚，明一經旨趣；最後結勸修觀，明體用不二，總歸於牟尼寂靜的至極理境。）

第三章　總明句義

第一節　大慧請問

爾時大慧菩薩偈讚佛已，自說姓名：『我名爲大慧，通達於大乘，今以百八義，仰

諮尊中上。』

〔註解〕這是大慧請佛許他發問的話。一乘實法，頓說種子業識爲如來藏，理超二乘的滅識趣寂，所以名爲「大乘」。大慧菩薩雖已通達大乘，然爲當機對揚，不得不提出百八義的問題，請佛解答，以度化楞伽城裏的羅刹鬼衆。

〔語譯〕這時，大慧菩薩說偈讚佛已罷，接著就自我介紹的說：『我名叫大慧，爲的要通達大乘教義，現在提出一百零八義的問題，請世尊給我們解答好嗎？』

世間解之士，聞彼所說偈，觀察一切衆，告諸佛子言：『汝等諸佛子，今皆恣所問，我當爲汝說，自覺之境界。』

〔註解〕這是佛許會衆，隨意諮問。「世間解」——是佛的十號之一。因爲唯佛能了解世間的情與非情。「佛子」——是菩薩的通稱。因爲菩薩能接續佛種，不使斷絕。「自覺」——就是自證。

〔語譯〕佛聽大慧所說的偈，便知大機已動，乃觀察會衆，徧告諸佛子道：『你們儘管隨意發問，我當以我自證的境界，給你們一一解答。』

爾時大慧菩薩摩訶薩，承佛所聽，頂禮佛足，合掌恭敬以偈問曰：

〔註解〕這是經家敘述大慧菩薩正申所問時的儀節。向下就是他所問的百八義：或一句一問，或數句一問，或一問一義，或一問數義。開合不定，亦無倫次。但總不出五法、三自性、八識、二無我的範疇。

〔語譯〕這時，大慧菩薩，承佛慈命，聽許他隨意發問；便行禮如儀，以偈問佛。他這樣說：

『云何淨其念？云何念增長？云何見癡惑？云何惑增長？

〔註解〕這裏的「念」字，魏譯爲覺觀的「覺」；唐譯爲分別的「計度」。可謂大同。前二句問淨爲悟；後二句問染爲迷。染淨迷悟，把一切法都晐盡無遺了。

〔語譯〕『如何能使妄念清淨，如何能使淨念相續？爲什麼衆生的知見，會愚癡迷惑？爲什麼迷惑會增長不已？

何故刹土化，相及諸外道？

〔註解〕這二句一問裏，包括有：刹土、化相、外道三義。佛教以外的邪教，叫做外道。據華嚴經及智度論等所說，外道有九十六種。

〔語譯〕何故有佛化的國土、教化衆生的相狀，以及所破的種種外道？

云何無受次？何故名無受？何故名佛子？解脫至何所？誰縛誰解脫？

〔註解〕佛子不領受一切外境，便是寂靜，及無有影相的正受。所以這裏的「無受」，亦名正受；魏譯爲「寂靜」；唐譯爲「無影」。

〔語譯〕爲什麼無受有修證的次第？爲什麼名爲無受？爲什麼名爲佛子？他解脫了生死之後，到那裏去？迷時束縛的是誰？悟時解脫的又是誰呢？

何等禪境界？云何有三乘？唯願爲解說。

〔註解〕「禪」，是梵語禪那的畧稱。翻爲靜慮。有世、出世間，及次第淺深的種種差別。「境界」，就是修禪的觀法。故魏譯謂：「禪者觀何法，何因有三乘？」

〔語譯〕什麼是禪靜所觀的境界？爲什麼又有聲聞、緣覺、菩薩的三乘差別？唯願世尊爲我們分別解說。

緣起何所生，云何作所作？云何俱異說？云何爲增長？

〔註解〕前二句問不了中道，妄計的十二緣法。第三句問外道妄執的俱、異之說。第四句問三界諸有，所以唐譯此句爲「云何諸有起」。

〔語譯〕緣起法是怎樣生的？爲什麼有作與所作的業因業果？爲什麼有一、異、俱、不俱等的妄說？爲什麼有增長的三界諸有？

云何無色定，及與滅正受？云何爲想滅？何因從定覺？云何所作生，進去及持身？

云何現分別？云何生諸地？

〔註解〕這八句的前三句約樂住寂定的二乘以問。後五句約出定起用的大乘以問。

〔語譯〕什麼是無色界的四空定；以及那滅盡定的正受？什麼叫做無想定？爲什麼要從定起覺？爲什麼所有利他的作爲，要以定慧持身，去住自在？爲什麼要現身說法，分別法相？爲什麼會證入菩薩十地？

破三有者誰？何處身云何？往生何所至？云何最勝子，何因得神通，及自在三昧？

云何三昧心？最勝爲我說。

〔註解〕這八句問三乘行相。這裏的第四句，魏譯爲「云何諸佛子」；末一句，唐譯爲「願佛爲我說」。可知「最勝子」就是佛子；「最勝」就是稱讚佛名了。

〔語譯〕能破三界諸有的是誰？他是什麼身分？破了三有已後，生到那兒去呢？如何佛子能得神通，及自在三昧？三昧心的相狀，又是怎樣？這些個問題，願佛給我們一一解說。

云何名爲藏？云何意及識？云何生與滅？云何見已還？云何爲種性，非種及心量？

云何建立相，及與非我義？云何無衆生？云何世俗說？云何爲斷見，及常見不生？
云何佛外道，其相不相違？云何當來世，種種諸異部？

〔註解〕這十六句總問心性本來平等，何以有種種不同的名相建立？前四句問八識生滅、不生滅義。「見已還」——魏譯爲「斷所見」；唐譯爲「退諸見」；都是不生滅義。第五、六兩句問五種性。「種」，是種子能生之義。「性」，是習以成性，不可當作理性會。餘句問義可解。

〔語譯〕爲什麼說「如來藏」名爲第八「藏識」，爲什麼第八藏識裏，又有第七的「意」；及第六的「意識」等識浪生起？爲什麼意識起生滅諸見？爲什麼諸見起已還滅，仍歸藏海？爲什麼說有三乘必定成佛的種性；外道闡提的非種性；以及隨心所量的不定種性呢？爲什麼既建立法相，又說無我？爲什麼依眞諦說無衆生；依世諦隨俗說有？怎樣才是不起斷、常二見？爲什麼佛與外道的邪正二相，不相違背？爲什麼佛滅度後的當來之世，弟子們隨其理解情見，所宗的經部，有種種別異？

云何空何因？云何剎那壞？云何胎藏生？云何世不動？何因如幻夢，及犍闥婆城，
世間熱時燄，及與水月光？何因說覺支，及與菩提分？云何國土亂？云何作有見？

〔註解〕這十二句，問世間生滅、不生滅，及覺不覺義：初二句，問器世間成、住、壞、空的歷劫流轉。畧舉空、壞，賅攝成、住。「刹那」——就是極微細的一念。第三句，問有情世間的生死流轉，特舉生以攝死。第四句，總問世間不動之理。「不動」——就是不生滅，卽法華所謂的「世間相常住」。第五至第八四句，問設喩之由。「犍闥婆城」——就是西域優俳以幻術變現的城市。最後四句，問覺、不覺義。「菩提分」——就是三十七菩提分法。分爲七種，所以又名爲七科道品。「覺支」——就是七科道品中的第六科。覺法有七種，故名七覺支。如左表：

七科道品
1、四念處（觀身不淨、觀受是苦、觀心無常、觀法無我）
2、四正勤（已生惡令斷、未生惡令不生。未生善令生。已生善令增長）
3、四如意足（欲、勤、心、觀）
4、五根（信、勤、念、定、慧）
5、五力（由五根所生的力量）
6、七覺支（擇法、精進、喜、輕安、念、定、行捨）
7、八正道（正見、正思、正語、正業、正命、正精進、正念、正定）

〔語譯〕爲什麼器世間會遭到空劫？爲什麼由成而住，而刹那變壞？爲什麼有情世間由胎藏裏，生而又死，死而又生？爲什麼又說世間是常住不動的？何以又把世間比如：幻、夢、犍闥婆城、陽燄、水月等的虛妄諸相？何以又對世間說七覺支，及三十七菩提分法？爲什麼國土雜亂，起滅紛紜？爲什麼衆生妄見三界諸有？

云何不生滅，世如虛空華？云何覺世間？云何說離字？離妄想者誰？云何虛空譬？

〔註解〕這六句，總問世間法的當體卽空，離一切相，本不生滅的第一義諦。所以唐譯謂：「云何知世間？云何離文字？云何如空華，不生亦不滅？」

〔語譯〕爲什麼世間法，本來不生，今亦不滅，與空華相似？如何覺知世間？如何離言說相，離名字相？誰能離此言說名字的妄想分別？何以又舉虛空，來譬喻這離相的第一義諦？

如實有幾種？幾波羅密心？何因度諸地？誰至無所受？何等二無我？云何爾燄淨？諸智有幾種？幾戒衆生性？

〔註解〕這八句，是問如如、正智的義類差別。「波羅密」——此翻爲「度」，或「到彼岸」。「諸地」——就是度到彼岸所歷的階位，如菩薩十地、三乘共十地，餘如前已解。

〔語譯〕眞如實際，依修證頓漸的不同，約有幾種？有幾種波羅密心？何以能頓超諸地？誰能證得「無所受」的究竟佛果？怎樣才能離二我執？怎樣才能淨所知障？約凡聖勝劣的分別，有幾種智？依衆生根性，防過止非的禁戒，又有幾種？

誰生諸寶性，摩尼眞珠等？誰生諸語言，衆生種種性？明處及伎術，誰之所顯示？

〔註解〕這六句三問：一問無情寶生。二問有情語生。三問五明顯示。西域內外學者，必須修學之處，有五明大論，故名「五明處」。一是明語言文字之學，叫做「聲明」。二是明工藝技術曆算之學，叫做「工巧明」。三是明藥石醫療之學，叫做「醫方明」。四是明考定眞僞的論理之學，叫做「因明」。五是明自家宗旨之學，叫做「內明」。這五明處的前三爲外學，後二爲內學。

〔語譯〕一切摩尼眞珠等的寶物，是誰生的？衆生種種類別不同的語言，是誰生的？五明處及伎術，是誰所顯示？

伽陀有幾種？長頌及短句。成爲有幾種？云何名爲論？

〔註解〕「伽陀」——是梵語，譯爲孤頌。就是單獨孤起的偈頌，或讚歎佛德，或結演法義。類似我國的詩句，雖有長短篇的不同，要以四句爲一頌，每句的字數相等。

〔語譯〕長篇短句的偈頌，約有幾種？其成爲經中的理趣，又有幾種？三藏中的優婆提舍，爲什麼名叫做論？

云何生飲食，及生諸愛欲？云何名爲王，轉輪及小王？云何守護國？諸天有幾種？云何名爲地，星宿及日月？

〔註解〕這八句應合爲三問：⑴愛欲以飲食爲最，故初二句應合爲一問。⑵四天王領四天下、轉輪王統轄四洲、粟散小王治理一國，故次三句應合爲一問。⑶天地三光，不出諸有，故最後三句應合爲一問。這三問的前一爲妄想，後二爲名相。

〔語譯〕怎樣會生起飲食，及五欲塵境的貪愛？世間怎樣有四天王、轉輪聖王、粟散小王等的諸王名分？他們是怎樣的守護國土？天衆有幾種類別？怎樣名叫做地，及三光照臨的日、月、星辰？

解脫修行者，是各有幾種？弟子有幾種？云何阿闍黎？佛復有幾種？復有幾種生？魔及諸異學，彼各有幾種？自性及與心，彼復各幾種？云何施設量？唯願最勝說。

〔註解〕這十二句的前十句，續問名相差別；後二句，結問諸說。「解脫修行」——尚在戒、定、慧的三學進修途中，叫做修行，是爲有學。進修圓滿，無可再學，叫做解脫，是爲無學。「阿闍黎」——譯爲教授，卽依之受戒、受經等的軌範師。

〔語譯〕已得解脫的無學，尚在修行的有學；他們各有幾種？依師受教的弟子，有幾種？怎樣才是教授弟子的阿闍黎？佛有幾種？及其宿世本生之事，又有幾種？諸魔及外道的異學，他們各有幾種？自性與心的分別，又各有幾種？如何隨量施設這些假名言相？唯願最勝的佛陀，給我們解說解說。

云何空風雲？云何念聰明？

〔註解〕這兩句是深究名相妄想之所以生起。第一句問無情的名相。第二句問有情的妄想。「念聰明」——是五別境中的念、慧二心所，故唐譯此句謂「念智何因有」。

〔語譯〕何以有空中風雲不測的變態？何以有念、慧妄想的緣起？

云何爲林樹？云何爲蔓草？云何象馬鹿？云何而捕取？云何爲卑陋？何因而卑陋？云何六節攝？云何一闡提？男女及不男，斯皆云何生？云何修行退？云何修行生？禪師以何法，建立何等人？衆生生諸趣，何相何像類？云何爲財富？何因致財富？云何爲釋種？何因有釋種？云何甘蔗種？無上尊願說。

〔註解〕這二十二句的前二十一句，是約情與無情的業報爲問，末一句是請說。「六節」——西域分一年爲六節，亦名六時：1、漸熱時。2、盛熱時。3、雨時。4、茂時。5、漸寒時。6、盛寒時。「不男」——有五種：1、生而無根的，叫做生不男。2、以刀去根的，叫做犍不男。3、見他人行婬始勃發男根的，叫做妬不男。4、遇男變女，遇女變男的，叫做變不男。5、半月爲男，半月爲女的，叫做半不男。「甘蔗種」——釋迦種族，原是「甘蔗王」的後裔。

〔語譯〕何以有樹林？何以有蔓草？何以有象馬鹿等的畜生？又何以被獵人所捕獲？什麼人爲卑陋下賤？他爲什麼做卑陋賤人？世間爲什麼一年六節，有斷了善根的一闡提，又有男人、女人，及五種不男？他們都是由什麼業因所生？爲什麼修行人有的退墮，有的精進？禪師建立何等法門，教人修禪入道？衆生流轉五趣，形形色色的相狀如何？怎樣叫做財富，他是怎樣致富的呢？什麼是釋迦種族？何以有釋種的產生？又何以叫做「甘蔗種」？願無上世尊爲我們解說。

云何長苦仙？彼云何教授？如來云何於，一切時剎現，種種名色類，最勝子圍繞？云何不食肉？云何制斷肉？食肉諸種類，何因故食肉？

〔註解〕這十句約凡聖教戒爲問。義顯可解。

〔語譯〕爲長生而修苦行的仙人，他以什麼法教授弟子？如來何以於一切時，一切剎土，隨機應現種種名號、種種色相，而爲最勝的佛子所恭敬圍繞？爲什麼不許食肉，而制定斷肉的戒律？那肉食的衆生，爲什麼還要食肉？

云何日月形，須彌及蓮華，師子勝相剎，側住覆世界，如因陀羅網，或悉諸珍寶，

箜篌細腰鼓，狀種種諸華，或離日月光，如是等無量？

〔註解〕這十句總問世界安立的形狀。「須彌」——梵名須彌樓，譯爲妙高山。是一小世界的中心。「蓮華」——卽蓮華藏世界。爲諸佛報身所居的淨土。「師子勝相」——卽佛胸前的卍字，其相最勝。「因陀羅網」——梵語因陀羅，此譯帝釋天。因陀羅網，就是帝釋殿前所張的寶網。

〔語譯〕爲什麼國土的形狀，與日月相似？爲什麼有：須彌山、蓮華藏、師子勝相的寶剎？爲什麼世界的安住，有：如側、如覆、如因陀羅網爲珍寶所成；或如：箜篌、腰鼓、華果等種種不同的形狀；或離日月自有光明，這樣不可量度的世界呢？

云何爲化佛？云何報生佛？云何如如佛？云何智慧佛？云何於欲界，不成等正覺？何故色究竟，離欲得菩提？

〔註解〕這八句的前四句，問佛名義差別。後四句，問報佛的成道界地。般若理趣釋云：『報身佛，於色界頂第四禪色究竟天，成正等覺。』

〔語譯〕佛本一眞，何以有不同的名義差別，如：隨機應現的化佛、酬宿修因的報生佛、體性不二的如如佛、本覺寂照的智慧佛呢？報身佛，何不於欲界成等正覺，而於離欲的色究竟天，證菩提道呢？

善逝般涅槃，誰當持正法？天師住久如，正法幾時住？

〔註解〕這四句，問法住久近。「善逝」——是諸佛十個通號的第五。就是善能往逝於涅槃彼岸之謂。「天師」——即佛十號之第九的「天人師」之畧。義顯可解。

〔語譯〕佛滅度後，誰當傳持正法？佛住世好久？佛滅後的正法，住世幾時？

悉檀及與見，各復有幾種？毗尼比丘分，云何何因緣？

〔註解〕這四句問法差別。「悉檀及與見」——悉，是華語普徧之義；檀，是梵語法施之義；華梵並擧，故名悉檀。見，是對機審詳決擇之義。「毗尼」——此翻爲律。

〔語譯〕悉檀的法門，及其決擇應施的機緣，各有幾種？爲什麼建立戒律，及持律的比丘？這又是什麼因緣？

彼諸最勝子，緣覺及聲聞，何因百變易？云何百無受？云何世俗通？云何出世間？云何爲七地？唯願爲演說。

〔註解〕此問何以有三乘人法的差別。「百變易」——就是阿羅漢以上聖者，居方便土，證變易生死，迷悟遷移，無定齊限。「百無受」——就是證無相寂靜，不受後有的涅槃。「世俗通」——就是修世間有漏禪定所證天眼、天耳、他心、宿命、神足的五種通力。「出世間」——就是三乘聖者證得的漏盡通。加五通為六通。「七地」——就是斷盡三界見思惑的已辦地。

「語譯」一切佛子，及緣覺、聲聞，他們何以證得變易生死？何以能不受後有？何以修得世俗五通，及出世六通？何以能到所作已辦的七地？唯願世尊為我們演說？

僧伽有幾種？云何為壞僧？云何醫方論，是復何因緣？

〔註解〕此問僧伽良莠差別，及應病的法藥。「醫方論」——此喻佛所說法，猶如醫方，並非五明論中的醫方論。涅槃經云：「成等正覺，為大醫王。」佛既是大醫王，佛所說法，當然就是醫方論了。

〔語譯〕僧伽有幾種差別？為什麼對衆生說醫方論，這又是什麼因緣？

何故大牟尼，唱說如是言：迦葉拘留孫，拘那含是我？

〔註解〕此問由前說佛有四種名義的差別而來。賢劫千佛的第一佛名拘留孫。第二佛名拘那含。第三佛名迦葉。第四佛卽今之釋迦牟尼，嘗說前佛是我。

〔語譯〕佛既有四義差別，為什麼又說，過去的迦葉佛、拘留孫佛、拘那含佛是我，而沒有差別呢？

何故說斷常，及與我無我？何不一切時，演說眞實義，而復爲衆生，分別說心量？

〔註解〕此問邪正權實何故不同。斷、常、我，都是外道邪說。無我，才是佛教的正法。心量，是隨衆生心量，說方便法門。

〔語譯〕爲什麼說斷、常、我，及無我的邪正差別？爲什麼不於一切時，都演說一乘中道的眞實義諦；而有時隨衆生心量，分別說方便權法呢？

何因男女林，訶梨阿摩勒；鷄羅及鐵圍，金剛等諸山，無量寶莊嚴，仙闥婆充滿？』

〔註解〕此問林木果實，及八部住處。「男女林」——就是屍陀林。其果實狀似男女，顏色美麗；落地又像死屍，臭穢不堪。佛弟子多依此林修不淨觀。「訶梨、阿摩勒」——是二種果名。「闥婆」——具名乾闥婆，是天龍八之一，爲帝釋奏樂的樂神。

〔語譯〕一般都是林木果實，何以有男女林、及訶梨、阿摩勒的不同？鷄羅及鐵圍金剛等山，爲衆寶莊嚴所成，那裏面爲什麼住滿了仙人及乾闥婆神？』

第二節　偈牒許說

無上世間解，聞彼所說偈，大乘諸度門，諸佛心第一。善哉善哉問，大慧善諦聽，我今當次第，如汝所問說：

〔註解〕本節是佛將大慧所問的話，以偈頌作一簡牒的記述，並補充其缺失，以備下節答釋的依據。這兩偈文，是結經者的敍置：第一偈敍大慧所問的話，雖爲十界依正差別之相，及三乘、凡夫、外道等的妄見境界；而其問意所在，則是大乘的微妙法門，諸佛的第一義心。第二偈敍佛對大慧所問的讚許之辭，並誡其諦聽。

〔語譯〕世尊聞大慧所說的偈，意在問大乘諸度法門，及諸佛的第一義心；乃讚許他道：你問的很好很好！大慧，你要好好的仔細聽著，我當照你所問的，依次解說。你所問的是：

『生及與不生，涅槃空刹那，趣至無自性。

〔註解〕此總牒前問，並略示宗趣。「生」，是世間有爲的生滅法。「不生、涅槃、空」都是出世間無爲的不生滅法。這世、出世間的一切法，把大慧所問，都賅括殆盡了。「趣至」，就是究竟。「自性」，就是自體。圓覺經云：「有妄業故，妄見流轉；厭流轉故，妄見涅槃。」可見這裏所謂的涅槃，乃二乘趣寂滅智的涅槃，猶是生死根本的法愛。又云：「生死涅槃，猶如昨夢。」所以生死無自性，涅槃亦無自性。學人於此，應深切體會，如病眼妄見空華，除病不除眼，不可執爲無「圓覺自性」，及凡聖同具的「自性清淨涅槃」。

〔語譯〕**『生滅法、不生滅法、涅槃空相，這些世、出世間，刹那流轉的妄見諸法，一**

一究竟，都無自體。

佛諸波羅密，佛子與聲聞，緣覺諸外道，及與無色行，如是種種事。

〔註解〕此下廣牒前問。這五句是舉十界人法因果等爲綱領：佛、佛子、聲聞、緣覺，爲四聖果；外道、無色，流轉三界，賅攝六凡。波羅密，是聖人法。無色行，是凡夫法。故曰：「如是種種事」。向下別列。雖文句次第不盡相同，然一一尋對，其義自明，如無必要，就不煩重釋了。

〔語譯〕佛與佛子、聲聞、緣覺，及諸波羅密法。一切外道，及無色空處的凡夫所行。諸如此類聖凡法界的種種事相。

須彌巨海山，洲渚剎土地，星宿及日月，外道天修羅。解脫自在通，力禪三摩提，滅及如意足，覺支及道品，諸禪定無量。諸陰身往來，正受滅盡定，三昧起心說，心意及與識，無我法有五，自性想所想，及與現二見。乘及諸種性，金銀摩尼等，一闡提大種，荒亂及一佛。

〔註解〕這二十句的初四句，意該六凡法。「修羅」——在六凡數，亦屬天魔，故前問中無，今爲補出。

次五句，意該四聖法，廣牒前問中的「菩提分」，也就是七科道品。「力禪三摩提」——力，就是道品中的「五力」一科。禪三摩提，就是屬於五力等科裏的定名。「滅及如意足」——滅，也是定名。如意足，亦名四神足，也是道品裏的一科，卽依：欲、勤、心、觀所修得的四種定名。

其餘各句，綜錯雜陳。「諸陰身往來」——就是前大慧所問的「衆生生諸趣」。「一闡提大種」——大種，就是闡提外道妄計爲生因的地、水、火、風四大造色。故前問中無，今隨帶補出。「一佛」——就是前問中的「迦葉、拘留孫、拘那含是我」。餘易尋對。

〔語譯〕怎樣有大海中的須彌山，人類居住的洲渚刹土，星宿及日月，外道及天衆阿修羅？怎樣得解脫的自在神通，五力、四如意足、七覺支等道品的禪定無量？怎樣是五陰身的往來諸趣；正受的滅盡定？又怎樣從定起心說法？怎樣是八識、二無我、五法、三自性，能想、所想，及所現的有、無二見？什麼是三乘及五種性？爲什麼有金銀摩尼珠寶；有一闡提的四大種；有國土荒亂及「一佛」的說法？

智爾燄得向。衆生有無有。象馬諸禽獸，云何而捕取？譬因成悉檀，及與作所作。叢林迷惑通，心量不現有。諸地不相至。百變百無受。醫方工巧論，伎術諸明處。

〔註解〕這十二句的牒問，易於尋對。惟第一句中的「得向」二字，頗費解思，經家見仁見智，不一其說，而且出入甚大。今隨文勢，如語譯所明。

〔語譯〕怎樣淨所知障，得入佛道，向菩提果？衆生究竟是有呢，還是無有？象馬禽獸，爲什麼被獵人捕獲？何以由譬喻、因緣說法而成就悉檀；及能作、所作的因果？邪見稠林的迷惑，怎能通達唯心無境？菩薩十地何以能不次第的頓超而至？如何有百變易及百無受？如何有醫方、工巧技術等論的五明處？

諸山須彌地，巨海日月量，下中上衆生，身各幾微塵？一一刹幾塵？弓弓數有幾，肘步拘樓舍，半由延由延？兎毫窗塵蟣，羊毛䵃麥塵。鉢他幾䵃麥？阿羅䵃麥幾？獨籠那佉梨，勒叉及舉利，乃至頻婆羅，是各有幾數？爲有幾阿㝹，名舍梨沙婆？幾舍梨沙婆，名爲一賴提？幾賴提摩沙？幾摩沙陀那？復幾陀那羅，爲迦梨沙那？幾迦梨沙那，爲成一波羅？此等積集相，幾波羅彌樓？是等所應請，何須問餘事？聲聞辟支佛，佛及最勝子，身各有幾數，何故不問此？火燄幾阿㝹？風阿㝹復幾？根根幾阿㝹？毛孔眉毛幾？

〔註解〕這一段文，是佛以積集的微塵度量，窮盡器界根身，爲：緣起性空，性空緣起；即色即空，即空即色的至理，以責大慧何以問不及此。關於這裏名相的解釋，古來新舊頗不一致。今會通各家，務求其精簡易明，依次註釋如下：

二尺為一「肘」。二尺半為一「步」。四肘為一「弓」。一「拘樓舍」約有八里。四拘樓舍為一「由延」，亦名「由旬」。七微塵為一「窻塵」，窻同窗。七窗塵為一「兎毫塵」。七兎毫塵為一「羊毛塵」。四十九個羊毛塵為一「蟣塵」。三百四十三蟣塵為一「麰麥塵」。麰麥，就是大麥。「鉢他」為一升。「阿羅」為一斗。「獨籠」為一斛。「那佉梨」為十斛。「勒叉」為一萬。「舉利」為一億。「頻婆羅」為一兆。「阿兎」為極微。「舍梨沙婆」為芥子。「賴提」為草子。「摩沙」為豆。「陀那」為銖。「迦梨沙那」為兩。「波羅」為斤。「辟支佛」翻為緣覺。獨自觀十二因緣法而悟道者，故亦名獨覺。

〔語譯〕諸山、須彌、土地，及大海、日、月的數量有多少？下中上等的衆生，每個人的體積，有多少微塵？每一佛刹，有多少微塵？每一弓有幾肘幾步？合幾肘成一拘樓舍？幾拘樓舍成半由旬、一由旬？一兎毫端塵分為幾窗隙塵？合幾兎毫端塵成一蟣塵？一蟣塵分為幾羊毛端塵？合幾羊毛端塵成一麰麥塵？一升有幾麰麥塵？一斗有幾麰麥塵？一斛、十斛，一萬、一億，乃至一兆，各有幾麰麥塵？合幾微塵為一芥子？幾芥子為一草子？更合幾草子為一豆？幾豆為一銖？更合幾銖為一兩，幾兩為一斤？像此等積集的塵相，更合幾斤成一須彌？這都是你應當問的，何必更問餘事？為什麼不問：聲聞、緣覺、佛菩薩，這三乘聖人的身量，各有幾塵？火有幾塵？風有幾塵？一一眼等諸根各有幾塵？毛孔、眉毛各有幾塵？

護財自在王，轉輪聖帝王，云何王守護？云何爲解脫？廣說及句說，如汝之所問。
衆生種種欲，種種諸飲食。云何男女林，金剛堅固山？云何如幻夢，野鹿渴愛譬？
云何山天仙，犍闥婆莊嚴？解脫至何所？誰縛誰解脫？云何禪境界，變化及外道？
云何無因作？云何有因作，有因無因作，及非有無因？云何現已滅？云何淨諸覺？
云何諸覺轉，及轉諸所作？云何斷諸想？云何三昧起？破三有者誰？何處爲何身？
云何無衆生，而說有吾我？云何世俗說？惟願廣分別。

〔註解〕「護財自在王……」——牒前所問的「云何名爲王……」等三句。「廣說及句說」——牒前所問的「長頌及短句」。「野鹿渴愛譬」——此句前問中無。野鹿不馴，見人輒卽怖走，故涅槃經云：「慈心易失，如彼野鹿。」凡夫愛著五欲，如渴愛水，故行事鈔云：「渴愛難滿，如海呑流。」「云何無因作……」——這四句，與前所問的「云何俱異說」同是外道的邪執。「云何現已滅」——牒前所問的「云何見已還」。「云何淨諸覺……」——這三句牒前「云何淨其念」等句。覺，卽「覺觀」尋伺之義。所以唐譯爲「計度」。轉，就是生起之義。餘易尋對，不煩重舉。末句「惟願廣分別」似是衍文，魏唐二譯，都無此句。

〔語譯〕護財的自在天王，及轉輪聖王，他們怎樣的守護國土？怎樣叫做解脫？長篇短句的偈頌，也都如你的所問。爲什麼衆生有種種欲愛，種種飲食？爲什麼有果實狀如男女的樹林，有堅固的金剛山？爲什麼要假設：如幻、如夢、如野鹿、如渴愛水的譬喻？爲什麼諸寶莊嚴的山裏，有天仙的犍闥婆？解脫了之後，到那裏去？束縛的是誰？解脫的又是誰呢？什麼是禪觀的境界、神通的變化，及種種外道？爲什麼外道邪執：無因造作、有因造作、亦有亦無因、非有非無因的造作呢？爲什麼諸見既已現起而還歸於滅？怎樣使計度的諸覺清淨？怎樣轉起諸覺，及轉起所作的惑業？怎樣斷除一切妄想？怎樣從定起覺？破三界諸有的是誰？他是什麼身分？爲什麼既說無衆生，而又說有我？爲什麼要隨世俗諦說？

所問相云何，及所問非我？云何爲胎藏，及種種異身？云何斷常見？云何心得定，
言說及諸智，戒種性佛子？云何成及論？云何師弟子？種種諸衆生，斯等復云何？
云何爲飲食，聰明魔施設？云何樹葛藤？最勝子所問。云何種種刹，仙人長苦行？
云何爲族姓，從何師受學？云何爲醜陋？云何人修行？欲界何不覺，阿迦膩吒成？
云何俗神通？云何爲比丘？云何爲化佛？云何爲報佛？云何如如佛，平等智慧佛？
云何爲衆僧？佛子如是問。箜篌腰鼓華，刹土離光明，心地者有七。』

〔註解〕「所問相云何……」——這初二句牒前所問的「云何建立相……」二句。「種種異身」——牒前所問的「何相何像類」。「言說及諸智……」這二句牒前所問的「誰生諸

語言」及「諸智有幾種……」等三句。「云何成及論」——牒前所問的「成爲有幾種……」二句。「云何師弟子」——牒前所問的「弟子有幾種……」二句。「種種諸衆生」——牒前所問的「衆生生諸趣」。「樹葛藤」——牒前所問的「林樹蔓草」。「云何種種剎」——牒前所問的「云何日月形……」等句。「阿迦膩吒」——就是色究竟天。餘易尋對，不煩重舉。

〔語譯〕所問的爲什麼建立法相，及非我的意義。什麼是胎藏所生，及種種不同的色身？怎樣是斷、常二見？怎樣才能使散心得定？怎樣生起言說？有幾種智，幾種佛子所持的戒律？怎樣成立經教的理趣，及闡釋教理的議論？怎樣是教授師，及所教的弟子？流轉五趣的種種衆生，又是怎樣？怎樣有斷肉食肉的飲食、妄念的聰明、異學的魔外、隨量的施設？怎樣有林樹葛藤？怎樣有種種不同的剎土，修苦行的仙人？爲什麼有族姓的分別，跟什麼師受學？爲什麼有醜陋的人？爲什麼人要修行？何不在欲界成正等覺，而在色究竟天成正等覺呢？爲什麼有世俗的神通，有出家的比丘？什麼是化佛？什麼是報佛？什麼是如如佛、智慧佛？什麼是衆僧？怎樣有狀如：箜篌、腰鼓、華果，及離了日月光明的剎土？怎樣斷盡三界見思，使慧心住於所作已辨的七地？」

所問皆如實。此及餘衆多，佛子所應問。一一相相應，遠離諸見過。悉檀離言說。

我今當顯示，次第建立句。佛子善諦聽，此上百八句，如諸佛所說：

〔註解〕這十一句的前五句，是結束前文；後六句，是啓發後文。「如實」——卽眞如實相之義。又、眞如平等，體離虛妄，故曰如實。「悉檀離言說」——悉檀，義如前釋。金剛經云：「說法者，無法可說，是名說法。」就是離言說義。至於百八句數，何以與當文不符的問題，到章後再講。

〔語譯〕你所問的義趣，都是眞如實相。以及其餘很多還沒有問到的話，都是佛子所應問的。此一一義相，雖與第一義境相應，遠離妄見過惡；但，悉檀之法，本離言說，我今當於無言說中，方便顯示，次第建立百八句義。佛子，應善爲諦聽！這百八句義，都如十方三世諸佛所說，並無二致。那就是：

第三節　正答所問

『不生句，生句。常句，無常句。相句，無相句。

〔註解〕此下，是世尊約心眞如門，建立百八句以答大慧所問。唯識論云：「名詮自性，句詮差別。」可知句爲能詮，義爲所詮了。所以大慧以所詮的義爲問，世尊以能詮的句爲答。能、所雙泯，便是離言說、名字、心緣諸相的眞如。故百八句，一齊都遣，總說不、無、離、非，以下句遣上句。然，卽法的當體，便是眞如，破執並非破法，試一玩味便知。如即流是水，只要不執流迷水就行了。

初句語倒，所以唐譯爲「生句非生句」。諸法本自無生，衆生妄起生見，故以無生遣生曰：「生句非生句」。諸法無常，衆生妄起常見，故以無常遣常曰：「常句無常句」。諸法無相，衆生妄起相見，故以無相遣相曰：「相句無相句」。爲破執見，所以魏譯「句」字爲「見」字。

〔語譯〕『即此生句，便是無生；常句，便是無常；相句，便是無相啊。

住異句，非住異句。剎那句，非剎那句。自性句，離自性句。空句，不空句。

〔註解〕前大慧所問，無「住、異」句，今世尊隨答補出。器世間，成、住、壞、空；有情世間，生、住、異、滅；都在周而復始，剎那不住的流轉。既在流轉，那有自性？所以：住、異，非住、異；剎那，非剎那；連不改變的自性之見，也要遠離了。然，離自性，並不是墮於空見；若墮空見，那就不是理趣至極，空而不空的畢竟空了。

〔語譯〕住、異句，即非住、異。剎那句，即非剎那。自性句，即離自性。空句，也不成其爲空哪。

斷句，不斷句。邊句，非邊句。中句，非中句。常句，非常句。

〔註解〕前大慧所問「何故說斷常，及與我無我。」若有人我、法我，卽墮有邊；若無人我、法我，卽墮空邊；這就是邊見。若人我、法我，非有非無，就是中道。故此邊句、中句，前問中無，今爲答釋我、無我的問題而補出。

這裏的常句，與上來的常句不同。上來是說衆生計諸法爲常。這裏是說外道計神我爲常。眞如妙理，無一法可立，若斷、若邊、若中、若常，一切都非。

〔語譯〕說斷句吧，不是斷句；邊句吧，不是邊句；中道句，並非中道；常句，並非是常。

緣句，非緣句。因句，非因句。煩惱句，非煩惱句。愛句，非愛句。方便句，非方便句。巧句，非巧句。淨句，非淨句。成句，非成句。譬句，非譬句。

〔註解〕一切法無非因緣所生，如楞嚴經疏云：「佛教因緣爲宗，以佛聖教自淺至深，說一切法，不出因緣二字。」所以大慧在前問中，屢次提到有關因緣的問題：一則曰「毗尼比丘分，云何何因緣。」再則云曰「云何醫方論，是復何因緣？」佛在楞嚴經中，說五陰、六入、十八界，本如來藏妙眞如性，本非因緣，非自然性。以此例知，一切法的當體，本卽眞如，實非因緣。

「煩惱句」，前問中無，因其與「愛句」義類相從，故今補出。「方便句、巧句」卽前問中的「分別說心量。」餘句易知。

〔語譯〕緣句，實非緣句。因句，亦非因句。煩惱句，實非煩惱。欲愛句，亦非欲愛。方便句，實非方便。善巧句，亦非善巧。淨念句，實非淨念。成句，實無所成。譬喻句，也不成其爲譬喻啊。

弟子句，非弟子句。師句，非師句。種性句，非種性句。三乘句，非三乘句。所有句，非所有句。

〔註解〕「師句」——即大慧所問的「云何阿闍黎」。「所有句」——即大慧所問的「何故名無受」。因爲無受，就是寂靜、無相的正受，爲三乘聖者所有之事。故魏譯此句爲「寂靜見，非寂靜見。」唐譯爲「無影像句，非無影像句。」餘句易知。

〔語譯〕弟子句，實非弟子。師句，亦非師句。種性句，非實有種性。三乘句，非實有三乘。所有句，亦實非所有。

願句，非願句。三輪句，非三輪句。相句，非相句。有品句，非有品句。俱句，非俱句。

〔註解〕「願句」——大慧在問中屢言：唯願爲解說、唯願最勝說、無上尊願說。「三輪句」——前問中無。卽身輪現通、口輪說法、意輪鑒機。「相句」——與前面的相句，微細有別。前爲法相，今爲標相，卽大慧所問的「云何建立相」。建立，就是標示。所以唐譯爲「標相句，非標相句。」「有品句、俱句」——此二句前問中無。四句分別的第一句爲「有而非空」，名爲「有門」；屬於有門一類的，名爲「有品」。所以後文有「離有無品」之句。四句分別的後二句爲「亦有亦空，非有非空。」此雙照雙遮，名之爲「俱」。所以後文有「非俱非不俱」之句。

〔語譯〕願句，實非願句。三輪句，亦非三輪。相句，實非相句。有品句，亦非有品。俱句，也不是俱句啊。

緣自聖智現法樂句，非現法樂句。刹土句，非刹土句。阿㝹句，非阿㝹句。水句，非水句。弓句，非弓句。實句，非實句。數句，非數句。數句，非數句。

〔註解〕初句無問。唐譯：「自證聖句，非自證聖句。現法樂句，非現法樂句。」聖由自證，非從他得，名「自證聖」。離一切妄想，現受法樂，叫做「現法樂」。文中反復爲言：「數句，非數句；數句，非數句。」者，極言微塵數量之多，一一皆非，並非重複。餘句易知。

〔語譯〕自證聖句、現法樂句；實非自證，非現法樂。刹土句，實非刹土。微塵句，實非微塵。水句，實非水句。弓句，實非弓句。如實句，非如實句。微塵數句，實非數句，實非數句。

明句，非明句。虛空句，非虛空句。雲句，非雲句。工巧伎術明處句，非工巧伎術明處句。風句，非風句。地句，非地句。心句，非心句。施設句，非施設句。自性句，非自性句。

〔註解〕第一、二、三、五、七等句，是答大慧所問的「云何念聰明、云何空風雲、自性及與心」餘句易知。唯上文已有「自性句，離自性句。」今又有「自性句，非自性句。」離、非二字，俱屬遣詞，乃遣而又遣，諄諄教誡之意。

〔語譯〕明句，實非明句。虛空句，實非虛空。雲句，實非雲句。工巧伎術等的五明處句，實非五明。風句，實非風句。地句，實非地句。心句，實非心句。施設句，實非施設。自性句，實非自性。

陰句，非陰句。衆生句。非衆生句。慧句，非慧句。涅槃句，非涅槃句。爾燄句，非爾燄句。外道句，非外道句。荒亂句，非荒亂句。

〔註解〕此答大慧所問：「衆生生諸趣（五陰身往來）、云何智慧佛、善逝般涅槃、云何爾燄淨、云何國土亂、相及諸外道，」一一皆非。

〔語譯〕五陰句，實非五陰。衆生句，實非衆生。智慧佛句，實非智慧。般涅槃句，實非涅槃。爾燄句，實非爾燄。外道句，實非外道。國土荒亂句，實非荒亂。

幻句，非幻句。夢句，非夢句。燄句，非燄句。像句，非像句。輪句，非輪句。犍闥婆句，非犍闥婆句。

〔註解〕此答大慧所問：「何因如幻夢，及犍闥婆城，世間熱時燄，及與水月光。」惟以像、輪，取代水、月。意謂：如鏡中像，如旋火輪。總爲虛妄，都非實相。

〔語譯〕如幻句，實非如幻。如夢句，實非如夢。陽燄句，實非陽燄。如鏡中像，實非鏡像。如旋火輪，實非火輪。犍闥婆句，實在也不是犍闥婆。

天句，非天句。飲食句，非飲食句。淫欲句，非淫欲句。

〔註解〕此答大慧所問：「諸天有幾種」及「云何生飲食，及生諸愛欲。」諸天尚在輪迴，生死未了；何況飲食淫欲，旋卽變滅，都無自性。

〔語譯〕天句，實非諸天。飲食句，實非飲食。淫欲句，實非淫欲。

見句，非見句。波羅蜜句，非波羅蜜句。戒句，非戒句。日月星宿句，非日月星宿句。

〔註解〕第一句約大慧所問的「云何爲斷見，及常見不生。」及「云何作有見」等句的「見分」而答。餘句易知。

〔語譯〕見句，實非見句。波羅蜜句，實非波羅蜜。戒句，實亦非戒。日月星宿句，實際也不是日月星宿。

諦句，非諦句。果句，非果句。滅起句，非滅起句。治句，非治句。相句，非相句。支句，非支句。

〔註解〕諦句、果句、治句，前問中無。然，以義推徵：諦，是眞實不虛之義，當指問中的「演說眞實義」。果，是由修因證得的果位，當指問中的「離欲得菩提」。治，是以法藥對治煩惱病苦，當指「云何醫方論」。眞如妙體，無實無虛，無修無證，何況法藥。這裏的「相句」是指「何相何像類」之句，與前面的二相句義不同。餘句易知。

〔語譯〕諦句，並非實諦。果句，實非證果。滅起句，實非想滅，也不是從三昧起。治句，實非對治的法藥。相句，實非相像。覺支句，實非覺支。

巧明處句，非巧明處句。禪句，非禪句。迷句，非迷句。現句，非現句。護句，非護句。族句，非族句。仙句，非仙句。王句，非王句。攝受句，非攝受句。

〔註解〕前面已有「工巧伎術明處句」，今「巧明處句」二次復出，也是諄諄教誡之意，不必強作別解。「迷句」——指前問中的「云何見癡惑」。「現句」——指前問中的「一切時刹現」。「攝受句」——大慧無問。即佛以慈心攝取衆生之義。餘句易知。

〔語譯〕巧明處句，實非巧明處。禪境界句，實非禪境界。迷句，實非迷惑。現句，實非應現。護句，實非守護。族姓句，實非族姓。仙句，實亦非仙。王句，實亦非王。攝受句，實非攝受。

寶句，非寶句。記句，非記句。一闡提句，非一闡提句。女男不男句，非女男不男句。味句，非味句。事句，非事句。身句，非身句。

〔註解〕「寶句」——即大慧所問的「誰生諸寶性，摩尼眞珠等。」「記句」——此句大慧無問。按辭典的解釋，記就是識，當指問中的「云何名爲藏？云何意及識？」「味句」——此句問中亦無。應指「食肉諸種類，何因故食肉？」「事句、身句」——這二句，應指「云何所作生，進去及持身？」所以唐譯事句爲作句。餘句易知。

〔語譯〕寶句，實非珍寶。記句，實非記識。一闡提句，實非一闡提。女男不男句，實際上非女非男，亦非五不男。味句，實非味道。事句，實無所作的事。身句，實亦非身。

覺句，非覺句。動句，非動句。根句，非根句。有爲句，非有爲句。無爲句，非無爲句。因果句，非因果句。色究竟句，非色究竟句。節句，非節句。

〔註解〕「覺句」——就是大慧所問的「云何覺世間」。「動句」——就是大慧所問的「云何世不動」。「根句」——就是佛牒問中的「根根幾阿㝹」。「有爲句」——就是大慧所問的「云何世俗通」。「無爲句」——就是大慧所問的「云何出世間」。「因果句」——就是大慧所問的「云何無因生……」等句。因必該果，故名因果句。餘句易知。

〔語譯〕覺句，實非覺句。動句，實非動與不動。根句，實亦非根。有爲句，實非有爲。無爲句，實非無爲。因果句，實非因果。色究竟句，實非色究竟。六節句，實非六節。

叢林葛藤句，非叢林葛藤句。雜句，非雜句。說句，非說句。毗尼句，非毗尼句。比丘句，非比丘句。處句，非處句。字句，非字句。』

〔註解〕「雜句」——此句無問，卽綜錯複雜之句。「說句」——卽牒問中的「廣說及句說」。「處句」——卽大慧所問的「破三有者誰，何處身云何」。「字句」——此句無問。唐譯爲文字。餘句易知。

〔語譯〕叢林葛藤句，實非叢林葛藤。雜句，實非雜句。說句，實非說句。毗尼句，實非毗尼。比丘句，實非比丘。處句，實非處句。文字句，實非文字。』

大慧！是百八句先佛所說。汝及諸菩薩摩訶薩，應當修學。

〔註解〕這一段文，是本章經文的終結，通俗易曉。惟百八句，明明是今佛釋迦所建立，何以說是先佛所說？法華經方便品云：「諸佛語無異，於佛所說法，當生大信力。」可知今佛所說，即先佛所說；先佛所說，即今佛所說。所以百八句，諸菩薩應當修學。

〔語譯〕大慧啊！這百八句，雖爲我所建立，亦即先佛所說。你和諸大菩薩，都應當修學。

（章後贅言：本總明句義一章，分爲三節：第一節是大慧請問百八義。第二節是世尊重把大慧所問的，牒述一徧。西域文勢如此，不得視爲煩複。第三節是世尊建立百八句，以答大慧所問。然，此百八句，爲對治百八煩惱而得名，並非確定句數爲一百單八。所以今此宋譯爲百四句，魏唐二譯各爲百六。還有：有問無答的、有答無問的、一再重複的，無非權宜輕重，適應機緣。學人對這些問題，只要會得一個「非」字，通通都解決了。不必硬鑽牛角尖。所謂：「眞如自性：非有相，非無相，非非有相，非非無相，非有、無俱相。非一相，非異相，非非一相，非非異相，非一、異俱相。」既了眞如自性，一切皆非，試問還有什麼問題？）

第四章　別明諸識滅不滅義

爾時大慧菩薩摩訶薩復白佛言：『世尊！諸識有幾種生住滅？』佛告大慧：『諸識有二種生住滅，非思量所知。諸識有二種生：謂流注生，及相生。有二種住：謂流

注住，及相住。有二種滅：謂流注滅，及相滅。

〔註解〕「諸識」——就是八識。後經文釋謂：「如來藏名識藏、心意、意識，及五識身」。「生住滅」——有爲法的起滅，通途說有四相：1、緣起初有，叫做「生」。2、生已持續，叫做「住」。3、不住遷變，叫做「異」。4、異至於無，叫做「滅」。今大慧所問文畧爲三，義應該備。「二種生住滅」——當文自釋：1、流注生住滅。2、相生住滅。識蘊於內，念念相續，如流水一般，故名「流注」。顯現於外，以根緣境，故名爲「相」。

〔語譯〕當總明百八句義已竟之時，大慧菩薩又請問佛，他說：『世尊！諸識有幾種生、住、滅？』佛告訴大慧說：『諸識，有二種生、住、滅。但識相微細，非情想思量所能測知。所謂二種生住滅，就是：有二種生：一是流注生，二是相生。有二種住：一是流注住，二是相住。有二種滅：一是流注滅，二是相滅。

大慧！諸識有三種相。謂：轉相、業相、眞相。大慧！略說有三種識，廣說有八相。何等爲三？謂：眞識、現識，及分別事識。

〔註解〕上文說諸識有流注及相的二種生住滅。今爲申明上義，復說諸識有三種相：(1)「轉相」——宗鏡錄云「起心名轉」。諸識依次轉起，便是轉相。(2)「業相」——起信論云「以依不覺故心動，說名爲業。」諸識皆動，便是業相。(3)「眞相」——諸識依眞起妄，了妄卽眞，便是眞相。故楞嚴經說，蘊、入、界，皆如來藏妙眞如性。

上文但說諸識，未知識有幾種。故今略說有三種識，廣說有八相。八相，就是八識。今且略說三種：⑴「眞識」——本經不別立第九菴摩羅識，直以如來藏識爲眞識。⑵「現識」——亦名藏識。卽不生不滅與生滅和合而現起染淨諸法的識體。⑶「分別事識」——卽緣現識依次而起的意根、意識，及五識身，隨事攀緣，分別塵境。這三種識，開藏識爲眞、現之二，合七識爲一分別事識。

〔語譯〕大慧——諸識，有三種相。那就是：轉相、業相、眞相。大慧！諸識，略說只有三種；廣說則有八相。怎樣叫做三種？那就是：眞識、現識、分別事識。

大慧！譬如明鏡，持諸色像。現識處現，亦復如是。大慧！現識及分別事識，此二壞不壞相展轉因。大慧！不思議熏，及不思議變，是現識因。大慧！取種種塵，及無始妄想熏，是分別事識因。

〔註解〕今文分三段來解釋：⑴「譬如……如是」——現識能現起諸法，如鏡照物，色像宛然。故以「明鏡」譬喻眞識，「持諸色像」譬喻現識。⑵「現識……展轉因」——現識執持種子，使之不失，卽不壞相。分別事識，隨境生滅，卽是壞相。然此二識，雖有壞、不壞之異；而彼此展轉相因，又是非異非不異。⑶「不思議熏……是分別事識因」——眞如以不變隨緣，爲無始以來的分別事識染法所熏，變成了現識。而此熏變，眞妄和合，非熏非不熏，非變非不變，不可以心思言議，故曰「不思議熏，不思議變，是現識因。」以眼等六根，取色等六塵，及現識裏含藏的無始妄想習氣，熏成了分別事識，故曰「取種種塵，及無始妄想熏，是分別事識因。」

〔語譯〕大慧！譬如明鏡照物，形貌姸醜，分毫不差。從現識處，現起諸法，也是這樣的，你作什麼，他就給你現個什麼。大慧！現識及分別事識，這二識的壞、不壞相，是展轉相因的。大慧！眞如不變隨緣受熏，這不可思議的非熏而熏，不變之變，就是現識之因。大慧！以眼等六根，取色等六塵，及無始以來，現識裏的妄想習氣，就是分別事識之因哪。

大慧！若覆彼眞識種種不實諸虛妄滅，則一切根識滅，是名相滅。大慧！相續滅者，相續所因滅，則相續滅，所從滅及所緣滅，則相續滅。大慧！所以者何？是其所依故。依者，謂無始妄想熏。緣者，謂自心見等識境妄想。

〔註解〕今文分爲二段來解釋：⑴「若覆……相滅」——此釋八識的因果相滅：「覆」就是遮蔽。「不實諸虛妄」，就是第八藏識裏的虛妄習氣；也就是能熏現行的種子。「一切根識」，就是種子所熏的現行。能熏的因相若滅，所熏的果相，自然亦滅。故曰「是名相滅」。⑵「相續滅者……識境妄想」——此釋八識相續滅的因緣：「相續」，就是流注。諸識之所以相續流注者，因其內有「所因」，外有「所緣」之故。故其所因、所緣若滅，則相續亦滅。「是其所依」的依字，並指所因、所緣。「依者」的依字，但指所依之因。文中的「所從」二字，應是衍文，故魏唐二譯都無。註家有釋爲因，有釋爲根，皆非所宜。觀當文自釋「依者，謂無始妄想熏。緣者，謂自心見等識境妄想。」而獨不釋「所從」，便知其爲衍文了。

〔語譯〕大慧！倘若遮蔽眞識的種種不實虛妄習氣滅了，那六根六識，當下卽滅，這就叫做相滅。大慧！要滅諸識的相續流注，必須把相續的所因、所緣滅了，那相續自然亦滅。大慧！這是什麼理由呢？因爲所因、所緣都是相續的所依之故。其所依的因，就是無始妄想的熏變。所依的緣，就是自心對現前所見境界的分別妄想。

大慧！譬如泥團微塵，非異非不異。金莊嚴具，亦復如是。大慧！若泥團微塵異者，非彼所成；而實彼成，是故不異。若不異者，則泥團微塵，應無分別。如是大慧！轉識藏識眞相若異者，藏識非因。若不異者，轉識滅，藏識亦應滅，而自眞相實不滅。是故大慧！非自眞相識滅，但業相滅。若自眞相識滅者，藏識則滅。大慧！藏識滅者，不異外道斷見論議。

〔註解〕上文略說有三種識，開藏識爲眞識、現識；合七識爲分別事識。今文復合眞識、現識爲藏識；開分別事識爲七識，七識流轉，名爲轉識。分爲譬喻、法合二段來辨明藏識、轉識非異非不異的道理，以顯示藏識眞相不滅，爲一經要旨。

(1)「譬如……分別」——這是譬喻：以泥團喻轉識，微塵喻藏識。泥團爲微塵所成，其體是一，不能說他是異。泥團可壞，微塵不壞，其相有別，不能說他非異。故曰「非異非不異」。此喻從眞起妄，滅妄顯眞。若以「金莊嚴具」的金喻藏識，莊嚴具喻轉識，其理亦然。故曰「亦復如是」。

(2)「轉識藏識……斷見論議——」這是法合：以轉識與泥團喻合；藏識與微塵喻合。法、喻合觀，則藏識轉識的非異非不異，及其滅不滅的道理自明。藏識爲生起轉識之因，全眞起妄，就是非異。轉識滅，藏識不滅，妄滅眞顯，就是非不異。否則的話，若異，則藏識非轉識因。若不異，則轉識滅，藏識亦應滅。如此眞相識滅，那與外道的斷見論議，有何區別？

〔語譯〕大慧！轉識藏識，譬如泥團微塵，非異非不異。若以金質莊嚴的器具爲譬，也是如此，非異非不異。大慧！若泥團微塵是異的話，那泥團就不是微塵所成了。然而泥團實爲微塵所成，所以不異。但也不能定說不異，若定說不異，那泥團微塵，就應當沒有分別哪。

大慧！轉識與藏識的眞相，也一樣的是非異非不異。若異，那藏識就不是轉識的生因了。若不異，那轉識滅時，藏識不是也應當滅了嗎？然而，藏識的眞相，其實不滅。因此，大慧！所謂的滅，並不是自心的眞相識滅，而是業相滅哪。假使是眞相識滅，那就是藏識滅了。大慧！藏識若滅，就無異於外道的斷見論議了。

大慧！彼諸外道，作如是論，謂：攝受境界滅，識流注亦滅。若識流注滅者，無始流注應斷。大慧！外道說流注生因，非眼識色明集會而生，更有異因。大慧！彼因者說言：若勝妙、若士夫、若自在、若時、若微塵。

〔註解〕內教言藏識爲轉識因；轉識滅，藏識的眞相不滅；藏識若滅，無異外道的斷見論議。俱如上文。然則，什麼是外道斷見論議？今文分二段以明：

『彼諸外道……應斷』——此明外道不知無始以來，藏識裏隨緣生滅的眞相流注，性實不滅之理，妄計攝受境界與識流注，次第斷滅。豈非斷見論議？

『外道說……微塵』——此明外道不知藏識爲流注因。但說非如眼識以色、明等的緣會而生，而別有異因。其所講異因，本文略舉五種：(1)勝妙：卽摩納婆外道，計人身中有勝妙的我體。或數論外道，計冥諦爲生因。冥諦，亦名勝性。(2)士夫：卽圍陀外道，計那羅延天爲生因。那羅延，爲天力士，就是士夫。(3)自在：卽塗灰外道，計自在天爲生因。(4)時：卽時論外道，計時爲生因。(5)微塵：卽順世外道，計四大極微爲生因。此諸外道，計斷爲常，豈非斷見論議？

〔語譯〕大慧！那些外道，作這樣的論議，他們說：『分別事識攝取的境界滅了，諸識的流注亦滅。』若如此說，不分眞相、業相，連無始以來藏識的眞相流注，也應當斷滅了。大慧！外道不知藏識爲生因，惟說流注的生因，並非如眼識以色塵、光明等的緣會而生，而是更有其他的異因。大慧！彼所謂的異因，就是：勝妙、士夫、自在、時及微塵哪。

〔章後贅言：前第三章約心眞如門，遮遣百八句義，直顯眞如妙體，一切皆非，則唯識之義，已不言而諭了。故今第四章復約心生滅門，表詮眞如相用，一切唯識。總明四義：(1)通示識相。(2)明事識生滅因緣。(3)顯藏識眞相不滅。(4)斥外道論議。如此，則不致墮儱侗眞如，有體無用，寂而非照的偏見了。〕

第五章　正破外道

復次大慧！有七種性自性。所謂：集性自性、性自性、相性自性、大種性自性、因性自性、緣性自性、成性自性。復次大慧！有七種第一義。所謂：心境界、慧境界、智境界、見境界、超二見境界、超子地境界、如來自到境界。

〔註解〕上來外道所計『識流注滅』的斷見論議，過在不了自性，及第一義。故今復以如來的七種性自性，及七種第一義心，來破斥他。今先立自性，及第一義：

諸法雖千差萬別，卻有其聖凡平等，永不改變的同一性體。這性體，就是如來的自性。所以名爲「性自性」。今約聖位，釋有七種：(1)萬善聚集之性，叫做「集性自性」。(2)隱於內的，叫做「性自性」。(3)形於外的，叫做「相性自性」。(4)相好莊嚴的實色身，及大悲願力，作種種變化的化色身，此身的四大種性，就叫做「大種性自性」。(5)既有大種，必有生因。此因之性，就叫做「因性自性」。(6)雖有親因，還仗助緣。此緣之性，就叫做「緣性自性」。(7)因緣和合，果德圓成。此成，就叫做「成性自性」。

眞理至上，深有所以，名「第一義」。此第一義，雖唯一心，卻有如下的七種境界：(1)心不攀緣，定於一境，叫做「心境界」。(2)定能生慧，於境解了。叫做「慧境界」。(3)慧力既勝，便成智用，於境決斷，叫做「智境界」。(4)由智決斷，正見現前，叫做「見境界」。(5)正見非有、非無、非斷、非常，叫做「超二見境界」。(6)更超佛子菩薩十地，至於等覺，叫做「超子地境界」。(7)證到至極無上的妙覺果地，就是「如來自到境界」。

問：前大慧咨問：「自性及與心，彼復有幾種？」世尊對這一問題，前既遮遣其非；今又表顯其有，豈非矛盾？答：前爲顯體，泯一切法；今爲達用，立一切法。體用賅備，泯立同時，方不致墮進了顢頇眞如的無爲深坑。怎能說是矛盾？

〔語譯〕還有，大慧！如來有七種性自性。那就是：集性自性、性自性、相性自性、大種性自性、因性自性、緣性自性、成性自性。還有，大慧！如來有七種第一義？那就是：心境界、慧境界、智境界、見境界、超二見境界、超子地境界、如來自到境界哪。

大慧！此是過去未來現在，諸如來、應供、等正覺，性自性第一義心。以性自性第一義心，成就如來世間、出世間、出世間上上法。聖慧眼入自共相建立。如所建立。不與外道論惡見共。大慧！云何外道論惡見共？所謂：自境界妄想見，不覺識自心所現，分齊不通。大慧！愚癡凡夫性，無性自性第一義，作二見論。

〔註解〕今文分爲：總結上文、成就德用、破斥外道，三段。

「此是……第一義心」——這一段是總結上文，明示性自性第一義心，爲諸佛所證。意至顯了，勿庸譯言。

「以性自性……上上法」——這一段是明如來以性自性第一義心，成就其德用。所謂「世間」，就是使得世間善果的人天乘法。所謂「出世間」，就是聲聞、緣覺、菩薩，三乘聖者的出世法。所謂「出世間上上法」，就是超出三乘的一乘佛法。勝必兼劣，所以這三法，都是如來的成就。

「聖慧眼……二見論」——這最後一段，是如來以建立的自共相，破斥外道的二見惡論。開佛知見，名「聖慧眼」。局於自體的相，名爲「自相」。通於自他的相，名爲「共相」

。例如：第一義心，爲通攝七種境界的共相；七種境界，都是局於自體的自相。又如：第八藏識爲共相；轉識根境爲自相。此自共相，是依於眞如自性，非有相非無相所建立的，與外道的惡見不同。故曰「如所建立，不與外道論惡見共。」外道惡見，不知其妄想所見的境界，爲藏識自心所現，本無分齊，而妄見分齊，故曰「分齊不通」。分齊，就是分限。外道愚癡，不知性自性第一義心，非有、非無，而妄見有、無，故曰「作二見論」。

〔語譯〕大慧！這是過去、未來、現在，三世諸佛所證得的性自性第一義心。以此性自性第一義心，成就如來：世間的人天乘法、出世間的三乘法、出世間上上的一乘佛法。此以聖慧眼入眞如自性，所建立的自相、共相，不同外道的惡見邪論。大慧！什麼是外道所共的惡見？他們所謂的境界，都是妄想情見，不自覺知是藏識的自心所現，如空華水月，本無分齊，而妄見分齊，執着不通。大慧！外道的愚癡凡夫，不了性自性第一義心，非有生滅，非無體性，而於生滅法上，妄作有無的二見惡論。

〔章後贅言〕：本章爲破斥外道，所建立的七種性自性，有師正釋爲如來所證；有師誤釋爲外道妄計。吾輩學人，應明智決擇，愼勿違誤正義。今略擧三證，可作參考：⑴本章於總結文中，則謂此是如來性自性第一義心。於破斥外道文中，則謂愚癡凡夫，無性自性。⑵楞嚴經云：「若諸世界，一切所有，其中乃至草葉縷結，詰其根元，咸有體性；縱令虛空，亦有名貌；何況清淨妙淨明心，性一切心，而自無體？」⑶六祖壇經上說，五祖爲六祖惠能說金剛經，至「應無所住而生其心」，惠能言下大悟，一切萬法，不離自性，遂啓五祖道：「何期自性，本自清淨；何期自性，本不生滅；何期自性，本自具足；何期自性，本無動搖；何期自性，能生萬法。」據此可知性自性，確爲如來所證，非外道妄計。）

第六章　分辨邪正

第一節　略標宗旨

復次大慧！妄想三有苦滅，無知愛業緣滅，自心所現幻境隨見。今當說。

〔註解〕此將辨邪正，先標示宗旨。「三有苦」，就是三界生死的苦道。「無知愛」，就是無明貪愛的惑道。「業緣」，就是所作的善惡業道。若滅此三道，必須隨觀此爲自心所現的幻境。故曰「隨見」。如圓覺經云：「知幻卽離，不作方便；離幻卽覺，亦無漸次。」

〔語譯〕其次還有，大慧！要滅妄想三有的苦道、無明貪愛的惑道、凡有所作的業道，必須隨觀此皆自心所現的境界，如幻非實。否則，不了如幻，怎能滅此三道？這是修行出要的關鍵，我今當說。

第二節　出外道邪計

大慧！若有沙門婆羅門，欲令無種有種因果現，及事時住，緣陰界入生住，或言生已滅。大慧！彼若相續、若事、若生、若有、若涅槃、若道、若業、若果、若諦，破壞斷滅論。所以者何？以此現前不可得，及見始非分故。

〔註解〕此出外道依有、無，及斷、常二見，於藏識正因以外，妄計異因。玆分條釋之如下。

(1)出外道名：「沙門」——此翻勤息。卽勤修衆善，息滅諸惡之謂。是內外道出家修行者的通稱。今但指外道。「婆羅門」——此翻淨行。是在家奉事梵天的一種外道。故智度論云「出家為沙門，在家爲婆羅門。」

(2)出外道過：外道計自然生果，叫做「無種」；計四大微塵等爲生果之因，叫做「有種」；此卽有、無二見。計事物依時而住，陰界入依緣生而住，此卽常見。或言生已卽滅，此卽斷見。「若相續」乃至「若有」，皆世間法。「若涅槃」乃至「若諦」，皆出世法。這世出世間的一切法，都成外道破壞的斷滅。

(3)徵釋所以：彼計世間法爲實有，出世間法爲實無。然而，現前的世間法，一切如幻，了不可得。出世間法，本始離有離無，又非其妄見有、無的分量所能及。故曰「以此現前不可得，及見始非分故。」

〔語譯〕大慧！若有沙門、婆羅門，想教他們妄計的無種、有種，因果現前。及其妄計的：事依時住；五蘊、六入、十八界，依緣生住；或說生已卽滅。這都是有、無、斷、常的邪見。大慧！彼外道所計的世間法，如：流注相續、所作之事、生滅之法、三界諸有；所計的出世間法，如：涅槃、出苦道、出世業、所證的果、所修的諦。都被破壞，成斷滅論了。所以者何？因爲他們妄計世間法爲實有，出世間法爲實無。然而，世間法，現前如幻，了不可得；出世間法，本始離有離無，又非其見有見無的分量之所能及。假使有見及此，則如來藏識，出生的正因正果，何至斷滅？

大慧！譬如破瓶，不作瓶事。亦如焦種，不作芽事。如是大慧！若陰界入性，已滅、今滅、當滅。自心妄想見無因故，彼無次第生。

〔註解〕此以「破瓶不作瓶事」譬喻無果。以「焦種不作芽事」譬喻無因。「如是」二字，上承譬喻，下啓法合。「若陰界入……妄見無因」合破瓶焦種。「無次第生」合不作瓶事，不作芽事。陰界入的相，有生有滅；而性無生滅。外道執相迷性，於自心所現的境上，妄想分別，認爲陰界入滅，就是性滅，豈非無因？既是無因，那有三世流轉的次第相生？故曰：「自心妄想無因故，彼無次第生。」

〔語譯〕大慧！外道的斷滅論，好比破瓶，不能再當瓶用；又好比燒焦了的種籽，不能生芽一樣。如是大慧！若陰界入性，過去已滅，便是無因；現今卽滅，便是無果；未來當滅，又是無因。這都是自心妄想所見。他們既妄見無因，那裏還有次第相生的因因果果？

大慧！若復說無種有種識，三緣合生者，龜應生毛，沙應出油。汝宗則壞，違決定義。有種無種說，有如是過，所作事業，悉空無義。

〔註解〕上來外道妄計有、無爲生因，已遭破斥，今復轉計爲三緣和合而生。故再擧「龜應生毛」，「沙應出油」爲喻，來破斥他。反顯龜既不能生毛，沙亦不能出油，則其三緣合生的本宗立義，不攻自破。故曰「汝宗則壞，違決定義。」更曉示其說有「所作事業，悉空無義。」的過失。

〔語譯〕大慧！若彼外道又說，無種、有種、識，這三緣和合，而爲生因的話；那就應當如龜能生毛，沙能出油啊。然而，龜決定不能生毛，沙也決定不能出油，三緣和合，又怎能生法？豈非自壞自宗，違背了決定三緣生法的立義嗎？不但此也，其有種無種之說，更有這樣的過失——凡有所作的事業，都空無實義。

大慧！彼諸外道，說有三緣合生者，所作方便因果自相，過去、未來、現在，有種、無種相。從本已來成事相承，覺想地轉，自見過習氣，作如是說。如是大慧！愚癡凡夫，惡見所噬，邪曲迷醉，無智妄稱一切智說。

〔註解〕本文分三段解釋：⑴牒起以上外道依三緣所作的方便，生陰界入的因果自相；成過去、未來、現在的三世法。⑵揭穿其邪說的起因：「從本以來成事相承」——此回溯其邪說的源流，遠自冥初以來，祖孫相承。「覺想地轉」——此言其邪說生起之本。覺，就是覺觀的粗心。肇註維摩經弟子品云：「覺觀粗心，言說之本。」想，也是施設言說的情想。唯識論云：「想謂於境取像爲性，施設種種名言爲業。」地轉，就是生起之義。「自見過習氣」——此言其爲自己的惡見習氣所熏。⑶斥其爲「惡見所噬，邪曲迷醉，無智妄稱一切智說。」

〔語譯〕大慧！他們那些外道，說有三緣合生所作的方便；生陰界入的因果自相；成過去、未來、現在有種無種的事相。此等成事，從本以來，師徒相承，無非由覺想分別，生起的惡見過患習氣，而作此三緣合生的邪說。大慧！像這種愚癡凡夫，爲惡見呑噬了他們的慧命，偏邪歪曲，昏迷如醉，本來無智，還要妄稱爲一切智說。

第三節　明佛法正義

大慧！若復諸餘沙門婆羅門，見離自性、浮雲、火輪、犍闥婆城。無生、幻、燄、水月及夢。內外心現，妄想無始虛僞，不離自心。妄想因緣滅盡，離妄想說所說，觀所觀，受用建立身之藏識。於識境界攝受，及攝受者，不相應。無所有境界，離

生住滅，自心起隨入分別。

〔註解〕前沙門，婆羅門，不了境界爲唯識所現，如幻非實，計有、計無，作二見論，名爲外道。今諸餘沙門、婆羅門，一反外道惡見，而爲佛法正觀。故後文名爲菩薩，而不名外道了。

「見離自性……犍闥婆城」——這是觀一切法，無有執虛爲實的自體，喻如：浮雲、火輪、犍闥婆城。「無生……」——這是觀一切法，本自無生，喻如：幻化、陽燄、水月、夢境。「內外心現……不離自心」——這是觀內根外塵，唯心所現，及妄想的無始虛僞種子，都不離自心。「妄想因緣滅盡」——既已如上作觀，則妄想因緣的惑、業、苦三道，無不滅盡。「離妄想……之藏識」妄想因緣既已滅盡，則能說所說的「言說相」，能觀所觀的「心緣相」，以及建立身所受用的器界，都與藏識境界，脫然而離。「於識境界……攝受者」——此言，藏識體寂，無能、所相待，故於所攝受的六塵境界，能攝受的六根六識，也都互不相應了。「無所有……入分別」——藏體既寂，空無所有，那還有生住滅相的存在。雖無所有，卻不無藏識自心所起之智，隨入分別，作妙觀察。

〔語譯〕大慧！若有其餘不是外道的沙門、婆羅門。觀一切法，本無自性，如：浮雲、火輪、犍闥婆城。觀一切法，本自無生，如：幻化、陽燄、水月、夢境。觀內根外塵，唯心所現，及妄想的無始虛僞種子，都不離自心。這樣作觀旣竟，則妄想因緣，無不滅盡。妄想因緣滅，則能說所說，能觀所觀，以及建立身所受用的器界，都與藏識脫然而離。如此，則識體空寂，無能、所相待，故於所攝受的六塵境界，能攝受的六根六識，也都互不相應了。這空無所有的境界裏，那生住滅相，自無不離之理。然而，雖空無所有，卻不無自心所起，隨入分別的妙觀察智。

大慧！彼菩薩，不久當得生死涅槃平等。大悲巧方便，無開發方便。大慧！彼於一切衆生界，皆悉如幻，不勤因緣，遠離內外境界，心外無所見。次第隨入無相處，次第隨入從地至地三昧境界。

〔註解〕前諸餘沙門、婆羅門，初修如幻觀，但能於無所有境界，起智分別；今將證得菩薩十地，自行化物，故曰：「彼菩薩，不久當得……云云」。

「生死涅槃平等」——此菩薩所證之理。生死涅槃，皆唯一心，如冰與水，同一濕性，故曰平等。「大悲巧方便」——這是菩薩以大悲化物的無方妙用。「無開發方便」——這是菩薩不假功用，自然契入眞性的妙行。餘句易知。

〔語譯〕大慧！彼菩薩，不久當得生死涅槃，皆唯一心的平等之理。由是而起大悲化物的善巧方便；不假功用的無開發方便。大慧！彼菩薩，觀一切衆生，都如幻化，不須勤勞於修證因緣，自然遠離內外根境，於一心之外，了無所見。由是而行，而向，次第證入初地，我、法二空的無相處。再從初地到二地，乃至次第證入十地的三昧境界。

解三界如幻，分別觀察，當得如幻三昧。度自心現無所有，得住般若波羅蜜，捨離彼生所作方便。金剛喻三摩提，隨入如來身。隨入如如化，神通自在，慈悲方便，具足莊嚴。等入一切佛刹，外道入處，離心意意識。是菩薩漸次轉身，得如來身。

〔註解〕上言了衆生界如幻，次第漸修，隨入菩薩十地，今更解三界如幻，漸次證得如來極果。

「般若波羅蜜」——般若，翻爲智慧。波羅蜜，翻爲度，或到彼岸。就是以照了實相的智慧，度過生死迷流，到涅槃彼岸之義。「金剛喻三摩提」——此三乘行者，臨證極果前的最後禪定。其體堅固，其用銳利，喻如金剛。在菩薩乘，叫做「等覺位」。

「隨入如來身，隨入如如化。」——如來身，就是菩薩乘的極果。如如，就是平等不二的法性理體。如如化，就是依於理體所起的應化妙用。

「等入一切佛刹，外道入處。」——此言無問佛界，外道界；但有可化之處，無不普門應現，故曰「等入」。

〔語譯〕了解三界如幻，以如幻智，分別觀察，當得如幻三昧。度過了自心所現的無所有境界，而得安住於智慧波羅蜜多。捨離了爲生起次第斷證之法，所作的方便；而以金剛喻定，頓斷最後一念無明，隨之而入如來的妙覺果地。更依如如不二的法性理體，起神通變化，自在無礙，慈悲方便，而爲莊嚴。更平等普入一切佛刹、魔刹、外道刹，捨離心、意、意識，而以無分別智，隨機應現。這就是菩薩漸次轉得究竟覺果的如來身。

第四節　結勸當學

大慧！是故欲得如來隨入身者，當遠離陰界入心，因緣所作方便，生住滅妄想虛僞。唯心直進，觀察無始虛僞過，妄想習氣因，三有。思惟無所有，佛地無生，到自覺聖趣，自心自在，到無開發行。如隨衆色摩尼，隨入衆生微細之心，而以化身隨心量度，諸地漸次相續建立。是故大慧！自悉檀善，應當修學。』

〔註解〕此總結上文，勸勉菩薩，欲得如來大果，必須依果修因。故先牒起前來所明的唯心觀行，次第斷證，應緣化物等法。最後結勸當學悉檀。俱如前解。

〔語譯〕大慧！以是之故，要想成佛，那就應當遠離五陰、十二入、十八界，自心所現的幻境；及因緣和合所作那生、住、滅的妄想虛僞。以諸法唯心，不涉迂途，一直觀察無始的虛僞過患，妄想習氣種子，及欲、色、無色的三界諸有。於此思惟都無所有，則契入佛地的無生之理，到自覺聖趣。再從無入而不自得的自心自在，到不假功用的無開發行。好像隨衆色而轉的摩尼珠，隨著衆生的微細心行，而以化身隨其心量，說諸度門。使之亦漸次相續，從地至地的建立法門。因此，大慧！這是如來第一義等，最善的自性悉檀，應當修學。』

（章後贅言：本章分辨邪正，關鍵在是否修唯心觀行。不修唯心觀的，妄立異因，計有計無，作二見論，便是外道邪見。修唯心觀的，知幻離幻，得證如來極果，便是佛教正義。是則迷悟之差，毫厘千里矣。華嚴經云：「若人欲了知，三世一切佛，應觀法界性，一切唯心造。」可知修唯心觀，是入佛的不二要門了。）

第七章　廣明八藏

第一節　大慧請說

爾時大慧菩薩復白佛言：『世尊所說心意意識、五法、自性相，一切諸佛菩薩所行，自心見等所緣境界，不和合。顯示一切說，成眞實相，一切佛語心。爲楞伽國摩羅耶山海中住處諸大菩薩，說如來所歎海浪藏識境界法身。』

〔註解〕文分二段：(1)「世尊所說……一切佛語心」——此大慧述領前章所聞之法：「心意意識、五法、自性」，前章已微露端倪，後文自有詳釋。「一切諸佛菩薩所行」，即前章所說的唯心識觀。「自心見……不和合」，即前章所說的攝受及攝受者，互不相應。「成眞實相」，即前章所說的眞識相。「一切佛語心」，即前章所說的第一義心。(2)「爲楞伽國……境界法身」——此正請說：第八藏識如海，七轉識如浪。究極此海浪藏識澄靜的境界，即是法身。

〔語譯〕這時，大慧又向佛禀白：『世尊所說的心意意識、五法、自性；一切諸佛菩薩所行的唯心識觀；於自心所緣的境界，能所攝受，不共和合，這一切所說的法，無非爲顯示藏識的眞實相，及一切佛語的第一義心。願世尊，爲住在楞伽國摩耶山，這海島中的諸大菩薩，說說如來所歎的海浪藏識，究極澄靜的法身境界。』

第二節　明八識相

爾時，世尊告大慧菩薩言：『四因緣故，眼識轉。何等爲四？謂：自心現攝受不覺，無始虛僞過色習氣，計著識性自性，欲見種種色相。大慧！是名四種因緣。水流處，藏識轉識浪生。

〔註解〕這以下是世尊答覆大慧所問。今先約眼識轉起的四種因緣，以明轉識是依藏識而生的。四種因緣是：(1)「自心現攝受不覺」——就是不覺前塵爲自心所現的幻影，而竟攝受，執爲實有。(2)「無始虛僞過色習氣」——就是無始時來，執取非色爲色的虛妄種子。(3)「計著識性自性」——就是妄識有計著塵境的性能。(4)「欲見種種色相」——就是見各種色相的貪欲。「水流處藏識轉識浪生」——此舉水流浪生爲喻，以明轉識是依藏識而起的。

〔語譯〕此時，世尊告大慧菩薩說：『因爲有四種因緣之故，所以眼識才能轉起。什麼是四種因緣？一種是不覺前塵爲自心所現的幻影，而竟攝受，執以爲實。二種是無始時來，執取非色爲色的虛僞習氣。三種是妄識有計著色塵的性能。四種是見種種色相的貪欲。大慧！這就是生起眼識的四種因緣。若溯其源流，則是由藏識本源，流出轉識，好像波浪生起一樣。

大慧！如眼識，一切諸根微塵毛孔俱生，隨次境界生，亦復如是。譬如明鏡，現衆色像。大慧！猶如猛風，吹大海水，外境界風，飄蕩心海，識浪不斷。因所作相，異不異。合業生相，深入計著，不能了知色等自性，故五識身轉。大慧！卽彼五識身俱，因差別分段相知，當知是意識因彼身轉。彼不作是念，我展轉相因。自心現，妄相計著轉，而彼各各壞相俱轉，分別境界，分段差別，謂彼轉。

〔註解〕今文分爲五段：(1)「如眼識」下，是以眼識生起爲例，推知一切根塵毛孔等的生起，無不皆然，故曰「亦復如是」。(2)「譬如」下，是以明鏡現像，譬喻頓生；以風吹海水，譬喻漸生，及相續不斷。前五識緣相分境，俱時而生，爲頓。第六識歷境分別，爲漸。第七識緣第八識的見分，相續不斷。(3)「因所作相」句下，是明五識身的轉起之故。五識聚於一身，故名五識身。⑷「卽彼五識身俱」以下三句，是明意識因五識而生。⑸「彼不作是念」以下，是明轉識的所以謂轉。藏識生轉識現行；轉識熏藏識種子，卽是「展轉相因」。諸法當體卽空，故名「壞相」。

〔語譯〕大慧！今以眼識生起爲例，可知一切根境，乃至一微塵，一毛孔，也如眼識一樣，爲四緣所生。藏識生轉識，譬如明鏡對境，現衆色像；又如猛風吹大海水，外塵境風，飄蕩藏識心海，使轉識浪生，相續不斷。藏識，是轉識的生因；轉識，是藏識所作的業相；二者異而不異，他們合起來的計著，深入識田，不能了知色等五塵自性本空；所以眼等五識，就這樣的轉起了。大慧！那五識身既已生起，必有第六意識與之俱緣外境，然後才能因五塵的差別，分段的相狀，而生知覺。當知，這意識，就是因彼五識身而轉生的啊。然彼識等不作「我展轉相因」之念。而自心所現的妄想計著，與彼各自所緣的壞相，同時俱轉，分別前境的分段差別。這就是彼轉識的所以謂轉。

如修行者入禪三昧，微細習氣轉而不覺知。而作是念，識滅然後入禪正受，實不識滅而入正受。以習氣種子不滅，故不滅。以境界轉攝受不具，故滅。大慧！如是微細藏識究竟邊際，除諸如來及住地菩薩；諸聲聞緣覺外道修行，所得三昧智慧之力，一切不能測量決了。

〔註解〕文分二段：(1)「如修行」下，以滅盡定爲例，明藏識不滅之義。禪定之極，爲滅盡定。(2)「如是微細」下，明微細藏識究竟邊際。卽起信論所謂「不生不滅與生滅和合，不一不異，名阿賴耶識。」的和合處。此非究竟息妄離生滅的諸佛菩薩，不能測知。故曰「除諸如來……一切不能測量決了」。

〔語譯〕例如修行人入滅盡定，不知微細習氣，隨禪定轉，謂爲諸識都滅，然後才入正受。那知雖入正受，而識實未滅啊。因爲習氣種子不滅之故，所以含藏種子的藏識不滅。不過暫伏六識，不具攝受塵境的分別計著，以謂是識滅罷了。大慧！像這樣微細藏識的究竟邊際，除諸如來及地上菩薩以外，一切聲聞、緣覺、外道，修行所得的定慧之力，都不能測度決斷明了。

餘地相智慧，巧便分別，決斷句義。最勝無邊，善根成熟。離自心現妄想虛僞。宴坐山林，下中上修，能見自心妄想流注。無量剎土，諸佛灌頂。得自在力，神通三昧，諸善知識，佛子眷屬。彼心意意識，自心所現自性境界虛妄之想，生死有海，業愛無知。如是等因，悉已超度。是故大慧！諸修行者，應當親近最勝知識。』

〔註解〕今文分三段解釋：(1)「餘地相智慧……離自心現妄想虛僞，」——此段文義，歷來經家頗感隱晦。今註謂：上文說二乘外道所得智慧，不能決了藏識的微細邊際。可知唯有其餘修菩薩地的行者，以智慧巧便之力，方能決了。故曰「餘地相智慧……云云」。「最勝無邊」就是無量諸佛。如金剛經云：「已於無量千萬佛所，種諸善根。」「離自心現妄想虛僞」就是決了藏識邊際。(2)「宴坐山林……悉已超度」——此明修菩薩地的行者，修所斷得。得諸佛灌頂，乃至得佛子眷屬。斷虛妄之想，乃至斷業愛無知。諸佛灌頂，就是諸佛以甘露水，灌佛子之頂，令佛種永不斷絕，而紹繼佛位。(3)「諸修行者……」——這最後兩句，是勸勉修菩薩行者，雖具善根，猶須善緣。所以要親近最勝的善知識。

〔語譯〕唯有其餘修菩薩地的行者，以智慧巧便之力，分別決斷唯識句義，於無邊佛所，善根成熟，才能離了自心所現的妄想虛僞。安然宴坐在山間林下的閑靜之處，修唯識觀門，無論下中上根，都能看穿了自心所現的妄想流注，故於無量刹土，得諸佛為之灌頂；得自在神通三昧；得與諸善知識，佛子眷屬，同餐道味。彼心意意識、妄想境界、生死苦海、業愛無明等，都已頓超度脫了。因此，大慧！凡屬行人，都應當親近最勝的大善知識。』

爾時世尊欲重宣此義，而說偈言：『譬如巨海浪，斯由猛風起，洪波鼓冥壑，無有斷絕時。藏識海常住，境界風所動，種種諸識浪，騰躍而轉生。青赤種種色，珂乳及石蜜，淡味衆華果。

〔註解〕此下是以偈頌重宣前義。這二頌又三句，是重宣前「外境界風，飄蕩心海，識浪不斷。」第一頌舉譬。第二頌法合。後三句是轉生諸識的塵境，也就是飄蕩心海的境風。青赤，是轉生眼識的色塵。珂卽佩玉，是轉生耳識的聲塵，及身識的觸塵。乳卽乳香，是轉生鼻識的香塵。石蜜淡味，是轉生舌識的味塵。華果，是轉生意識的法塵。

〔語譯〕這時世尊欲重宣前義，說偈頌道：『譬如大海的波浪，是由猛風吹起來的，鼓動了幽深的冥壑，永遠沒有斷絕的時候。藏識也同大海一樣，本來常住；唯被六塵境風所動，使種種識浪，騰躍轉生。如：青赤等的色塵，佩珂的聲觸二塵，乳香的香塵，石蜜淡味的味塵，華果的法塵。這都是飄蕩心海，轉生識浪的境風。

日月與光明，非異非不異，海水起波浪，七識亦如是，心俱和合生。

〔註解〕此總頌前「因所作相，異不異」義。雙舉日月、海水，以喻藏識之體；光明、波浪，以喻轉識之用。體本常住，用有起滅，所以謂異。依體起用，攝用歸體，所以不異。

〔語譯〕日月與光明，海水與波浪，不能說它們是異，也不能說它們是非異。七轉識與藏識心體，也一樣的是和合俱生，非異非不異。

譬如海水變，種種波浪轉，七識亦如是，心俱和合生。謂彼藏識處，種種諸識轉。謂以彼意識，思惟諸相義。

〔註解〕此別頌「異」義，及「水流處藏識轉識浪生」。以海水變波浪，喻藏識生轉識，及意識思惟諸相，各了自境。藏識如海，轉識如浪，所以爲異。

〔語譯〕譬如由海水變動，而轉起種種波浪。七識與心和合俱生，也是如此：由彼藏識，生種種轉識；由彼意識，思惟分別六塵的差別諸相。

不壞相有八，無相亦無相。譬如海波浪，是則無差別。諸識心如是，異亦不可得。

〔註解〕此別頌「不異」義。若約不壞假名的俗諦而論，則識的名相，宛然有八，故曰「不壞相有八」。若約泯相歸性的眞諦而論，則不但無識相可言，卽無相的識性，亦不可說，故曰「無相亦無相」。八識性相一如，猶如海浪，同一濕性，無有差別，故曰「異亦不可得」。

〔語譯〕雖說不壞假名的識相有八；然此識相，是依性緣起的，若泯相歸性，則不但無相，卽無相亦無。譬如海中的波浪，其濕性是沒有差別的。八識也是如此，並無異相可得。

心名採集業，意名廣採集，諸識識所識，現等境說五。』

〔註解〕此頌八識之所以得名。據唯識論云：「集起名心，思量名意，了別名識。」則今文可解。唯第六識，徧能了別其所了別之境，故曰「諸識識所識」。對現前五塵，說名五識，故曰「現等境說五」。

〔語譯〕第八識，以集起習氣種子爲業，所以名叫做「心」。第七識，恒審思量，廣集我、法二執，所以名叫做「意」。第六識，徧能了別其所了別之境，對現前五塵而言，名爲「五識」。』

第三節　問答釋疑

爾時，大慧菩薩以偈問曰：『青赤諸色像，衆生發諸識，如浪種種法，云何唯願說。』

爾時，世尊以偈答曰：『青赤諸雜色，波浪悉無有，採集業說心，開悟諸凡夫。彼業悉無有，自心所攝離，所攝無所攝，與彼波浪同。受用建立身，是衆生現識，於彼現諸業，譬如水波浪。』

〔註解〕此下有三番問答釋疑。今第一番問答，釋「非異」疑。義顯可解。

〔語譯〕這時，大慧菩薩以偈頌請問世尊。他說：『衆生旣緣青赤色等的五塵境風，發諸識浪，這種種名目，分明非一，爲什麼說爲非異？唯願世尊，給我們解說一番。』

這時，世尊以偈頌答道：『所謂青赤諸色，激發識浪，那都是性本非有。故說「心名採集業」，以開示凡夫，使知彼所採集的業，都無所有；能攝取的妄心，及所攝取的妄境，同彼波浪是一樣的性空；爲受用而建立的根身器界，是衆生現識所現的。諸業，也像水與波浪，同一濕性似的，並沒有什麼別異。』

爾時，大慧菩薩復說偈言：『大海波浪性，鼓躍可分別，藏與業如是，何故不覺知？』

爾時，世尊以偈答曰：『凡夫無智慧，藏識如巨海，業相猶波浪，依彼譬類通。』

〔註解〕此第二番問答，釋「眞俗」疑。義顯可解。

「語譯」這時，大慧菩薩，又說偈問佛：『大海本來澄靜，因風鼓動，躍起波浪，此事尚可分別得知。至於藏識本寂，因境風飄蕩，而轉起業相，也是如此，爲什麼衆生不能覺知？』

這時，世尊以偈頌答道：『凡夫無智，但知俗事，不解眞理。今法喩並舉：藏識如大海，業相如波浪，可依大海波浪的譬喩，比類通達藏識業相的法理了。』

爾時，大慧菩薩復說偈言：『日出光等照，下中上衆生，如來照世間，爲愚說眞實，已分部諸法，何故不說實？』

爾時，世尊以偈答曰：『若說眞實者，彼心無眞實。譬如海波浪，鏡中像及夢，一切俱時現。心境界亦然。境界不具故，次第業轉生。識者識所識，意者意謂然，五則以顯現，無有定次第。譬如工畫師，及與畫弟子，布彩圖衆形，我說亦如是。彩色本無文，非筆亦非素，爲悅衆生故，綺錯繪衆像。言說別施行，眞實離名字，分別應初業，修行示眞實。眞實自悟處，覺想所覺離，此爲佛子說。愚者廣分別，種種皆如幻，雖現無眞實，如是種種說。隨事別施設，所說非所應，於彼爲非說。彼彼諸病人，良醫隨處方，如來爲衆生，隨心應量說。妄想非境界，聲聞亦非分，哀愍者所說，自覺之境界。』

〔註解〕此第三番問答。釋「權實」疑。義顯可解。

〔語譯〕這時，大慧菩薩又說偈問佛：『如來既如日光平等，普照世間下中上三根衆生，應對一般愚夫，說眞實法，何故分部三乘權法，而不但說一乘實法呢？』

這時，世尊以偈答道：『如來應機說法，若但說眞實，怎能適應那心無眞實的機緣？譬如：海裏的波浪，鏡中的影像，睡時的夢境，這一切俱時頓現的，都是虛妄。藏心所現的轉識境界亦然。惟因境界不定具足，隨所作業，漸次轉生：轉第六意識，了別其所了別的法塵；轉第七識，復恒審思量意識的了別以謂然；轉前五識，則隨對五塵而顯現。並無一定次第，那有眞實？譬如：畫師與其弟子，布置彩色、竹筆、絹素，圖成衆形。我說法，也是如此。實則無法可說，如彩色筆素，本無圖文；不過爲適悅衆機，分部三乘，如綺麗交錯，繪成衆像能了。施行言說，並非眞實，眞實是離名字的，那有言說？但爲適應初機學人，分別權說；爲如實修行者，示以眞實。若到眞實證悟之境，則能覺與所覺，俱已遣離，何況言說？

這是爲上根利智的佛子而說的。若爲愚夫廣作分別的種種言敎，都是隨事假設，猶如幻現，而非眞實；若說眞實，則法不應機，於彼翻成非宜所說了。如來說法，如良醫處方，應病授藥，隨衆生心，應所知量。不是外道的有無妄想，也不是聲聞的偏空之分；而是爲哀憫衆生，所說的爲實施權，廢權立實的自覺境界哪。』

第四節　正示修行

復次大慧！若菩薩摩訶薩，欲知自心現量，攝受及攝受者，妄想境界，當離羣聚習俗睡眠，初中後夜，常自覺悟修行方便。當離惡見經論言說，及諸聲聞緣覺乘相。當通達自心現妄想之相。

〔註解〕此下爲正示修行要門。今先示方便。意謂：菩薩要想達妄證眞，必須遠離羣聚、習俗、睡眠的障道惡緣；外道的惡見、經論、言說；二乘的灰斷空相。

〔語譯〕其次還有，大慧！若菩薩摩訶薩，想眞實了悟能攝受及所攝受者，都是自心所現的妄想境界；那就應當捨離了喧囂的羣衆、情染的習俗、昏沉的睡眠；當於靜夜的初、中、後三時，覺悟修行的方便法門；更應當捨離外道的惡見、經論、言說；及聲、緣二乘的灰斷空相。然後才能通達自心所現的妄想，造詣到眞實之境。

復次，大慧！菩薩摩訶薩，建立智慧相住已，於上聖智三相，當勤修學。何等爲聖

智三相當勤修學？所謂：無所有相、一切諸佛自願處相、自覺聖智究竟之相。修行得此已，能捨跛驢心智慧相，得最勝子第八之地。則於彼上三相修生。

〔註解〕此正示由通教進入圓修。上文言「通達自心現妄想之相」，就是建立的智慧之相。然此智慧之相，尚屬通教大乘，爲進修圓教最上聖智三相的依住之法。故曰「建立智慧相住已，於上聖智三相，當勤修學。」「所請」下三句，略示聖智三相名目：⑴「無所有相」，就是佛智照空，如二乘所見的一切智。⑵「一切諸佛自願處相」，就是佛智照假，如菩薩所見一切道法種種差別的道種智。㈢「自覺聖智究竟之相」，就是佛智照空假中，皆見實相的一切種智。

通教二乘，但行於空，不行不空，喩如「跛驢」。捨彼二乘，得證菩薩八地，空與不空，並行不悖，名「最勝子」。能捨跛驢，得最勝子，皆由圓修此聖智三相而生。故曰「修行得此，能捨跛驢……云云」。

〔語譯〕其次還有，大慧！菩薩摩訶薩，既已建立智慧相，爲依住之法；就應當於最上的聖智三相，勤加修學。什麼是聖智三相？就是所謂的一心圓具三種智相：⑴無所有的一切智相。⑵一切諸佛自願處的道種智相。⑶自覺聖智究竟的一切種智之相。通教菩薩旣已修此聖智三相，便能捨離那二乘的跛驢心智，而得菩薩八地，則此菩薩八地，就是由修彼聖智三相而生的。

大慧！無所有相者，謂聲聞、緣覺及外道相，彼修習生。大慧！自願處相者，謂諸先佛自願處修生。大慧！自覺聖智究竟相者，一切法相，無所計著，得如幻三昧身，諸佛地處進趣行生。大慧！是名聖智三相。若成就此聖智三相者，能到自覺聖智究竟境界。是故大慧！聖智三相，當勤修學。』

〔註解〕文分二段：第一段釋聖智三相之所以生起：一釋「無所有相」——二乘偏空、外道斷空，雖非大乘的無所有相；而無所有相的證悟，卻是於彼修習空相而生。所以唐譯謂「慣習一切二乘外道相故，而得生起。」問：無所有相，既爲二乘外道修習而生；爲什麼前云當離，今云當學？答：前示最初入觀方便，不容稍著偏邪，所以當離。今已觀成，轉入聖智，無復偏邪，如四眼入佛眼，皆名佛眼，所以當學。二釋「自願處相」——法華經云：「我本立誓願，欲令一切衆，與我等無異。」就是諸先佛的自願處。依此起修，故曰「修生」。三釋「自覺聖智究竟相」——就是於一切法相，非法相，無所計著。卽經云：「不取法相，不取非法相。」於是得如幻三昧，向諸佛地處進修趣果，故曰「行生」。如經云：「離一切諸相，則名諸佛。」

第二段結勸修學，義顯可解。

「語譯」大慧！無所有相，就是於彼聲聞、緣覺、外道，所共修習的空相而生的。大慧！自願處相，就是依諸先佛誓度一切衆生的本願，修行而生的。大慧！自覺聖智究竟相，就是於一切法相、非法相，無所計著，得如幻三昧，普現色身，向諸佛妙覺果地，進趣修行而生的。大慧！這就叫做聖智三相。若能成就這聖智三相，便能到達自覺聖智，中道實相的究竟境界。因此，大慧！聖智三相，當勤修學。』

（章後贅言：本章明八識性相，非異非不異。第八藏識爲性，七轉識爲相。約相依性起而論，則宛然有八，故非不異。約泯相歸性而論，則性相一如，故亦非異。明乎此，夫而後知迷時則全眞卽妄，悟時則全妄卽眞。夫而後知如來說法，爲實施權，廢權立實，無非欲令衆生轉迷爲悟。夫而後知唯識觀行，當學聖智三相。台家立一心三觀的圓理，非但出自中論，亦與此經圓旨相契，學人不可不知。）

第八章　明妄想自性

第一節　大慧請說

爾時，大慧菩薩摩訶薩，知大菩薩衆心之所念，名聖智事分別自性經。承一切佛威神之力而白佛言：『世尊！唯願爲說聖智事分別自性經，百八句分別所依。如來應供等正覺，依此分別說菩薩摩訶薩，入自相共相妄想自性。以分別說妄想自性故，則能善知周徧觀察人法無我，淨除妄想。照明諸地，超越一切聲聞緣覺，及諸外道諸禪定樂。觀察如來不可思議所行境界。畢定捨離五法自性。諸佛如來法身智慧，善自莊嚴。起幻境界，昇一切佛剎兜率天宮，乃至色究竟天宮，逮得如來常住法身。』

〔註解〕今文分爲三段：第一段經家叙緣：「知大菩薩衆……一切佛威神之力」——這是經家叙述大慧請說的二種緣起：⑴分別自性，是聖智之事，爲一經要旨，所以名之爲經。故曰「名聖智事分別自性經」。此經既爲會衆心之所念，大慧當機，所以代爲請說。⑵諸佛度生，機動則應，今衆機既動，故佛以威神之力，加持當機，促其請說。故曰「承一切佛威神之力」。

第二段正申所請：「唯願爲說……妄想自性」——前百八句，總以聖智分別五法自性等爲所依據，約眞如門說一切皆非。故今再請依此分別，爲說「入自相共相妄想自性」。一切法皆有自相和共相。法相萬差爲「自」，諸法空相爲「共」。愚癡凡夫，不了一切法唯心所現，墮入此自共相的迷網者，妄計諸法有實自性。若以聖智分別推徵，則自相非共，共相非自。彼此陵奪，二皆不成，那有妄想自性的名相可得？故請如來再爲分別解說。

第三段明二種觀行斷得：⑴「觀察人法無我」——這是修人法二空的觀行。「淨除妄想」——這是由觀行而斷除人法二執的妄想。「照明諸地，超越……諸禪定樂」——這是由斷人法二執，得以智慧光明照了菩薩諸地，超越二乘外道的諸禪定樂。⑵「觀察如來不可思議所行境界」——這是更進一步修如來不思議妙境的觀行。畢定捨離五法自性。「諸佛如來法身智慧，善自莊嚴……逮得如來常住法身。」——這是由捨離五法自性，所得自行、化他、圓滿菩提的最勝極果。智慧莊嚴，卽是自行。起幻境界，昇一切佛刹天宮，卽是化他。得如來常住法身，就是圓滿菩提的最勝極果。

〔語譯〕這時，大慧菩薩摩訶薩，測知楞伽會上的大菩薩衆，心裏都在念著聖智事分別自性經，又承諸佛威神之力的加被，於是代表會衆，向佛啓請。他說：「世尊！唯願爲說百八句所依的聖智分別自性經。依此分別，爲諸大菩薩，解說那不了一切法唯心所現之理，而墮入自相共相妄想自性的迷執。以分別妄想自性之故，聞者，便能周徧觀察人法無我，把我法二執，斷除淨盡，得以智慧光明，照了菩薩諸地，超越了一切二乘外道樂著的禪定。再進一步觀察如來不可思議的所行境界，畢竟無一法可得，自然捨離了妄計的五法自性；得以諸佛法身智慧，善自莊嚴；建立起如幻化他的妙用境界，到一切佛刹兜率天宮，色究竟天，示現受生，及得如來常住法身，圓滿菩提，成等正覺。」

佛告大慧：『有一種外道，作無所有妄想計著。覺知因盡，兎無角想。如兎無角，一切法亦復如是。大慧！復有餘外道，見種求那極微陀羅驃形處，橫法各各差別。見已計著，無兎角橫法，作牛有角想。大慧！彼墮二見，不解心量，自心境界，妄想增長。身受用建立妄想根量。大慧！一切法性，亦復如是。離有無，不應作想。大慧！若復離有無而作兎無角想，是名邪想。彼因待觀，故兎無角，不應作想。乃至微塵分別事性，悉不可得。大慧！聖境界離，不應作牛有角想。』

〔註解〕此明二種外道，不達一切法唯心所現而非斷，心外無法而非常。一者覺知因盡，作無所有妄想計著，喻兎無角，而成斷見。二者見種求那極微陀羅驃形，橫法差別，喻牛有角，而墮常見。故佛破之，以答大慧請說的妄想自性。種，就是地水火風的四大種。求那，此翻爲依。陀羅驃，此翻爲塵。橫法，就是蠻橫妄計非法爲法。餘句義顯可解。

〔語譯〕佛告大慧說：『有一種外道，作無所有的妄想計著。在他的知識領域裏，只覺得法從因盡，隨起兎無角想，並以之爲喻，一切法也是如此。大慧！又有一種外道，見四大種依於微塵而形成的分位差別，便橫計一切法非如兎角之無，而又轉作牛有角想了。

大慧！彼外道墮有、無二見，都因不解唯心之理，在自心所現的相分境上，增長妄想，根身受用的資具，及器世間等，無非由妄想分別而建立。大慧！一切法性，也是如此，本離有、無，不應作有、無二見的妄想。

大慧！若在本離有、無的法性中，作兎無角想，那就是邪想，而非正智了。因爲彼所作的兎無角想，並非本無，而是與牛有角對待觀察而起的妄見，所以不應作兎無角想。

至於大種依微塵而形成的橫法差別之事，若實有自性，則不可分析，今旣分析到了極微，都無自性可得，怎能橫計實有諸法差別之事呢？大慧！聖智境界，不但離無，而且離有，所以不應作牛有角想。』

第三節　辨無妄想

爾時，大慧菩薩摩訶薩白佛言：『世尊！得無妄想者，見不生想已，隨比思量觀察不生妄想，言無耶？』佛告大慧：『非觀察不生妄想言無。所以者何？妄想者，因彼生故。依彼角生妄想。以依角生妄想，是故言依因故，離異不異，故非觀察不生妄想，言無角。

〔註解〕上文旣雙破外道有、無二見的妄想，然則，今正教所謂的「無妄想」，是怎樣的無呢？故與此問答，爲之辨釋。問意在簡非思量觀察不生妄想。故答中先正簡其非，次申明其故。

〔語譯〕這時大慧菩薩摩訶薩向佛禀白的說：『世尊！正教所謂的無妄想者，不過見其不生妄想而已。豈非隨彼外道分析微塵，比類觀察，兎無角，牛亦無角，這樣不生妄想，叫做無妄想嗎？』

佛告大慧說：『達法性空，有無俱離，妄想卽無。並非如彼觀察，不生妄想，叫做無啊。所以者何？因爲妄想是因彼角而生的。是故，以依因而論，則想不離角，角非妄想；妄想與角，非異非不異。故非觀察分析微塵而言無角，叫做無妄想啊。

大慧！若復妄想異角者，則不因角生。若不異者，則因彼故。乃至微塵分析推求，悉不可得。不異角故，彼亦非性。二俱無性者，何法何故而言無耶？大慧！若無故無角，觀有故言兎無角者，不應作想。大慧！不正因故，而說有無，二俱不成。

〔註解〕文分三段：(1)「若復」下，再釋上文離異不異」義，顯示妄想因角而生。(2)「乃至」下，示角無性，何法當情，而言無角。(3)「若無」下，結斥無角之無，觀有待無之無，都是妄想，不應作此分別。說有說無，都非正因，二俱不成。

〔語譯〕大慧！假使妄想異角者，那妄想就是別有自性，不是因角而生了。今旣因角而生，所以非異。假使定說非異，那就應當妄想卽角，不當說因彼所生。今旣因彼所生，所以也不應當定說非異。

乃至分析微塵，有角無角，都不可得。是則牛角不異兎角，兎角無性，牛角亦無性。二俱無性，試問有何法當情，何故言無角而起妄想？

大慧！若因本無，故言無角；及觀有待無，故言無角者；都是妄想，不應作此分別。大慧！法本無生，有、無都非生法正因，所以說有說無，二者都不能成立。

大慧！復有餘外道見，計著色空事形處橫法。不能善知虛空分齊，言色離虛空，起分齊見妄想。大慧！虛空是色，隨入色種。大慧！色是虛空，持所持處所建立，性色空事，分別當知。大慧！四大種生時，自相各別，亦不住虛空，非彼無虛空。

〔註解〕此重叙外計，示以正義，斥其妄計。分三段解釋如左：

(1)「計著色空」句下，叙外計色空分齊：色、空都是自心所現的相分境，並無二別。而外道見有分齊，隨起妄想，計著有無。故曰「不能善知虛空分齊」。

(2)「虛空是色」句下，正示色空相卽：虛空無相，因色顯發；虛空相顯，儼然是色。故曰「虛空是色」。旣虛空是色，則色不在空內，空不在色外，故曰「隨入色種」。若分析色塵，至於隣虛，再分析，則空無所有。故曰「色是虛空」。虛空爲能持，色爲所持。色種就在這空所持處建立了。故曰「持所持處所建立」。據此可知，性色眞空，何待析無？性空眞色，何待顯發？故曰「性色空事，分別當知。」

(3)「四大種」句下，斥外道妄計：外道不達色空相卽之理，妄計虛空外，別有四大種。

故曰「亦不住虛空」。實則色空相卽，彼四大種，何曾離了虛空。故又曰「非彼無虛空」。

〔語譯〕大慧！還有其餘的外道，於色空形成的分位差別處，橫生計著。不能善知虛空本無分齊，與色融卽；而言色離虛空，生起了分齊見的妄想。

大慧！虛空是色，隨入四大色種，並非色外有空。大慧！色是虛空，爲虛空所持而建立，並非空外有色。性色卽眞空，性空卽眞色，這相異而性一之事，應當分別了知。

大慧！外道不達色空相卽之理，妄計四大種生時，堅濕煖動，自相各別，與虛空無涉。實則，彼四大種，並非離了虛空，而別有自相啊。

如是大慧！觀牛有角，故兎無角。大慧！又牛角者，析爲微塵，又分別微塵，刹那不住，彼何所觀故，而言無耶？若言觀餘物者，彼法亦然。』爾時世尊告大慧菩薩摩訶薩言：『當離兎角牛角，虛空形色，異見妄想。汝等諸菩薩摩訶薩，當思惟自心現妄想，隨入爲一切刹土最勝子，以自心現方便而敎授之。』

〔註解〕文分二段：(1)再總會上文有無俱無，以例餘法。(2)結勸當離異見妄想，以敎佛子。義顯可解。

〔語譯〕如是大慧！外道觀牛有角，計兎無角。大慧！若分析牛角而爲微塵，又分析微塵，刹那不住。這樣分析起來，微塵尙無，那有牛角；牛角尙無，他拿什麼比對觀察，而言兎角之無呢？若更以餘物作觀，則彼法亦例同此破。』

這時，世尊告大慧菩薩道：『汝等諸大菩薩，應當捨離那兎角、牛角、虛空、形色，計有計無的異見妄想。應當思惟自心所現的妄想，本自不生，非有非無，隨入一切刹土，爲最勝佛子，敎授此返觀自心的方便法門。』

第四節 重 頌

爾時世尊欲重宣此義，而說偈言：『色等及心無，色等長養心，身受用安立，識藏現衆生。心意及與識，自性法有五，無我二種淨，廣說者所說。

〔註解〕此下爲世尊說偈重明上義。初句明心境本無。但此「心」字，指妄心而言。次句明取境分別，就是長養心。次二句明根身器界，爲唯識所現。次四句明八識等爲廣說者所說。廣說者，就是諸佛如來。

〔語譯〕這時世尊再以偈頌重明此義：『色等塵境及分別妄心，本來都無。愚者不達，反取色等，妄想分別，長養自心。那知衆生的根身器界，皆由藏識所現而虛妄安立。所以本不可說的八識、三自性、五法、二無我，總歸於淨，都是諸佛如來爲度衆生，不得已所說的法門。

長短有無等，展轉互相生。以無故成有，以有故成無。微塵分別事，不起色妄想。

心量安立處，惡見所不樂。覺想非境界，聲聞亦復然。救世之所說，自覺之境界。』

〔註解〕「長短有無等」以下四句，重明上文有無妄想及觀待等義。「微塵分別事，不起色妄想」這二句重明上文分別微塵，刹那不住等義。「心量安立處」這一句重明上文思惟自心，及離有無義。卽第一義的安立之處。餘句義顯可解。

〔語譯〕一切世間長、短、有、無等法，都是展轉相待而生的。如：待無成有，待有成無。若分析微塵，達於性空，則色等本無，那分別妄想，就無從而起了。但這有無絕待，唯一心量的安立處，非外道惡見，及小乘偏空，覺想心外有法者所樂之境；而是大悲救世的如來，所說的聖智自覺境界哪。』

（章後贅言：本章明妄想起於不了唯心無生之理，待觀有無，計名著相，妄見分齊。若了唯心無生之理，則色卽是空，空卽是色，有無絕待，那有名相可著，分齊可見？旣無名相可著，分齊可見，那妄想從何而起？只要不起妄想，則正智如如，當下卽是。）

第九章　明淨除頓漸

第一節　大慧請問

爾時大慧菩薩，爲淨除自心現流故，復請如來，白佛言：『世尊！云何淨除一切衆生自心現流。爲頓爲漸耶？』

〔註解〕「自心現流」，就是八識自心現行，無始以來如水流注，從無間斷的煩惱。也就是上文所謂的「自心現妄想」。也就是四流中的無明流。餘義顯可解。

〔語譯〕這時大慧菩薩，爲淨除自心現行的流注妄想，再請問如來。他說：『世尊！怎樣才能淨除一切衆生的自心現流？是同時頓斷呢，還是次第漸斷？』

第二節　如來正答

佛告大慧：『漸淨非頓。如菴羅果，漸熟非頓。如來淨除一切衆生自心現流，亦復如是漸淨非頓。譬如陶家造作諸器，漸成非頓。如來淨除一切衆生自心現流，亦復如是漸淨非頓。譬如大地漸生萬物，非頓生也。如來淨除一切衆生自心現流，亦復如是漸淨非頓。譬如人學音樂書畫種種技術，漸成非頓。如來淨除一切衆生自心現流，亦復如是漸成非頓。

〔註解〕流注無明，旣是八識自心現行，若論淨除，那就非轉識成智不可了。然而根有利鈍，法非頓漸。對利根，則頓而非漸；對鈍根，則漸而非頓。又約事修爲漸；約理悟爲頓。所以答中，頓漸並明，各設四譬，深有所以。今先明漸淨：⑴以菴羅果漸熟，譬第八識轉爲大圓鏡智，漸淨自心現流。⑵以陶家造器漸成，譬前五識轉爲成所作智，漸淨自心現流。⑶以大地漸生萬物，譬第七識轉爲平等性智，漸淨自心現流。⑷以學書畫技術，譬第六識轉爲妙觀察智，漸淨自心現流。

〔語譯〕佛告大慧道：『譬如菴羅樹果，漸熟非頓。如來爲一切衆生淨除自心現流，也是如此的漸次淨除，不是一時頓斷。譬如陶家造作瓦器，漸成非頓。如來爲一切衆生淨除自心現流，也是如此的漸次淨除，不是一時頓斷。譬如大地漸生萬物，並非頓生。如來爲一切衆生淨除自心現流，也是如此的漸次淨除，不是一時頓斷。譬如人學音樂書畫種種技術，漸成非頓。如來爲一切衆生淨除自心現流，也是如此的漸次淨除，不是一時頓斷。

譬如明鏡，頓現一切無相色像。如來淨除一切衆生自心現流，亦復如是頓現無相，無有所有清淨境界。如日月輪，頓照顯示一切色像。如來爲離自心現習氣過患衆生，亦復如是，頓爲顯示不思議智最勝境界。譬如藏識，頓分別知自心現，及身安立受用境界。彼諸依佛，亦復如是，頓熟衆生所處境界。以修行者，安處於彼色究竟天。譬如法佛所作依佛，光明照耀。自覺聖趣，亦復如是，彼於法相有性無性惡見妄想，照令除滅。

〔註解〕此明頓淨，亦設四譬，以明如來四智，頓淨衆生自心現流，及顯示證悟之境：
(1)以明鏡頓現無相色像；譬如來以大圓鏡智，淨衆生自心現流，頓現無相的清淨境界。鏡中色像，有卽非有，非有而有，故名無相。(2)以日月輪，頓照顯示色像；譬如來以平等性智，令衆生離習氣過患，頓顯不思議智，最勝境界。習氣過患，就是自心現流。不思議智，就是無分別智。(3)以藏識頓知機熟衆生，使之安處於色究竟天。藏識現量所見的性境，非意識分別所知，故名「頓分別知」。報佛，依法佛爲體，名爲「依佛」。(4)以法佛所作依佛，光明照耀；譬如來以成所作智，頓令衆生證自覺聖智，除滅惡見妄想。法佛爲體，依佛爲用。依體起用，故曰「法佛所作依佛」。

〔語譯〕譬如明鏡，頓現一切無相的色像。如來淨除一切衆生自心現流，也是如此，頓現無相的清淨境界。譬如日月普照，頓時顯現一切色像。如來爲令衆生離自心現習氣過患，也是如此，頓顯不思議的智慧境界。譬如藏識，現量頓知自心所現的根身器界。諸報佛，也是如此，頓知機熟衆生，教他們安處色究竟天，修因證果。譬如法佛現作報佛，光明照耀。衆生聞法，證自覺聖趣，也是如此，他們對計有計無的惡見妄想，都能以聖智光明，照令除滅。

第三節　辨三佛法相

大慧！法依佛，說一切法，入自相共相自心現習氣因，相續妄想自性計著因，種種不實如幻，種種計著，不可得。復次大慧！計著緣起自性，生妄想自性相。大慧！如工幻師，依草木瓦石，作種種幻，起一切衆生若干形色，起種種妄想。彼諸妄想

，亦無眞實。如是大慧！依緣起自性，起妄想自性。種種妄想心，種種相行事妄想相。計著習氣妄想。是爲妄想自性相生。大慧！是名依佛說法。

〔註解〕此下明三佛說法相，釋成上文所謂的「淨除現流」義。今先明報佛說法，分法、譬、合三段：(1)「法依佛……不可得」——此爲法說。法依佛，就是上文的「法佛所作依佛」，也就是報佛的異稱。習氣，是現流的細相。計著，是現流的粗相。卽馬鳴起信論所謂的三細六粗。要淨除這粗細現流，必須要了解他的起因所在。故報佛說：習氣，起因於自相共相；計著，起因於相續妄想。此言其事。若觀其理，則緣起性空，故曰「不實如幻」。旣爲緣起，還歸緣滅，故曰「不可得」。(2)「復次大慧……亦無眞實」——此爲譬說。衆生不達緣起性空之理，而計著緣起自性，生妄想自性。故復擧譬以明。以「幻師」，譬業識。「依草木瓦石」等，譬緣起自性。「起若干形色」等，譬妄想自性。旣是幻師所作，其非眞實可知，故曰「亦無眞實」。(3)「如是大慧……自性相生」——此爲法合。以依緣起自性，合依草木瓦石等譬。以起妄想自性等，合起若干形色等譬。此段文義隱晦，不甚了了。唐譯云：「此亦如是，於緣起性中，有妄計性種種相現，是名妄計性相。」可作參考。

〔語譯〕大慧！報佛說一切法，要不出：入自相共相，爲習氣因；相續妄想自性，爲計著因。這種種緣起性空，不實如幻，種種計著，實不可得。復次大慧！由計著緣起自性裏，生起妄想自性。大慧！這好比幻師，依草本瓦石，幻作衆生若干形像；使見者不知是幻，而起種種妄想。這不但幻像無實；就是那妄想，也沒有眞實啊。大慧！這就叫做報佛說法。

大慧！法佛者，離心自性相，自覺聖所緣境界，建立施作。

〔註解〕此明法佛說法。法佛，就是法性佛。亦名法身。世間一切法，不離能緣之心，與所緣之境。若離心自性相，則境亦隨寂。此心境雙亡的寂滅相，便是法佛自覺境界建立的施爲。故曰「自覺聖所緣境界，建立施作。」

〔語譯〕大慧！法佛說法，離心意識自性相，在這自覺聖智所緣的離相境界上，建立了說無所說的說法施爲。

大慧！化佛者，說施、戒、忍、精進、禪定，及心智慧。離陰界入，解脫識相分別。觀察建立，超外道見，無色見。

〔註解〕此明化佛說法。化佛，就是應身佛。說施等六度，是菩薩法。說離五陰十八界十二入等，是二乘法。觀察衆機，建立法門，故曰「觀察建立」。離斷常二見，及滅受想定，故曰「超外道見，無色見」。

〔語譯〕大慧！應身佛，說：布施、持戒、忍辱、精進、禪定、智慧。又說：離五陰、十八界、十二入，解脫識相的分別妄想。此觀察衆機，建立的自行化他法門；超越外道的斷常二見，及無色行的滅受想定。

大慧！又法佛者，離攀緣。攀緣離，一切所作根量相滅。非諸凡夫聲聞緣覺外道，計著我相所著境界。自覺聖究竟差別相建立。是故大慧！自覺聖究竟差別相，當勤修學。自心現見，應當除滅。

〔註解〕上來明三佛說法相，正欲令人圓悟三身一體，總攬報化歸法身本性。故今再示法佛離相境界，簡非凡外二乘，結勸當學。攀緣，就是心行。根量之境，就是心所行處。若離攀緣，則心行處滅，故曰「一切根量相滅」。凡夫計著人我相；二乘計著法我相；外道計著神我相，都未離攀緣。故曰「非諸凡夫聲聞緣覺外道計著我相境界」。三身一體，差即無差，無非自覺聖建立的究竟果法。如金剛經云：「皆以無爲法而有差別」。故曰「自覺聖究竟差別相建立」。

〔語譯〕大慧！又，法身佛所說法相，是離攀緣的。攀緣若離，則一切所作的根量境相，都頓時滅卻了。這不是凡夫、二乘、外道所著的境界；而是自覺聖究竟差別相的建立。因此，大慧！自覺聖的究竟差別相，應當勤勉修學。自心現流，應當除滅。

〔章後贅言：本章爲令行人，淨除自心現流，證會自覺聖智故，於正明頓漸義罷，更辨三佛說法相，最後顯示三身一體，結歸法身本性。應知天臺圓教，突破一往通途局於「

法身無說，報化有說」的別解，獨謂法身有說者。其圓旨卽出自本經微義。）

第十章　辨聲聞通相

第一節　總標二相

復次大慧！有二種聲聞乘通分別相。謂：得自覺聖差別相，及性妄想自性計著相。

〔註解〕此總標聲聞二相。下文自釋。

〔語譯〕其次還有，大慧！有二種聲聞乘。他們雖通名聲聞，而其相卻大有差別：一種是證得自覺聖的差別相；一種是計著妄想自性相。

第二節　釋自覺聖相

云何得自覺聖差別相聲聞？謂無常苦空無我境界。眞諦離欲寂滅。息陰界入自共相。外不壞相如實知，心得寂止。心寂止已，禪定、解脫三昧道果，正受解脫。不離習氣。不思議變易死。得自覺聖樂住聲聞。是名得自覺聖差別相聲聞。

〔註解〕此釋自覺聖差別相聲聞。「無常苦空無我」——此聲聞所修的觀門。「眞諦離欲寂滅」——此聲聞所趣的諦理。「陰界入自共相」——陰界入的法相，各各差別，叫做自相。同是無常苦空，叫做共相。「外不壞相如實知」——通教聲聞，不必壞法外相，便知其性本空。「不思議變易死」——修無漏善業，依所知障爲助緣，所感的界外淨土果報，改變了三界的分段生死，叫做變易死。妙用不測，叫做不思議。「樂住」——卽取證涅槃，躭樂住著。

〔語譯〕什麼是得自覺聖差別相聲聞？就是：觀無常、苦、空、無我的境界，趣於捨離愛欲的寂滅眞諦。息滅五陰、十八界、十二入的自相共相。不壞外在的假相，便能如實了知法性本空，而心得寂靜。進而修禪定解脫三昧的無漏道，而得不受後有的苦樂諸受，涅槃妙果。但煩惱雖斷，尙有異熟識中的餘習未離，不思議變易生死未了，只得個樂著空寂的自覺聖。這就叫做得自覺聖差別相聲聞。

大慧！得自覺聖差別樂住菩薩摩訶薩，非滅門樂正受樂。顧愍衆生及本願不作證。大慧！是名聲聞得自覺聖差別相樂。菩薩摩訶薩，於彼得自覺聖差別相樂，不應修學。

〔註解〕此明菩薩摩訶薩，亦修空觀，亦得自覺聖智，卻與聲聞的取證涅槃，有智無悲，大異其趣。

〔語譯〕大慧！得自覺聖差別樂住的菩薩摩訶薩，並非聲聞於寂滅門，樂著不受後有的正受之樂；而是憐愍衆生，及本因所立的四弘誓願，悲智雙運，不以取證涅槃的自了爲滿足。大慧！菩薩摩訶薩，於彼聲聞所得的自覺聖差別相樂，不應修學。

大慧！云何性妄想自性計著相聲聞？所謂大種：青黃赤白，堅濕煖動，非作生自相共相。先聖善說，見已，於彼起自性妄想。

〔註解〕此釋妄想自性相聲聞。佛先在阿含教中，為破外道的我執，及妄計四大種以極微、冥諦等為生因。權說，五蘊中的四大種：以青黃赤白為色；堅濕煖動為性。法爾如是，非造作所生。又說色受想行識為自相，五蘊假合為共相。愚法聲聞，雖能了解四大非作，五蘊無我；卻又逐語成滯，而起實有四大五蘊之法的自性妄想。不知心外無法，那有自性？

〔語譯〕大慧！什麼是妄想自性計著相聲聞？所謂五蘊中的四大種：自爾以青黃赤白為色，堅濕煖動為性，不是造作生的。四大五蘊的自共相裏，也沒有人我。這都是佛先前在阿含教中，為破斥外道計有四大生因及我執的善巧權說。鈍根聲聞，聽見此說，逐語成滯，就生起四大實有自性的妄想了。

菩薩摩訶薩，於彼應知應捨，隨入法無我相，滅人無我相見。漸次諸地相續建立。是名諸聲聞性妄想自性計著相。』

〔註解〕此勸菩薩應知應捨。菩薩不但觀人無我，且觀法亦無我。故曰「隨入法無我相」。破彼聲聞但見人無我相，不達法無我理。故曰「滅人無我相見」。餘義可解。

〔語譯〕菩薩摩訶薩，於彼聲聞的自性妄想，應當了知，應當捨棄。隨卽深入一切法皆唯心現，都無自性的法無我相。滅彼聲聞但見人無我相，不達法無我理的偏空涅槃。由是從初地到十地，乃至究竟妙覺果地，漸次建立。這不達法無我理的聲聞，就叫做妄想自性計著相。』

（章後贅言：本章明二種聲聞：一是自覺聖差別相。二是妄想自性計著相。這二種聲聞，僅是通、藏二教，在觀行上的利鈍不同，其爲取證偏空涅槃的自了，卻是一同。然而，偏空涅槃，並非滅度，如法華經云：「諸聲聞衆，皆非滅度。」故爲佛所彈斥，以誡菩薩。吾輩行人，要以菩薩自許，願共勉之。）

第十一章　簡別常不思議

第一節　大慧請問

爾時，大慧菩薩摩訶薩白佛言：『世尊！世尊所說常不思議，自覺聖趣境界，及第一義境界。世尊！非諸外道所說常不思議因緣耶？』

〔註解〕此大慧聞佛所說的常不思議，恐與外道所計的神我、極微等爲常，玉石不分，故而與問。

〔語譯〕爾時，大慧菩薩摩訶薩，向佛請問的說：『世尊所說的常不思議——自覺聖趣及第一義境界。豈非諸外道所說的常不思議因緣嗎？』

第二節　簡異外道

佛告大慧：『非諸外道因緣，得常不思議。所以者何？諸外道常不思議。不因自相成。若常不思議，不因自相成者。何因顯現常不思議？復次大慧！不思議若因自相成者，彼則應常。由作者因相，故常不思議不成。

〔註解〕外道計神我、冥諦等一切法的作者，爲常不思議。然，神我冥諦等，都是虛妄想相，實無自相可得。故曰「不因自相成」。文中反復縱奪，斥其爲非常，義顯可解。

〔語譯〕佛告大慧說：『外道所計的神我等，爲作者因緣，並非常不思議。爲什麼呢？因爲外道的常不思議，沒有因緣的自相可成啊。既不因自相而成，拿什麼來顯現常不思議呢？再說大慧！假使不思議是因自相而成的，那就應當是常。今彼既由作者爲因相，那常不思議，就不能成立了。

大慧！我第一義常不思議。第一義因相成，離性非性。得自覺相故有相。第一義智因故有因，離性非性故。譬如無作虛空，涅槃滅盡故常。如是大慧！不同外道常不思議論。如是大慧！此常不思議，諸如來自覺聖智所得如是。故常不思議自覺聖智

所得，應當修學。

〔註解〕此明佛說的常不思義，不同外道。「離性非性」的離字，雙關性與非性二義。妙體絕待，非有非無。非有故離性，非無故離非性。「得自覺相」就是證實相，故名有相。簡非外道的自相不成。「第一義智因」方爲眞因，故名有因。簡非外道的因相不成。餘句義顯可解。

〔語譯〕大慧！我所說的第一義常不思議，是以第一義爲因相而成立的。妙體絕待，離有離無。得自覺聖相，故有實相。以第一義智爲因，故有眞因。一切有無戲論，都已遠離。譬如離有爲造作的虛空，涅槃的寂滅。因此，大慧！此常不思議，是諸如來自覺聖智之所證得。所以菩薩應當修學。

復次大慧！外道常不思議，無常性。異相因故，非自作因相力故常。復次大慧！諸外道常不思議，於所作性非性無常。見已思量計常。大慧！我亦以如是因緣所作者，性非性無常。見已，自覺聖境界，說彼常無因。

〔註解〕此有二義：一明外道所計的常不思議，顯非佛說。二就外道所計的常不思議，斥其無因。

〔語譯〕復次大慧！外道的常不思議，沒有常性。因爲他是以異於自相的作者爲因之故，不是自相因力所證的眞常。

復次大慧！諸外道的常不思議，是見有爲造作的諸法，都是因緣所生，生已還滅的無常。見已，即思量計著，緣生法外，必別有作者的神我冥諦等爲常。大慧！我也是見諸法因緣所生，生已還滅的無常。見已，即以自覺聖智所證的境界，說彼所計的常爲無因。無因之常，如何能夠成立？

大慧！若復諸外道，因相成常不思議。因自相性非性，同於兎角。此常不思議，但言說妄想。諸外道輩，有如是過。所以者何？謂但言說妄想，同於兎角，自因相非分。

〔註解〕此正以兎角爲喩，顯外道所計的常，無自因相。

〔語譯〕大慧！假如更有一些外道，以別有作者的因相成立常不思議的話。則此因相，非自相性，等於兎角。如此常不思議，但有言說妄想，究無實義，怎能成立？這就是外道們所犯的嚴重過失。他們所以犯此過失者，因其但有同於兎角的言說妄想，而沒有自證因相的分兒啊。

大慧！我常不思議，因自覺得相故，離所作性非性，故常。非外性非性無常，思量計常。大慧！若復外性非性無常，思量計常不思議常。而彼不知常不思議自因之相

，去得自覺聖智境界相遠。彼不應說。

〔註解〕此示如來所證的常不思議，非外道所及。

〔語譯〕大慧！我的常不思議，是以自覺第一義智爲因，證得的自相之故：離能所作性的有無二見，所以爲常。非如外道，於非性的無常，妄計爲常。大慧！若彼外道，但於作者的非性無常，思量計度爲常不思議，而不知常不思議的自因之相，距離得自覺聖智的境界尙遠。所以他們不應該妄談常不思議。

第三節　簡異聲聞

復次大慧！諸聲聞畏生死妄想苦而求涅槃。不知生死涅槃差別，一切性妄想非性。未來諸根境界休息，作涅槃想。非自覺聖智趣藏識轉。是故，凡愚說有三乘，說心量趣無所有。是故大慧！彼不知過去未來現在諸如來自心現境界，計著外心現境界，生死輪常轉。

〔註解〕前外道計無常的生因爲常因，今聲聞計無常的滅果爲常果。同爲不了心外無法，妄想計度。故前已簡異外道，今復簡異聲聞。

〔語譯〕復次大慧！諸聲聞畏懼生死妄想之苦，求涅槃樂。不知生死涅槃，實無差別，而見有差別者，那都是顚倒妄想，非實有性。他們認爲未來的根塵息滅，不受後有，便是涅槃。實則彼所謂的滅，不是自覺聖智所趣，轉藏識裏的生滅爲究竟涅槃。因此，爲愚癡凡夫，方便說有三乘之法；說有心量所趣無所有的小乘涅槃。因此大慧！他們不知三世諸佛自心內現的涅槃妙境，而取著心外境界，以致常在生死，輪轉不絕。

第四節　正明不生

復次大慧！一切法不生，是過去未來現在諸如來所說。所以者何？謂自心現性非性，離有非有生故。大慧！一切性不生。一切法如兎馬等角，是愚癡凡夫不實妄想自性妄想故。大慧！一切法不生，自覺聖智趣境界者，一切性自性相不生，非彼愚夫妄想二境界。自性身財建立趣自性相。大慧！藏識攝所攝相轉，愚夫墮生住滅二見。希望一切性生。有非有妄想生。非聖賢也。大慧！於彼應當修學。

〔註解〕外道計無常的生因爲常，已如前破。今再正明不生之理，以示眞常不思議因。

「自心現……」——這兩句正明不生義：一切法唯自心現，無論現有現無，都無實性可得，故曰「性非性」。既無有性可得，那有有生？既無無性可得，那有非有生？故曰「離有非有生」。

「一切性……妄想二境界」——這一段約凡聖以釋不生：愚癡凡夫，但知一切性不生，如兎馬角之本無。此不實妄想自性分別，非眞不生。自覺聖智所趣，即一切法的性相當體不生，不落愚夫有生有不生的二見境界，是眞不生。

「自性身財……」——這最後一段約唯識以釋不生：身財，就是根身器界。乃由自性現起，建立趣生的自性之相。如水起波，還爲水相。故曰「自性身財建立趣自性相」。此卽三分心法的藏識自體分，轉變而爲能緣的見分，及所緣的相分。故曰「藏識攝所攝相轉」。見相二分，旣爲藏識所變；當如空華，生卽不生，滅卽不滅。愚夫不了唯識所變，認爲實有生滅。故曰「墮生住滅二見」。自生妄想，分別有無，故曰「非聖賢也」。

〔語譯〕復次大慧！一切法不生，這話是過去現在未來三世諸佛所說。怎樣不生？就是一切有無諸法，唯自心現，都無實性。非有生，非非有生。

大慧！但知一切性，如兎馬角之本無，以爲不生者，那是愚癡凡夫的不實妄想，自性分別現前有無，非眞不生。大慧！唯自覺聖智所趣境界，知一切法的性相，當處不生，不落愚夫有生有不生的妄想二見，才是眞不生哩。

卽以自性現起的根身器界，建立趣生的自性之相來說吧。大慧！這是藏識自體轉變爲能攝所攝的見、相二分；好像空華水月，生卽不生，滅卽不滅。愚夫不覺，就墮入實有生住、滅的二見了。他們希望一切有無性生，而起有生及非有生的妄想，取著無生以爲涅槃。這那裏是離有生及非有生的聖賢妙行呢？大慧！你於自覺聖智所趣境界，應當修學。

（章後贅言：本章簡別如來以第一義爲因，離有離無的常不思議；與外道計有作者的無常生因爲常，及聲聞計有根塵休歇的無常滅果爲常，比較起來大有雲泥之隔。末了，再明諸佛所說，離有生、離非有生的不生妙理，顯示眞常不思議因，非愚夫妄想的生滅境界。總之，外道不了心外無法，墮有無二見。聲聞不了心外無法，見有生死之苦，涅槃之樂。若了心外無法，就契會生死涅槃一切法不生的妙理了。所以思益經上說：「諸佛出世，不爲令衆生出生死入涅槃，但爲度生死涅槃二見耳。」今如來以此諄諄敎誡菩薩，其悲心之痛切可知。）

第十二章　明種性差別

第一節　標　名

復次大慧！有五無間種性。云何爲五？謂：聲聞乘無間種性、緣覺乘無間種性、如來乘無間種性、不定種性、各別種性。

〔註解〕如來藏性，凡聖同具。所謂：「心佛衆生，三無差別。」良以無始染淨熏緣，隨機利鈍而有差別。約類分爲五個種性。前三自類純一，並名無間。後二不定各別，但名種性。綜合前三後二，得名爲「五無間種性」。

〔語譯〕復次大慧！有五種無間種性。怎樣爲五？那就是所謂：聲聞乘的無間種性、緣覺乘的無間種性、如來乘的無間種性、不定種性、各別種性。

云何知聲聞乘無間種性？若聞說得陰界入自共相斷知時，舉身毛孔熙怡欣悅，及樂修相智。不修緣起發悟之相。是名聲聞乘無間種性。聲聞無間，見第八地，起煩惱斷，習煩惱不斷。不度不思議變易死，度分段死。正師子吼：我生已盡，梵行已立，不受後有。如實知，修習人無我，乃至得般涅槃覺。

〔註解〕此釋聲聞種性。樂著但空之相的智解，名為「相智」。因緣生法，名為「緣起」。然藏教說因緣生滅，三乘同學。通教說即空無生，也是三乘同學。今以四諦相智，攝屬聲聞；緣起發悟，攝屬緣覺。蓋因聲聞機鈍，樂修四諦相智，不修緣起發悟之故。聲聞雖非菩薩，而其見處卻與八地菩薩無異。據華嚴經所載，略謂：『八地菩薩證我空眞如，樂著三昧，不起滅定。諸佛勸起，說汝之三昧二乘亦得。』故曰「『聲聞無間，見第八地。』」師子吼下三句：「我生已盡」義該知苦斷集。「梵行已立，不受後有。」義該修道證滅。按唐譯尚有「所作皆辦」一句，今文省略。

〔語譯〕什麼叫做聲聞乘無間種性？當他聽說陰界入自共相的苦諦當知，集諦當斷時；便舉身毛豎的欣喜豫悅，樂修四諦相智；不修緣起開發悟門。這就叫做聲聞乘無間種性。這聲聞無間的見地，亦如八地菩薩，現起煩惱的見思雖斷，還有習煩惱的塵沙無明，沒有斷除。所以他只能度分段生死，而於不思議的變易生死，卻不能度脫。乃對人天大衆，作師子吼，毫無畏懼的唱道：「我生已盡，梵行已立，不受後有。」如實所知這不過是，修習人無我，乃至得涅槃的覺想罷了。

大慧！各別無間者。我人衆生壽命長養士夫。彼諸衆生，作如是覺求般涅槃。復有異外道說，悉由作者。見一切性已。言此是般涅槃。作如是覺，法無我見非分。彼無解脫。

〔註解〕此釋各別種性。外道修因各別，雖與聲聞不同，而其趣果卻同爲涅槃。所以名爲各別無間，又在標名中列爲第五，徵釋中提前爲第二。外道的修因各別，具八不正見及十六知見，今略舉其六：我、人、衆生、壽命、長養、士夫。這分明是不覺的生死根本，他們反倒妄執爲覺，以求涅槃。故曰「作如是覺，求般涅槃。」還有一種外道，妄計一切法都是冥諦神我等的作者所作。所作的是生滅無常，能作的是常不生滅，於此起自性妄想，名爲涅槃。故曰「見一切性已。言此是般涅槃。」餘義顯可知。

〔語譯〕大慧！各別無間種性是什麼？就是有些外道，他們妄計五陰法裏，實有：我、人、衆生、壽命、長養、士夫。這種種妄計，本爲不覺，反執爲覺以求涅槃。還有一種外道，他認爲一切法，都是冥諦、神我、四大、極微等的作者所作。執此作者，爲常不生滅的自性，說這就是涅槃。他們作這樣的覺想，縱得人無我見，而沒有法無我見之分，如何能解脫法縛？

大慧！此諸聲聞乘無間外道種性，不出出覺。爲轉彼惡見故，應當修學。

〔註解〕此斥聲聞未出變易生死；外道未出分段生死，他們覺得已竟出離了。故曰「不出出覺」。並教菩薩改變他們的惡見。

〔語譯〕大慧！此等聲聞乘無間及外道種性，於未出離生死中，作出離想。爲轉變他們這種惡見之故，應當修學。

大慧！緣覺乘無間種性者，若聞說各別緣無間，舉身毛豎，悲泣流淚，不相近緣，所有不著。種種自身，種種神通，若離若合，種種變化。聞說是時，其心隨入。若知彼緣覺乘無間種性已。隨順爲說緣覺之乘。是名緣覺乘無間種性相。

〔註解〕此釋緣覺乘無間種性。緣覺，亦名獨覺。出有佛世，稟教觀十二因緣而悟道的，叫做緣覺。出無佛世，獨自觀飛花落葉而悟道的，叫做獨覺。今明熏習成種，故但約緣覺邊說。十二因緣分位各別，三世因果循環無間，故曰「各別緣無間」。修遠離行，無所染著，故曰「不相近緣，所有不著。」餘義顯可知。

〔語譯〕大慧！緣覺乘的無間種性者：倘若聽說十二因緣法，雖分位各別，卻是此生故彼生，此滅故彼滅的三世因果，循環無間。便舉身毛豎，感激得悲泣流淚。於是修遠離行，謝絕塵緣，無所染著。倘若聽說修緣生無性，能發種種神通，現種種身，離合變化。這時，其心便隨順悟入。菩薩知彼有此緣覺種性，卽隨順機宜，給他說此緣覺乘法。這就是緣覺乘的無間種性相。

大慧！彼如來乘無間種性，有四種。謂：自性法無間種性、離自性法無間種性、得自覺聖無間種性、外剎殊勝無間種性。大慧！若聞此四事一一說時，及說自心現身財建立不思議境界時，心不驚怖者；是名如來乘無間種性相。

〔註解〕此釋四種如來乘無間種性：(1)如來藏自性清淨心，爲十界凡聖本具的理體。就是「自性法無間種性」。(2)自性清淨心，妙體絕待，非有性，非無性，有無俱離。就是「離自性無間種性」。(3)圓照三諦的佛智，就是「得自覺聖無間種性」。(4)如來以大悲願力，嚴淨佛土，攝化衆生，就是「外剎殊勝無間種性」。前二卽涅槃三德的法身德。第三卽般若德。第四卽解脫德。

〔語譯〕大慧！如來乘的無間種性有四種：第一種，是自性法無間種性。第二種，是離自性法無間種性。第三種，是得自覺聖無間種性。第四種，是外剎殊勝無間種性。大慧！若**有人聽說這四件事，及自心所現根身器界，建立藏識不思議境界時，心不驚怖；當知此人就**

是最上利根，積劫熏成的如來乘無間種性啊。

大慧！不定種性者，謂：說彼三種時，隨說而入。隨彼而成。

〔註解〕此釋不定種性。於聲聞、緣覺、如來的三乘種性，只具某一種性者，叫做定性。兼具二種或三種性者，叫做不定種性。定性者，具聲聞性的，聞聲聞法，便即信受；不樂更聞緣覺如來。乃至具如來性的，聞如來法，便即信受；不屑更聞聲緣二法。不定種性者，則隨所聞法，隨即信受。不像法華會上的五千退席，固步自封。

〔語譯〕大慧！怎樣是不定種性？就是：聞說聲聞法時，便即信入，而成聲聞。聞說緣覺法時，便即信入，而成緣覺。聞說如來法時，便即信入，而成如來。

第三節　結　會

大慧！此是初治地者，謂種性建立。爲超入無所有地故，作是建立。彼自覺藏者，自煩惱習淨，見法無我，得三昧樂住聲聞，當得如來最勝之身。』

〔註解〕此總結種性建立，而會通之。最初發心對治煩惱之位，叫做「初治地」。無相清淨的究竟佛位，叫做「無所有地」。諸種性各有差別的自覺聖法，叫做「自覺藏」。

〔語譯〕大慧！爲初治地，隨根差別，說三乘無間種性的建立，俾便信入。爲頓超究竟清淨的無所有地，作此不定種性的建立，以示並無種性的一定局限。使彼自覺藏者，會權歸實，始自淨除煩惱習氣，見法無我，得三昧樂住聲聞；終歸證得如來的殊勝法身。」

爾時世尊，欲重宣此義，而說偈言：『須陀槃那果，往來及不還，逮得阿羅漢，是等心惑亂。三乘與一乘，非乘我所說，愚夫少智慧，諸聖遠離寂。第一義法門，遠離於二教，住於無所有，何建立三乘。諸禪無量等，無色三摩提，受想悉寂滅，亦無有心量。』

〔註解〕此以偈頌重宣前義。初四句彈斥聲聞四果：初果「阿陀槃那」——亦名須陀洹。翻爲逆流，或預流、入流。卽背逆生死凡流，預入涅槃聖流之義。二果「往來」——亦名一來。卽尚須一往天上，一來人間，才能斷盡欲界思惑之義。三果「不還」——亦名不來。卽已斷盡欲界思惑，不來人間受生之義。四果「阿羅漢」——此翻殺賊、應供、無生三義。此四果人，計生死之苦，涅槃之樂，惑亂其心。故曰「是等心惑亂」。次四句明假立權實。次四句明破假立。最後四句比況禪定等。義顯可解。

〔語譯〕這時，世尊爲重明前義，說偈頌道：『須陀槃那、往來、不還、阿羅漢，這四種果人的心意，爲計著生死涅槃的苦樂所惑亂。那聲聞、緣覺、不定的三乘種性；如來的一乘種性；各別的非乘種性；不過爲少智的愚夫，樂寂的諸聖，所假立的權實二教而已。唯第一義門的至極之理，權實不立，遠離二教，安住於無所有地，那有三乘的建立？三乘尚無，何況四禪、四無量、四無色定、無想定、滅盡定等，而有心外實法可以量度嗎？』

（章後贅言：本章明種性差別，先立後破。總歸於一法不立的第一義門至極之理。以詳答大慧在百八句裏所問：「云何有三乘？云何爲種性？」的兩大問題。也符合了世尊約眞如門答釋的：「三乘句非三乘句。種性句非種性句。」次下各章辨一闡提等，例亦同此。）

第十三章　辨一闡提

第一節　標　名

大慧！彼一闡提，非一闡提，世間解脫誰轉？大慧！一闡提有二種：一者捨一切善根，及與無始衆生發願。

〔註解〕文中標示二種闡提，下節自釋。「彼一闡提」，卽指第一種闡提而言。「非一闡提」，卽指第二種闡提而言。彼第一種的一闡提，非此第二種的一闡提，不能轉惡爲善，而得解脫。故曰：「彼一闡提，非一闡提，世間解脫誰轉？」

〔語譯〕大慧！彼一闡提，雖信心不具，但斷修善，而性善不斷；然而，倘非此一闡提，誰能敎他轉惡爲善，解脫世間的束縛呢？大慧！因爲一闡提有二種：一種是捨了一切善根的一闡提。二種是與無始衆生發願的一闡提。

云何捨一切善根？謂謗菩薩藏，及作惡言。此非隨順修多羅毗尼解脫之說。捨一切善根故，不般涅槃。

〔註解〕諸大乘經，含藏菩薩修因證果之法，名「菩薩藏」。「修多羅」此翻爲經。「毗尼」此翻爲律。謗菩薩藏，與經律所說的解脫之道相違，故曰「此非隨順修多羅……云云」。

〔語譯〕怎樣叫做捨一切善根？就是誹謗大乘的菩薩法藏，口出惡言，說這不是隨順經律所說的解脫之道。因其捨一切善根之故，但墮阿鼻，沉淪生死，不入涅槃。

二者菩薩本自願方便故，非不般涅槃一切衆生，而般涅槃。大慧！彼般涅槃，是名不般涅槃法相。此亦到一闡提趣。

〔註解〕菩薩了法本空，視生死卽涅槃。故能以本自誓願的方便之力，度盡一切衆生入般涅槃。故曰「非不般涅槃一切衆生，而般涅槃。」又曰「彼般涅槃，是名不般涅槃法相」。菩薩的不般涅槃法相，亦同一闡提。故曰「此亦到一闡提趣」。

〔語譯〕怎樣叫做與無始衆生發願？菩薩了法本空，視生死卽涅槃。故能以滅度一切衆生的本自誓願，爲方便法門。並非不滅度一切衆生，而自住涅槃。大慧！彼菩薩生死卽涅槃，是名不般涅槃法相。這也與斷善根的一闡提不般涅槃同趣。

第三節　結　會

大慧白佛言：『世尊！此中云何畢竟不般涅槃？』佛告大慧：『菩薩一闡提者，知一切法本來般涅槃已，畢竟不般涅槃，而非捨一切善根一闡提也。大慧！捨一切善根一闡提者，復以如來神力故，或時善根生。所以者何？謂如來不捨一切衆生故。以是故菩薩一闡提不般涅槃。』

〔註解〕斷善根的一闡提，可以說不般涅槃；菩薩一闡提，何以也不般涅槃？此大慧之所以與問，世尊之所以答釋。義顯可解。

〔語譯〕大慧問佛：『世尊！這二種一闡提中，到底是那一種畢竟不般涅槃呢？』佛告大慧說：『菩薩一闡提，了知一切法，從本以來，性自寂滅，無復更滅；所以菩薩一闡提，畢竟不般涅槃。並非捨一切善根，輪轉生死的一闡提。大慧！捨一切善根的一闡提，有時值遇如來以神力攝化，還是要生起善根，而般涅槃的。因爲如來慈愍，誓度一切衆生之故，雖斷善根，亦得滅度。所以只有菩薩一闡提，畢竟不般涅槃。』

〔章後贅言：本章辨一闡提，以顯性具善惡，非修可斷的至極圓理。謗法闡提，但斷修善，不斷性善；若斷性善，縱值佛攝化，亦不能緣起善根而般涅槃。菩薩闡提，但斷修惡，不斷性惡；若斷性惡，縱發悲願，又怎能緣起五趣惡法，永劫度生而不般涅槃呢？可見天台圓教性具善惡的極理，雖以法華爲本，然佛無二法，又何嘗不契楞伽。）

第十四章　明三自性相

第一節　標　名

復次大慧！菩薩摩訶薩，當善三自性。云何三自性？謂妄想自性、緣起自性、成自性。

〔註解〕若歷觀三法，各有自性，故名「三自性」。若圓觀三法，唯一性收。故曰「當善三自性」。「妄想自性」——唯識論名爲「偏計所執性」。大乘止觀名爲「分別性」。凡夫以妄情分別，偏計虛妄諸法，執以爲實，如繩本非蛇，妄執爲蛇。「緣起自性」——唯識論名爲「依他起性」。大乘止觀亦名「依他性」。卽諸法皆依因緣而得生起，如繩爲痲等的因緣而生。「成自性」——唯識論名爲「圓成實性」。大乘止觀名爲「眞實性」。卽圓滿成就的眞實自性，如繩的實性是痲。

〔語譯〕其次還有。大慧！菩薩摩訶薩，當善觀三自性法。什麼叫做三自性？就是：妄想自性、緣起自性、成自性。

大慧！妄想自性從相生。大慧白佛言：『世尊！云何妄想自性從相生？』佛告大慧：『緣起自性事相相，行顯現事相相，計著有二種妄想自性。如來應供等正覺之所建立。謂名相計著相，及事相計著相。名相計著相者，謂內外法計著。事相計著相者，謂卽彼如是內外自共相計著。是名二種妄想自性相。

〔註解〕此釋第一妄想自性。「緣起自性事相相」——卽種種事相，皆從緣生。「行顯現事相相」——卽不了緣起無生之理，在心行上顯現的種種事相。二種妄想自性，文中自釋可解。

〔語譯〕大慧！妄想自性，是從相生的。大慧問佛：『世尊！妄想自性，是怎樣從相生的？』佛告大慧說：『由緣起自性的種種事相，在心行上顯現的計著，有二種妄想自性。是如來爲使衆生知妄離妄而建立的。這二種妄想自性，一是名相計著相；二是事相計著相。怎樣叫名相計著相？就是計著內而根身，外而器界的名字，而起妄想分別。怎樣叫事相計著相？就是計著彼內根外境自共相之事，而起妄想分別。這就叫做二種妄想自性相。

若依若緣生，是名緣起。

〔註解〕此釋第二緣起自性。一切有爲法，都是內依無始無明爲因，外託六塵境界爲緣，而生起的。故曰「若依若緣生」。即所謂：「無明爲因生三細，境界爲緣生六粗。」

〔語譯〕有爲諸法，都是依因緣而生的。這就叫做緣起自性。

云何成自性？謂離名相事相妄想，聖智所得，及自覺聖智趣所行境界。是名成自性，如來藏心。』

〔註解〕此釋第三成自性。聖智，就是正智。聖智所趣的境界，就是如如。一切法本自如如，離名絕相，唯一如來藏心，名成自性。

〔語譯〕怎樣叫做成自性？就是離名相、事相、妄想分別，所得的聖智；及聖智所趣行的境界。這就叫做成自性，也就是如來藏心。』

第三節　結　會

爾時世尊，欲重宣此義，而說偈言：『名相覺想，自性二相。正智如如，是則成相。』

〔註解〕此會五法而入三性。名、相、覺想，這三法爲妄想、緣起二性之相。故曰「自性二相」。正智、如如，這二法是成自性之相。故曰「是則成相」。

〔語譯〕這時，世尊欲重宣此義，說偈頌道：『名、相、覺想，是妄想、緣起二種自性之相。正智、如如，就是成自性之相啊。」

大慧！是名觀察五法自性相經，自覺聖智趣所行境界。汝等諸菩薩摩訶薩，應當修學。

〔註解〕問：這裏所謂的觀察，是怎樣的觀察？所謂的修學，又是怎樣的修學？答：上文已會五法歸三自性了，今即約三自性來解答這一問題。大乘義章上說：「了法緣起無有自性，離妄分別契如照眞，名爲正智。」又說：「如如，是正智所契之理體。」簡單的說，就是了緣起自性，離妄想自性，便是成自性。應當如是觀察，如是修學。

〔語譯〕大慧！此名爲觀察五法三自性相經，自覺聖智所趣的如如之境。你們諸大菩薩，應當修學。

〔章後贅言：前世尊在建立百八句義裏，答覆大慧時說：「自性句，離自性句。」然而，離妄想、緣起二性則可；那成自性，如何可離？這在大乘止觀中三番明止觀二門的止門裏，辨解至詳。又在「簡妄執須除」科裏說：「但除於眞性上橫執之眞，非謂除滅眞如之體。」大乘止觀法門，爲天臺圓宗的基本教典，其於本經妙旨，尤多闡發。學人試一研讀，便知離自性是怎樣的離了。〕

第十五章　明二無我相

第一節　標　名

復次大慧！菩薩摩訶薩，善觀二種無我相。云何二種無我相？謂人無我，及法無我。

〔註解〕有主宰的實體，就叫做我、觀五蘊假合的人，空無實體，叫做人無我，亦名人空。觀因緣所生的諸法，空無實體，叫做法無我，亦名法空。此標示二無我名，下文自釋。

〔語譯〕其次大慧！諸大菩薩，應善觀二種無我相。怎樣叫做二無我相？就是所謂的人無我，及法無我哪。

第二節　釋　義

云何人無我？謂離我我所陰界入聚，無知業愛生。眼色等攝受計著生識。一切諸根自心現器身藏。自妄想相施設顯示。如河流，如種子，如燈，如風，如雲。剎那展轉壞。躁動如猿猴。樂不淨處如飛蠅。無厭足如風火。無始虛僞習氣因，如汲水輪。生死趣有輪。種種色身，如幻術神咒，機發像起。善彼相知，是名人無我智。

〔註解〕此釋人無我，文分二段：㈠正以法釋。㈡舉譬以明。今依次列左：

㈠正以法釋：「離我我所……無知業愛生」——此總觀五陰、十八界、十二入的緣聚之處，都無主宰的實我，及屬於我所有的實物；而是無明染業貪愛所生。「眼色等攝受計著生識」——此別觀轉識是由眼等六根，攝受色等六塵，計著執取而生的。這裏也沒有我及我所。「一切諸根……施設顯示」——此別觀根身器界，都是由藏識顯現的虛妄想相。這裏也沒有我及我所。

㈡舉譬以明：「如河流……機發像起」——此舉：後浪推前浪的河流、芽生便即爛壞的種子、炷燄互爲生滅的燈、飄颺不定的風、變幻莫測的雲，來譬喻刹那不住，展轉變壞的行陰無常。再舉：躁動的猿猴，來譬喻想陰的煩亂。再舉逐臭的飛蠅、猛烈的風火，來譬喻受陰的樂不淨處，貪無厭足。再舉汲水輪，來譬喻識陰以無始虛僞的習氣爲因，造業受報，墮入三有五趣的生死輪轉。再舉以術咒、機械之力，使偶像起動，來譬喻以識浪鼓蕩種種色身，漂流苦海。這那裏有我我所？

〔語譯〕怎樣叫做人無我？就是先觀陰界入的緣聚之處，都是由無明染業貪愛所生；而離了凡夫執有主宰的我，及我所有的身外之物。再觀轉識，是由眼等六根，攝受色等六塵，計著執取而生的；根身器界，都是由藏識顯現的虛妄想相。這裏也都沒有我及我所。

再觀這五陰裏的行陰無常，譬如河流、種子、燈、風、雲等，刹那不住的展轉變壞。想陰意亂，譬如猿猴躁動。受陰樂不淨處，貪無厭足，譬如飛蠅逐臭，風助火勢。識陰以無始虛僞習氣爲因，造業受報，墮入三有五趣的生死輪廻，如汲水輪。識浪鼓蕩種種色身，漂流苦海，譬如以術咒使死屍起行，以機械發動偶像一般。這裏也都沒有我及我所。

善能觀察了知彼陰界入相，離我我所，就叫做人無我智。

云何法無我智？謂覺陰界入妄想相自性如。陰界入離我我所。陰界入積聚，因業愛繩縛。展轉相緣生，無動搖。諸法亦爾，離自共相。不實妄想相、妄想力，是凡夫生，非聖賢也。心意識五法自性離故。大慧！菩薩摩訶薩，當善分別一切法無我。

〔註解〕此下釋法無我。分觀行、得果之二。今先明觀行。前觀人無我，今觀法無我，例亦同前。故曰：「覺陰界入……諸法亦爾」。一切諸法，凡有言說，都非實義，那裏有我？推而至於八識、五法、三自性，既落名言，亦非實義，亦無有我。因此之故，勸菩薩當善分別。故曰：「心意識五法自性離故」。

〔語譯〕怎樣叫做法無我？就是向來觀察覺了：陰界入，爲虛妄想相，而性自如如；陰界入，離我我所；陰界入的和合積聚，乃爲無知業愛的繩索所縛。展轉緣生，本無自體，何可動搖？前觀陰界入是如此，今觀諸法亦然。推究起來，無論各別的自相，和合的共相，都不可得。至若不實的虛妄想相，及妄想之力；那是未破情執的凡夫所生，不是證得法空的聖**賢境界。這樣去觀察一切法，則心意識、五法、三自性，便都滅離，那裏還有法我的存在？**

因此之故，大慧！菩薩摩訶薩，當善爲分別，一切法，畢竟無我。

善法無我菩薩摩訶薩。不久當得初地菩薩無所有觀。地相觀察，開覺歡喜。次第漸進，超九地相，得法雲地。於彼建立無量寶莊嚴，大寶蓮華王像，大寶宮殿。幻自性境界修習生，於彼而坐。同一像類諸最勝子眷屬圍繞。從一切佛刹來佛手灌頂。如轉輪聖王太子灌頂。超佛子地，到自覺聖智法趣。當得如來自在法身。見法無我故，是名法無我相。汝等諸菩薩摩訶薩，應當修學。

〔註解〕此明得果。從初歡喜地，到第十法雲地，再到如來法身。這都是善法無我的菩薩，將要修得的果位。如文可解。

〔語譯〕善能分別法無我的菩薩摩訶薩，不久的將來，就要得初地菩薩無所有的觀智了。以此觀智，觀察菩薩地相，空無所有，開發本源眞性，覺大歡喜。從此初地，或次第漸進，或頓超九地，就證得第十涵蓋一切的法雲地了。就在這法雲地建立了衆寶莊嚴的大蓮華王像，及大寶宮殿。此幻出自性的妙境，都是從修習法無我觀而報得的。於是坐大寶宮殿，爲一類同修的佛子眷屬所圍繞。又蒙從一切佛土而來的諸佛，以智水灌頂，授寶王位，亦如轉輪聖王授太子位時，以金瓶盛四大海水，給太子灌頂的儀式一樣。至此超菩薩地，到自覺聖智的究竟法趣，就要得如來的自在法身了。此爲觀法無我之故，所以名叫法無我相。你們諸大菩薩，應當照這樣修學。

（章後贅言：本章明二無我，亦名二空。但此空義，卻是顯眞如理的實性不空。這與小乘身智都滅的但空不同。故在釋法無我的得果文中，以得如來法身，爲究竟極果，就是顯示不但空義。成唯識論，明證二空、斷二障、得二勝果，頗有助於本章空義的發揮。其文謂：『由我法執，二障俱生。若證二空，彼障隨斷。斷障爲得二勝果故。由斷相續煩惱障故，證眞解脫。由斷礙解所知障故，得大菩提。』彼論所謂的二勝果，就是如來法身。）

第十六章　破建立誹謗

第一節　大慧請問

爾時，大慧菩薩摩訶薩，復白佛言：『世尊！建立誹謗相，唯願說之。令我及諸菩薩摩訶薩，離建立誹謗二邊惡見，疾得阿耨多羅三藐三菩提。覺已，離常建立斷誹謗見，不謗正法。』

〔註解〕大慧前在百八義中曾經問佛：「云何爲斷見，及常見不生？」今復重申前問，義顯可解。

〔語譯〕這時，大慧菩薩摩訶薩又向佛請問：『世尊！怎樣是建立、誹謗相？唯願說此，使我和諸大菩薩，遠離建立、誹謗的二邊惡見，很快的證得了無上正等正覺。既得等正覺已，即破彼外道建立的常見，誹謗的斷見，使他們對正法，不生毀謗。』

第二節　如來答釋

爾時，世尊受大慧菩薩請已，而說偈言：『建立及誹謗，無有彼心量，身受用建立，及心不能知，愚癡無智慧，建立及誹謗。』

〔註解〕文分說偈畧答，及長行廣答二段。今先說偈畧答。義顯可解。

〔語譯〕這時，世尊受大慧菩薩所請，乃說偈答道：『建立及誹謗，實非彼心量所有，但是自心影現的根身器界。不了唯心的無智凡愚，就妄計爲建立的常見，誹謗的斷見了。』

爾時，世尊於此偈義復重顯示，告大慧言：『有四種非有有建立。云何爲四？謂：非有相建立、非有見建立、非有因建立、非有性建立。是名四種建立。又誹謗者，謂於彼所立無所得，觀察非分而起誹謗。是名建立誹謗相。

〔註解〕此下爲長行廣答。今先標名數。下文自釋。

〔語譯〕這時，世尊將此偈頌畧答之義，再詳爲顯示，告訴大慧說道：『有四種非有計有的建立。那四種？就是：非有相的建立、非有見的建立、非有因的建立、非有性的建立，這就名爲四種建立。又、所謂誹謗者，就是在他的建立中，竟無一法可得。他沒有觀察眞空不空的智慧之分，而妄起誹謗。這就叫做建立誹謗相。

復次大慧！云何非有相建立相？謂：陰界入，非有自共相，而起計著。此如是，此不異。是名非有相建立相。此非有相建立妄想，無始虛僞過，種種習氣計著生。

〔註解〕此釋非有相建立相。如文可解。

〔語譯〕大慧！怎樣是非有相建立相？就是唯心所現的陰界入，本無各別的自相，及聚爲一體的共相；而妄生計著，指此謂：自相如是，共相不異。這就叫做非有相建立相。此非有相建立的妄想，是從無始虛僞過惡，種種習氣計著而生的。

大慧！非有見建立相者，若彼如是陰界入，我人衆生壽命長養士夫見建立。是名非有見建立相。

〔註解〕此釋非有見建立相。我人衆生等，如前已解。

〔語譯〕大慧！怎樣是非有見建立相？若彼在如是唯心所現，本無所見的陰界入上，妄起我見、人見、衆生見、壽命、長養、士夫見的建立，這名就叫做非有見建立相。

大慧！非有因建立相者，謂：初識無因生，後不實如幻，本不生。眼色明界念前生

，生已實已還壞。是名非有因建立相。

〔註解〕此釋非有因建立相。無始時來，一切世間，法爾以常住不滅的藏識所含藏的種子爲生因。如：今世爲前世因生，前世亦爲前前世因生。這樣推究起來，豈非無始？若說有始，這個始，豈非無因而生嗎？有始無因，非佛敎正義。故攝論云：「無始卽是顯因也。若有始則無因，以有始則有初，初則無因。」今彼謂「初識無因生」，卽是不達無始顯因之理。謂「眼色明界念前生」，卽是不達種子爲生因之理。謂「生已實已還壞」，卽是不達藏識不滅之義。若達無始種子爲生因之理，那就不名爲非有因建立相了。

〔語譯〕大慧！怎樣是非有因建立相？就是彼不達無始種子爲一切世間的生因。妄謂初識本無因生，後識雖生，不實如幻。蓋彼以初識本來不生，後因眼根、色塵、光明、空界等而生識，生已爲實，終歸壞滅。這名就叫做非有因建立相。

大慧！非有性建立相者，謂：虛空、滅、般涅槃。非作。計著性建立。此離性非性。一切法如兎馬等角，如垂髮現，離有非有。是名非有性建立相。

〔註解〕此釋非有性建立相。「虛空、滅、般涅槃」——此三無爲法：⑴恰如虛空，無所障礙的眞理，名「虛空無爲」。⑵非依智慧簡擇，但缺生法因緣所顯的一種滅體，名「非擇滅無爲」。⑶由智慧簡擇，滅煩惱所證的涅槃滅體，名「擇滅無爲」。此無爲法，離有無二性，而無智凡愚，反倒計著爲有性建立。而此有性，實非有性，所以名之爲「非有性建立相」。

〔語譯〕大慧！怎樣是非有性建立相？就是彼凡外愚小，於虛空、非擇滅、擇滅，這非有造作的無爲法，計著有性建立。那知此無爲法，是離有、無二性的眞理？一切有爲法，尚如兎馬等角的本無；亦如翳眼妄見空中垂髮的似有。如是離有，何況無爲，怎可計著有性建立呢？所以名爲非有性建立相。

第三節　結勸修學

建立及誹謗，愚夫妄想，不善觀察自心現量，非聖賢也。是故離建立誹謗惡見。應當修學。

〔註解〕此結勸應當修學離建立誹謗。如文可解。

〔語譯〕建立及誹謗，乃不達唯心的愚夫妄想，不善觀察自心幻現的根身器界，實非有無；而妄計有無，執常執斷，非聖賢所爲。因此，離建立誹謗的惡見，應當修學。

〔章後贅言：本章明建立誹謗的妄想，起於不善觀察自心現量。若善觀察自心現量，則心外尙無法可得，那有常斷之可執，而起建立誹謗的妄想呢？因此要修學離建立誹謗，那就非善觀察自心現量不可了。如是觀心外無法，單刀直入，則建立誹謗的惡見，沒有不破之理。）

第十七章　總結行果

第一節　長　文

復次大慧！菩薩摩訶薩，善知心意意識五法自性二無我相，趣究竟。爲安衆生故，作種種類像。如妄想自性處依於緣起。

〔註解〕此明自行，則趣於究竟果地。化他，則現種種類形，示同凡夫妄想自性，依緣現起。

〔語譯〕復次大慧！諸大菩薩，善能了知心意意識、五法、三自性、二無我相，則趣於究竟果地。爲使衆生得安隱故，幻作種種類形，隨機應化，示同凡夫的妄想自性，從緣現起。

譬如衆色如意寶珠，普現一切諸佛刹土，一切如來大衆集會，悉於其中聽受佛法。所謂一切法如幻、如夢、光影、水月。於一切法，離生滅斷常，及離聲聞緣覺之法。

〔註解〕此以如意寶珠，譬喻菩薩普現一切佛土，於一切如來的大集會中，聽受佛法。

〔語譯〕又譬如能現衆色的如意寶珠，普現一切諸佛刹土，在一切如來的大集會中，聽受佛法。所謂：一切法如幻、如夢、如光影、水月。故應遠離凡夫的生滅、外道的斷常，及聲聞緣覺的偏空之法。

得百千三昧，乃至百千億那由他三昧。得三昧已，遊諸佛剎供養諸佛。生諸天宮，宣揚三寶。示現佛身，聲聞菩薩大衆圍繞。以自心現量，度脫衆生，分別演說外性無性，悉令遠離有無等見。』

〔註解〕此明由聞法而得三昧，是定慧均等。供養諸佛，宣揚三寶，是福慧二嚴。示現佛身，度脫衆生，是覺行圓滿。

〔語譯〕由聞法如幻，得百千億萬如幻三昧。既得三昧，即以不思議變的業用之力，徧遊諸佛剎土，供養諸佛。又示生天宮，宣揚佛法僧三寶殊勝功德。又示現佛身，爲聲聞菩薩大衆恭敬圍繞。又以唯自心現的如幻法門，度脫衆生，分別演說心外無法，教他們遠離有無斷常等的邪見稠林。』

第二節　偈　頌

爾時，世尊欲重宣此義，而說偈言：『心量世間，佛子觀察，種類之身，離所作行，得力神通，自在成就。』

〔註解〕此重頌上文不思議業用，都是修唯心觀行的成就。

〔語譯〕這時，世尊爲重宣此義，說偈頌道：『佛子善觀察，世間法唯心。示現種種身，離有所作行。神通自在力，一切得成就。』

（章後贅言：遠自第八章大慧請問「聖智事分別自性經」起，到此告一總結。統觀所謂聖智事者，無非教菩薩修唯心觀行，趣究竟果地，自利利他，圓滿菩提。一經要旨，可以說是燦然大備了。）

第十八章　明空無生

第一節　請問許說

爾時，大慧菩薩摩訶薩復請佛言：『唯願世尊爲我等說一切法空無生無二離自性相。我等及餘諸菩薩衆，覺悟是空無生無二離自性相已，離有無妄想，疾得阿耨多羅三藐三菩提。』

〔註解〕前來散見各章，如：明妄想自性、辨聲聞通相、破建立誹謗等，都曾以此空、無生、無二、離自性四法，爲破斥外道惡見，及二乘偏空的正義。亦爲菩薩修學的法門。但佛法正義，深如溟渤，實有究極窮源的必要。故今大慧再具體提出，向佛請問。

〔語譯〕這時，大慧菩薩摩訶薩再請問佛。他說：『唯願世尊爲我們說一切法空、無生、無二、離自性相。使我及其餘的諸菩薩衆，覺悟了這空、無生、無二、離自性相已竟，便遠離計有計無的自性妄想。很快的就證得無上正等菩提了。』

爾時，世尊告大慧菩薩摩訶薩言：『諦聽！諦聽！善思念之。今當爲汝廣分別說。』大慧白佛言：『善哉世尊！唯然受教。』

〔註解〕此如來許說。義顯可解。

〔語譯〕這時，世尊告誡大慧菩薩道：『你要眞實的聽著！眞實的聽著！而且要善於思念，不可掉以輕心，那我就給你分別作一深廣的解說了。』大慧極口應諾的說：『世尊太好了！但願諦聽受佛教導。』

第二節　分別廣說

佛告大慧：『空空者，卽是妄想自性處。大慧！妄想自性計著者，說空、無生、無二、離自性相。

〔註解〕此總畧明義。空空，就是有、空俱空的眞空，離一切相的第一義空。然此眞空，卽妄想自性的當體便是。並非妄想外，別有眞空。故曰「卽是妄想自性處」。餘句義顯可解。

〔語譯〕佛告大慧說：『所謂空空者，卽妄想自性的當處便是。並非妄想外，別有空空。大慧！爲不達妄想當處卽空，而計著有實自性的凡愚，才說此空、無生、無二、離自性相啊。

大慧！彼略說七種空。謂：相空、性自性空、行空、無行空、一切法離言說空、第一義聖智大空、彼彼空。

〔註解〕此標列空名。下文自釋。

〔語譯〕大慧！空本非數，約義畧說有七種名：一名相空。二名性自性空。三名行空。四名無行空。五名一切法離言說空。六名第一義聖智大空。七名彼彼空。

云何相空？謂：一切性自共相空。觀展轉積聚故，分別無性，自共相不生。自他俱性無性，故相不住。是故說一切性相空。是名相空。

〔註解〕此釋相空。一切法的自共相，無非爲因緣積聚，自性本空。例如。泥團爲微塵所積聚，微塵爲自相，泥團爲共相。微塵又爲極微所積聚，極微爲自相，微塵爲共相。如果分別觀察自共相展轉積聚，性自本無，生卽不生。故曰：「觀展轉積聚故……自共相不生。」相依性住，離性無相，今自他俱都無性，相何以住？故曰：「自他俱性無性，故相不住。」

〔語譯〕怎樣叫做相空？就是一切法的自相共相，其性本空。何以故？觀察諸法，無非衆緣展轉積聚，分別推究，畢竟無性，那有自共相的生起？由於無自生性、無他生性、無自他俱生性，所以自共相，也就無所依住了。這就叫做相空。

云何性自性空？謂：自己性自性不生。是名一切法性自性空。是故說性自性空。

〔註解〕此釋性自性空。前明相空，須假展轉觀待，分別無性。今明性空，不假觀待，直指諸法的當體卽空。遠在第五章破斥外道文中，說有三世如來的性自性第一義心。又金剛經云：「如來者，卽諸法如義。」可知性自性，就是法界體具，本自不生的眞如自性了。不生，就是空。

〔語譯〕怎樣叫做性自性空？就是一切法的當體如幻，本自不生。因此名爲性自性空。

云何行空？謂：陰離我我所。因所成，所作業方便生。是名行空。

〔註解〕此釋行空。約五陰遷流，以明「行」義。無我我所，因緣造作，以明「空」義。

〔語譯〕怎樣叫做行空？就是五陰遷流，實在無我，亦無我所。不過是因緣造作，虛妄生滅罷了。這就叫做行空。

大慧！卽此如是行空，展轉緣起自性無性。是名無行空。

〔註解〕此釋無行空。前所謂的「行空」，即是無行。由無行所顯之空，叫做無行空。故曰：「即此如是行空……」。

〔語譯〕大慧！即此所謂的行空，展轉緣起，本無自性，雖行而實無所行。這就叫做無行空。

云何一切法離言說空？謂：妄想自性無言說，故一切法離言說。是名一切法離言說空。

〔註解〕此釋一切法離言說空。一切法，自性本空，但由妄想自性，起言說相。故金剛經云：「所謂一切法，即非一切法。」一切法尚非，那有妄想自性可說。故曰：「妄想自性無言說」。

〔語譯〕怎樣叫做一切法離言說空？就是一切法，性畢竟空，那有妄想自性所起的言說？所以一切法，離言說相，就叫做離言說空。

云何一切法第一義聖智大空？謂：得自覺聖智，一切見過習氣空。是名一切法第一義聖智大空。

〔註解〕此釋第一義聖智大空。聖智自證之境，有、空俱空，對小乘的但空而言，名為大空；亦名第一義空。

〔語譯〕怎樣叫做一切法第一義聖智大空？就是證得自覺聖智，一切著有著空的惡見習氣，都已空寂。這就叫做一切法第一義聖智大空。

云何彼彼空？謂：於彼無彼空，是名彼彼空。大慧！譬如鹿子母舍，無象馬牛羊等。非無比丘衆，而說彼空。非舍舍性空，亦非比丘比丘性空。非餘處無象馬。是名一切法自相。彼於彼無彼。是名彼彼空。

〔註解〕此釋彼彼空。「於彼無彼空」——外道惡見，對此說彼，對有說無。但見彼無爲空，不見此有亦空。彼無非一，故名彼彼。「鹿子母舍」——毗舍佉優婆夷，有子名鹿，故稱鹿子母。在舍衞國東園建造精舍，供養三寶。故名鹿子母舍，亦名鹿子母堂。

〔語譯〕怎樣叫做彼彼空？就是於彼無處，見彼爲空。此名就叫做彼彼空。大慧！譬如：鹿子母舍裏，但住比丘，不畜象馬牛羊，便說象等彼彼皆空。非觀舍無舍性，比丘無比丘性，亦非他處無象馬牛羊。如是於一切法，無論自相共相，但能見彼無爲空，不能見此有亦空。這就叫做彼彼空。

是名七種空。彼彼空者，是空最粗，汝當遠離。

〔註解〕此結答七種空義。惟彼彼空，爲外道的粗淺空見，故誡遠離。

〔語譯〕此名七種空，在這七種空裏，惟彼彼空最粗，你應當遠離。

大慧！不自生，非不生。除住三昧，是名無生。

〔註解〕上來釋空義竟。此釋無生。大乘菩薩了諸法如幻，當體卽空，故曰「不自生」。然此空中，自有不空之理，故曰「非不生」。小乘不了如幻，住但空三昧，實非不生，故曰「除住三昧，是名無生。」

〔語譯〕大慧！諸法本自不生，今亦不滅；並非法滅，然後不生。除住三昧非實不生而外，此不自生之理，就叫做無生。

離自性，卽是無生。離自性刹那相續流注及異性現，一切性離自性。是故一切性離自性。

〔註解〕此約無生釋離自性，故曰「離自性，卽是無生。」「刹那相續流注」，是心無自性。若有自性，則心非流注。「異性現」，是境無自性。若有自性，則境非心現。如是心境雙亡，故曰「一切性離自性」。

〔語譯〕離自性，就是無生。何以言之？刹那遷變，相續流注的心意識，及其變現的差別諸法，以理推徵，都無自性可得，生卽無生。這豈不是一切法離自性嗎？

云何無二？謂一切法，如陰熱、如長短、如黑白。大慧！一切法無二，非於涅槃彼生死，非於生死彼涅槃。異相因有性故，是名無二。如涅槃生死，一切法，亦如是。

〔註解〕此釋無二。文分二段：⑴約事顯理：日照則熱，日隱則陰。非熱不能顯陰，非陰不能顯熱。二者相待互顯，不能單獨成立。是則一尚不成，何況有二？長短、黑白，乃至一切法，都是如此。⑵約理融事：涅槃生死，本唯一心。是心迷，則全眞卽妄，非涅槃外別有生死。是心悟，則全妄卽眞，非生死外別有涅槃。故曰「非於涅槃彼生死」。故曰「非於生死彼涅槃」。是則涅槃生死，尚且無二，何況一切法？

〔語譯〕怎樣叫做無二？就是說，一切法，如陰熱的天候、長短的度量、黑白的顏色，都是相待而立，二而不二。大慧！一切法無二之理，如涅槃生死：非涅槃外別有生死；非生死外別有涅槃。因爲涅槃生死，本唯一心，旣非別有自性，那有異相可得？這就叫做無二。以此涅槃生死無二之理，推及一切法，也是如此。

第三節　總結勸誡

是故空、無生、無二、離自性相，應當修學。』爾時，世尊欲重宣此義而說偈言：

『我常說空法，遠離於斷常，生死如幻夢，而彼業不壞。虛空及涅槃，滅二亦如是

•愚夫作妄想，諸聖離有無。』

〔註解〕此勸修重頌的初二句，明第一義空，離斷、常二見：離斷，則非灰滅；離常，則非不空。次二句，明無生義：生死如幻，卽不自生。彼業不壞，卽非不生。再次二句，明無二法：虛空涅槃，卽無爲法。亦滅斷常之二，故曰「滅二亦如是」。末二句，明離自性：愚夫作妄想，就是計著自性。諸聖離有無，就是離自性。

〔語譯〕，以是義故，空、無生、無二、離自性相，應當修學。』這時，世尊爲重宣此義，說偈頌道：『我常說中道第一義空，是有無都遣，斷常俱離。生死猶如幻夢，本自不生；不壞道業，因果歷然，亦非不生。無二異相的虛空涅槃，滅斷常二見，也是如此。愚夫作妄想自性，計著有無；諸聖於有無二性，都已遠離。』

爾時，世尊復告大慧菩薩摩訶薩言：『大慧！空、無生、無二、離自性相，普入諸佛一切修多羅。凡所有經，悉說此義。諸修多羅，悉隨衆生希望心故，爲分別說，顯示其義，而非眞實在於言說。如鹿渴想，誑惑羣鹿。鹿於彼相，計著水性，而彼無水。如是一切修多羅所說諸法，爲令愚夫發歡喜故，非實聖智在於言說。是故當依於義，莫著言說。』

〔註解〕此誡依義，莫著言說，約義有三：⑴空等四義，爲諸經都說。是卽所謂的「不異語者」。⑵言說爲顯實義，而實義不在言說。如黃葉止啼。⑶誡當依義，莫著言說。如離指見月。

〔語譯〕這時，世尊再告大慧菩薩說：『大慧！空、無生、無二、離自性相，普徧在一切諸佛的契經裏，都說此義。無非隨著衆生的希望，施設名言，分別顯示眞實義諦，而眞實義諦卻不在言說。若妄計言說以爲實義，那就像渴鹿爲陽燄所誑惑，而不知陽燄非水。如是一切契經所說諸法，不過爲使愚夫發歡喜心，隨方解縛而已，非實聖智在於言說。因此，修學當依實義，不要執著空、無生、無二、離自性相的言說。』

（章後贅言：本章終結敎菩薩當依於義，莫著言說。然則，言說固是空、無生、無二、離自性相；那末，義是什麼？難道不是空、無生、無二、離自性所詮的義諦嗎？是的，但要如說修行，才是依義。若光說不行，縱令說得天華亂墜，頭頭是道，那只是著於言說，與義無涉。）

——一切佛語心品之一竟——

第一章　辨如來藏性

第一節　大慧請問

爾時，大慧菩薩摩訶薩白佛言：『世尊！世尊修多羅說，如來藏自性清淨，轉三十二相，入於一切衆生身中，如大價寶，垢衣所纏。如來之藏常住不變，亦復如是。而陰界入垢衣所纏，貪欲恚癡不實妄想塵勞所汚，一切諸佛之所演說。云何世尊同外道說我，言有如來藏耶？世尊！外道亦說有常作者離於求那，周徧不滅，世尊！彼說有我。』

〔註解〕諸佛所說的如來藏，自體本淨，隨緣不變，喻如大價寶爲垢衣所纏，故曰「自性清淨」。外道所說的「常作者」，就是神我。「離於求那」，就是不依諸緣。大慧以外道所計的神我，似是如來藏。不依諸緣，似是隨緣不變。邪正混濫，不可不辨。所以興問。

〔語譯〕這時，大慧菩薩向佛請問：『世尊！世尊的契經裏說，如來藏自性清淨，能隨緣轉爲三十二相的化佛。又能隨緣入於一切衆生身中。好像很貴重的無價寶，爲汚穢骯髒的垢衣所裹纏。然，垢衣雖垢，無價寶卻仍是無價寶，並不因爲被垢衣所纏，而貶低了他的價值。如來藏亦然，雖在陰界入的衆生身中，但如來藏仍是如來藏，決不會被貪瞋癡等不實的妄想所染汚。一切諸佛，都是這樣說法。外道說有我，爲什麼世尊也同外道一樣說有如來藏呢？世尊！外道也說有個常能作者，離所依緣，周徧不滅，就是說有我啊。』

第二節　如來答釋

佛告大慧：『我說如來藏，不同外道所說之我。大慧！有時說空、無相、無願、如實際、法性、法身、涅槃、離自性、不生不滅、本來寂靜、自性涅槃，如是等句，說如來藏已。如來應供等正覺，爲斷愚夫畏無我句故，說離妄想無所有境界如來藏門。大慧！未來現在菩薩摩訶薩，不應作我見計著。

〔註解〕此正答釋，佛說如來藏，不同外道定執爲一的神我之論。但爲衆生破執，隨宜而說。如金剛經云：「無有定法如來可說」。爲破衆生執有，說空、無相、無願的三解脫法（如來藏自性清淨，故「空」。離一切相，故「無相」。性自具足，不假外求，故「無願」。），即是空如來藏。爲破衆生執無，說眞如實際、法性、法身的理體不改，即是不空如來藏。爲破衆生執亦有亦無，說涅槃、離自性、不生不滅的不有不無。爲破衆生執非有非無，說本來寂靜、自性涅槃的非非有無。此卽空不空如來藏。此如來藏，四句俱離，蕩然一空，那裏有我？所以教菩薩不應作我見計著。

〔語譯〕佛告訴大慧：『我說如來藏，與外道所說的我大相逕庭。大慧！我有時或說空、無相、無願的三解脫法；或說如實際、法性、法身的理體不變；或說涅槃、離自性的不生不滅；或說本來寂靜的自性涅槃。此等隨宜說法，不過都是說如來藏而已。因爲愚夫最怕聽說無我，所以方便爲說這遠離妄想，無所有境界的如來藏門。大慧！如來藏並非有我，無論未來現在的諸大菩薩，都不應當作我見計著。

譬如陶家，於一泥聚，以人工水木輪繩方便，作種種器。如來亦復如是。於法無我離一切妄想相，以種種智慧善巧方便，或說如來藏，或說無我。以是因緣故，說如來藏，不同外道所說之我。

〔註解〕此擧喩以釋。義顯可解。

〔語譯〕譬如製造瓦器的陶家，將一堆泥，以人工水木輪繩等的方便，製成種種器皿。如來也是這樣的，於法本無我，離一切虛妄想相的原理，以種種智慧，善巧方便，或說如來藏，或說無我。以此智慧巧便的因緣之故，我說如來藏，不同外道所說的神我。

第三節　結示利他

是名說如來藏，開引計我諸外道故。說如來藏，令離不實我見妄想，入三解脫門境界，希望疾得阿耨多羅三藐三菩提。是故如來應供等正覺作如是說如來之藏。若不

如是，則同外道。是故大慧！爲離外道見故，當依無我如來之藏。』

〔註解〕此總結文，分長行、偈頌之二。今先長行。義顯可解。

〔語譯〕此所以說如來藏名者，原爲開導計著我見的外道之輩，教他們捨離了不實的我見妄想，入空、無相、無願的三解脫門，希望他們迅疾的證得無上正等菩提。假使我說如來藏，不是爲此而說，那就同外道的我見無異了。因此大慧！爲離外道我見之故，當依無我的如來藏。」

爾時，世尊欲重宣此義而說偈言：『人相續陰，緣與微塵，勝自在作，心量妄想。』

〔註解〕此以偈頌重宣外道我見，顯其當離。第二句的「緣」字，義在初句。「陰緣」，即五陰緣聚。「相續」，即念念遷流。「勝」，即冥初神我。「自在」，即大自在天。餘義可知。總之、外道所計我見。不出四義：1、常住。2、實有。3、具作者功能。4、生一切法。

〔語譯〕這時，世尊爲重宣此義，說偈頌道：『外道不達人爲念念遷流的五陰緣聚，而妄計微塵爲生因，神我或大自在天爲作者。這都是自心量度的妄想，那有實我？』

〔章後贅言：本章由大慧問起，但釋如來藏無我，不同外道我見。實則，凡夫計著人我、外道計著神我、二乘計著法我，都屬我見。學人應舉一反三，離彼我見的心量妄想，依如來藏，入解脫門，疾得阿耨多羅三藐三菩提。）

第二章　示大方便

第一節　請　問

爾時，大慧菩薩摩訶薩，觀未來衆生，復請世尊：『惟願爲說修行無間，如諸菩薩摩訶薩修行者，大方便。』

〔註解〕精勤不懈，叫做「無間」。曲示善巧，叫做「方便」。非大方便，不能修大行，證大果。所以大慧菩薩請佛爲未來的大機衆生，說大方便。

〔語譯〕這時，大慧菩薩摩訶薩，觀未來衆生，同一悲仰。再請問世尊：『惟願爲說修行無間之法，也同諸大菩薩修行的大方便一樣。』

第二節　答　釋

佛告大慧：『菩薩摩訶薩成就四法，得修行者大方便。云何爲四？謂：善分別自心現、觀外性非性、離生住滅見、得自覺聖智善樂。是名菩薩摩訶薩成就四法，得修行者大方便。

〔註解〕此標示四法。下文自釋。

〔語譯〕佛告訴大慧：『菩薩摩訶薩，非成就四法，不能得修行者的大方便。怎樣叫做四法？就是：1、善分別自心現。2、觀外性非性。3、離生住滅見。4、得自覺聖智善樂。這就叫做菩薩摩訶薩成就四法，得修行者的大方便。

云何菩薩摩訶薩善分別自心現？謂：如是觀三界唯心分齊，離我我所，無動搖，離去來。無始虛僞習氣所熏，三界種種色行繫縛，身財建立，妄想隨入現。是名菩薩摩訶薩善分別自心現。

〔註解〕此釋第一「善分別自心現」。觀三界唯心所現，也可以說是藏識所變。何則？「習氣」就是藏識裏的種子氣分。「妄想」就是現行。三界諸有，無非都是種子習氣所起的現行，故曰「妄想隨入現」。「色行」就是略舉五陰之一，以概其餘。

〔語譯〕怎樣叫做菩薩摩訶薩善分別自心現？就是說，善觀三界森羅萬象，各各分齊，唯是自心影現，都非實有。如是觀察，則內離能執之我，外離所執之法。能所俱寂，我法都空，那有動搖去來？但爲無始虛僞習氣所熏，而有三界種種的五陰繫縛，根身器界的建立，妄想就隨之而入的現起了。這就叫做菩薩摩訶薩善分別自心現。

云何菩薩摩訶薩善觀外性非性？謂：燄夢等一切性，無始虛僞妄想習因，觀一切性自性。菩薩摩訶薩，作如是觀外性非性。是名菩薩摩訶薩善觀外性非性。

〔註解〕此釋第二「善觀外性非性」。心外取法，都非實有，喻如陽燄夢境。理由是以無始虛僞妄想習氣爲因而幻現故。

〔語譯〕怎樣叫做菩薩摩訶薩善觀外性非性？就是觀一切法，如陽燄夢境等，都非心外實有；而是以無始虛僞妄想習氣爲因所顯現的幻境，那有自性可得？這樣觀察心外無法，就叫做菩薩摩訶薩善觀外性非性。

云何菩薩摩訶薩善離生住滅見？謂：如幻夢一切性，自他俱性不生。隨入自心分齊故。見外性非性。見識不生，及緣不積聚。見妄想緣生，於三界內外一切法不可得。見離自性，生見悉滅。知如幻等諸法自性，得無生法忍。得無生法忍已，離生住滅見。是名菩薩摩訶薩善分別離生住滅見。

〔註解〕此釋第三「善離生住滅見」。「如幻夢」句下，牒前觀法。「見識不生」句下，正明離見。有生見，則有住滅見。生見若離，即得無生法忍；得無生法忍，則住滅見亦離。無生法忍，就是眞智安住於不生不滅的實相理體而不動。

〔語譯〕怎樣叫做菩薩摩訶薩善離生住滅見？就是觀一切法如幻如夢，無自性、無他性、無自他俱性。因爲都是隨著自心變現的分齊之故，那有心外實法可見？若自心的見識不生，則外緣的塵境亦不積聚。以此見識的妄想，塵境的緣生，求之於三界內外的一切法，都無自性可得。見識既離自性，則緣生也就隨著見識而滅盡了。如此既知諸法自性如幻，則得無生法忍；既得無生法忍，則生住滅見無不盡離。這就叫做菩薩摩訶薩善離生住滅見。

云何菩薩摩訶薩得自覺聖智善樂？謂：得無生法忍，住第八菩薩地。得離心意意識，五法自性，二無我相，得意生身。』

〔註解〕此下釋第四「得自覺聖智善樂」。第八菩薩地，成就願波羅蜜，斷修惑，作無相觀，故得離心意意識、五法、自性、二無我相。任運自在，不作功用，故得意生身。至於什麼是意生身？下文自釋。

〔語譯〕怎樣叫做菩薩摩訶薩得自覺聖智善樂？就是證得無生法忍，住第八菩薩地，不著心意意識、五法、自性、二無我相，得意生身。』

世尊！意生身者，何因緣？佛告大慧：『意生身者，譬如意去，迅疾無礙，故名意生。譬如意去，石壁無礙，於彼異方無量由延，因先所見，憶念不忘，自心流注不絕，於身無障礙生。大慧！如是意生身，得一時俱。菩薩摩訶薩意生身，如幻三昧力自在神通，妙相莊嚴，聖種類身，一時俱生。猶如意生，無有障礙，隨所憶念本願境界，爲成就衆生，得自覺聖智善樂。

〔註解〕此釋意生身。「譬如意生」句下，舉凡夫的「意生」，以譬菩薩的「意生身」。意生有三義：1、迅疾無礙，譬菩薩的「如幻三昧，自在神通。」2、遍至異方無量由旬，譬菩薩的「妙相莊嚴，聖種類身。」3、憶念不忘，譬菩薩的「隨所憶念本願境界」等。「大慧」句下，以法合譬。菩薩的「意生身」，亦如「意生」，唯隨意所往，身亦與俱，故曰「得一時俱」。

〔語譯〕大慧菩薩問佛：『世尊！以何因緣名爲意生身？』佛告大慧道：『意生身，譬如意之所向，疾馳而去，雖石壁亦不能成爲障礙。於彼異地方所，那怕有無量由旬那樣遠的里程，也能因前所曾見而憶念不忘，在自心裏，如水流注似的相續不絕，身根也障礙不住這無遠不捷的意生。大慧！菩薩的意生身，也是如此。以如幻三昧的自在神通，與妙相莊嚴的聖衆應身，一時俱生，也如意生一樣的無有障礙。隨所憶念而現生於本願境界，無非爲同體大悲，成就衆生，教他們亦得自覺聖智善樂而已。

如是菩薩摩訶薩，得無生法忍，住第八菩薩地，轉捨心意意識、五法、自性、二無我相身，及得意生身，得自覺聖智善樂。

〔註解〕此結釋「得自覺聖智善樂」。住第八地菩薩，能轉變捨離心意識等相，得意生身。菩薩以此度生爲樂，就是聖智善樂。

〔語譯〕如此菩薩摩訶薩，既已證得無生法忍，住第八菩薩地；便能轉捨心意意識、五法、自性、二無我相，得意生身；就是得自覺聖智善樂。

第三節　結勸當學

是名菩薩摩訶薩，成就四法，得修行者大方便。當如是學。』

〔註解〕上來既已釋成四法，得大方便，故今復勸當學。

〔語譯〕這就叫做菩薩摩訶薩成就四法，得修行者的大方便。行人應當照這樣修學。」

〔章後贅言：本章明成就四法，得大方便。學人應會而通之，不可定執四法為四，歷別不融。否則，若任離一法，則餘三不成，如何能得聖智善樂？豈知如來隨宜說法，無定所在嗎？乃至對「意生身」，亦不可起八地九地之諍辯，應知圓頓法門，最初發心，便成正覺。〕

第三章　明諸法緣因

第一節　大慧請問

爾時大慧菩薩摩訶薩復請世尊：『唯願為說一切諸法緣因之相，以覺緣因相故，我及諸菩薩離一切性，有無妄見。無妄想見，漸次俱生。』

〔註解〕因緣之說，圓融三諦。所謂：「因緣所生法，我說卽是空，亦爲是假名，亦是中道義。」如能這樣了知因緣生法的義相，則有、無的妄想，漸生、頓生的執見，一切俱離。此大慧之所以興問。

〔語譯〕這時，大慧菩薩摩訶薩再請問世尊：『惟願爲我們解說一切諸法的緣因義相；使我及諸菩薩衆，覺此緣因義相之故，得離一切法的有、無妄想，及漸生、頓生的執見。』

第二節　答釋緣因

佛告大慧：『一切法二種緣相，謂外及內。外緣者，謂泥團柱輪繩水木人工諸方便緣，有瓶生。如泥瓶、縷氎、草席、種芽、酪酥等，方便緣生，亦復如是。是名外緣前後轉生。云何內緣？謂無明愛業等法，得緣名，從彼生陰界入法，得緣所起名。彼無差別，而愚夫妄想。是名內緣法。

〔註解〕此別釋緣相。分內外二種：(1)粗淺易知爲外：如泥團非瓶，須借柱輪繩水等的方便爲緣，才有瓶生。推而至於縷爲氎緣、草爲席緣、種爲芽緣、酪爲酥緣，也是如此。(2)細微難知爲內：十二因緣法的無明、行二法，能生現在陰界入的識、名色、六入、觸、受五法。愛、取、有三法，能生未來陰界入的生、老死二法。此能生的無明愛業等法，得名爲「緣」。所生的陰界入法，得名「緣起」。以易知的外緣，譬難知的內緣，則緣生無性之義，就顯而易見了。

〔語譯〕佛告訴大慧：『一切法有二種緣相，就是外緣與內緣。什麼是外緣？例如：泥團，必須藉著柱輪繩水木人工等的方便爲緣，才能成瓶。泥瓶如此，他如：縷爲㲲緣、草爲席緣、種爲芽緣、酪爲酥緣等的方便緣生，也是如此。這就叫做外緣，前因後果的展轉生起。什麼是內緣？就是十二因緣法裏的無明、行、愛、取、有等法，得名爲緣。從彼緣生的識、名色、六入、觸、受、生、老死等陰界入法，名爲緣起。這緣起法，當體卽空，本如來藏第一義心中道實相，那有差別？不過是愚夫妄想，而有漸生、俱生之別罷了。這就叫做內緣法。

大慧！彼因者有六種。謂：當有因、相續因、相因、作因、顯示因、待因。當有因者，作因已，內外法生。相續因者，作攀緣已，內外法生陰種子等。相因者，作無間相，相續生。作因者，作增上事，如轉輪王。顯示因者。妄想事生已，相現作所作，如燈照色等。待因者，滅時作相續斷，不妄想性生。

〔註解〕此別釋六因。先標名，次釋義。當文自解。

〔語譯〕大慧！因有六種：1、當有因。2、相續因。3、相因。4、作因。5、顯示因。6、待因。當有因：就是旣已造作業因，當有內而根身，外而器界的果法生起。相續因

：就是攀緣根境，能使內外果法，相續生起未來的五陰種子。相因：就是不間斷的作業受報，因果相續。作因：就是能作生果的增上勢用之事，如轉輪王，有成辦世間事務的強力。顯示因：就是由妄想所生之事，其能作所作之相，顯然可見，如燈照物。待因：就是妄想滅時待作，作時待滅，若此相續念斷，就沒有妄想性的生起了。

第三節　破漸俱生

大慧！彼自妄想相愚夫，不漸次生，不俱生。所以者何？若復俱生者，作所作無分別，不得因相故。若漸次生者，不得相我故。漸次生不生，如不生子，無父名。

〔註解〕前大慧與問緣因相時，原為離漸次俱生的妄想，故佛於答釋緣因相竟，復破漸次俱生。義顯可解。

〔語譯〕大慧！那二緣六因，都是愚夫自心的虛妄想相；實則，心外無法，那有次第漸生，及俱時頓生之理？假使是因果俱時頓生的話，就分別不出誰是能作的因相，誰是所作的果相了。假使是先因後果次第漸生的話，則未得果時，誰名為因？此漸次生的理既不成，豈非如子既未生，不名為父嗎？

大慧！漸次生相續方便不然。但妄想耳。因攀緣次第增上緣等生所生故。大慧！漸次生不生，妄想自性計著相故。

〔註解〕此明四緣漸生諸法，但是妄想計著，而實本不生。「因」——就是親生諸法的「因緣」。「攀緣」——就是以心緣境的「所緣緣」。「次第」——就是心心所法次第而起，相續不斷的「等無間緣」。「增上緣」——就是增強生法的力用。

〔語譯〕大慧！次第漸生相續方便，理實不然！不過是妄想罷了。因爲諸法是因緣、所緣緣、等無間緣、增上緣等的妄緣所生故。大慧，漸生的理，不能成立，無非都是妄情計著的想相之故。

漸次俱不生，自心現受用故。自相共相外性非性。大慧！漸次俱不生，除自心現，不覺妄想故相生。是故因緣作事方便相，當離漸次俱見。』

〔註解〕此結示法本不生，當離漸頓生見。義顯可解。

〔語譯〕法無漸頓，理實不生。因爲根身器界，受用資具，但是自心所現之故，自相共相，非心外法，那有自性？大慧！法無漸頓，理實不生，惟除不自覺知爲自心所現的虛妄想相爲有生耳。以是之故，於世諦因緣，隨所作事的方便相中，當離漸頓俱生的妄見。』

第四節　重　頌

爾時，世尊欲重宣此義，而說偈言：『一切都無生，亦無因緣滅，於彼生滅中，而起因緣想。非遮滅復生，相續因緣起，唯爲斷凡愚，癡惑妄想緣。有無緣起法，是

悉無有生，習氣所迷轉，從是三有現。眞實無生緣，亦復無有滅，觀一切有爲，猶如虛空華。攝受及所攝，捨離惑亂見，非已生當生，亦復無因緣。一切無所有，斯皆是言說。』

〔註解〕此說偈頌重明前義。初三頌，明法本無生。次二頌半，顯眞實義。義顯可解。

〔語譯〕這時，世尊欲重明前義，說偈頌道：『一切法，本無因緣生滅，但是凡愚於無生滅裏，而起生滅因緣的妄想。我雖亦說因緣，非爲遣彼妄計諸法滅而復生者，說實有因緣相續，惟爲斷除凡愚妄想，而假說因緣。有法無法的緣起，都屬無生，但爲凡愚習氣的迷情所轉，從此就妄見三界諸有的現起了。眞實義諦，本無生滅，但觀一切有爲法，猶如空華，捨離了能所攝取的惑亂妄見，則既非已生，亦非當生，更無因緣，一切法都無所有，不過是假名言說罷了。』

（章後贅言：凡愚妄惑，計有生法異因，起有無二見，及漸次俱生。故佛假說因緣，以示一切法，唯心所現，緣生無性，使之了悟無生，斷除妄惑。既悟無生，復示本無生滅，亦無因緣，但有言說，都非實義。當知，這就是直指心源，究歸第一義空的中道實相啊。）

第四章　破言說妄想

第一節　大慧請問

爾時大慧菩薩摩訶薩復白佛言：『世尊！惟願為說言說妄想相心經。世尊！我及餘菩薩摩訶薩，若善知言說妄想相心經，則能通達言說所說二種義，疾得阿耨多羅三藐三菩薩提。以言說所說二種趣，淨一切衆生。』

〔註解〕此大慧疑問：上章頌末說「一切無所有，斯皆是言說。」然而言說，不但為此經所說的名相妄想，亦能表顯第一義心，故曰：「言說妄想相心經」。若善知此經，便能不著言說，依於義趣，疾得無上菩提，自利利他。

〔語譯〕這時，大慧菩薩摩訶薩，再向佛啓請。他說：『世尊！惟願給我們說說這「言說妄想相心經」世尊！我及其餘的諸大菩薩，若能善為了知「言說妄想相心經」便能通達言說、所說的二種義趣，速得無上正等菩提。再以此二種義趣，淨化一切衆生，使之解脫垢染的纏縛。』

第二節　如來許說

佛告大慧：『諦聽諦聽，善思念之，當為汝說。』大慧白佛言：『善哉世尊！唯然

受教。』

〔註解〕此如來許說，義顯可解。惟以諦聽善思，諄諄告誡，大可警策！不得視若等閒。

〔語譯〕佛告訴大慧：『你要仔細的聽著、仔細的聽著，並善於思惟，念茲在茲，我就給你解說。』大慧向佛稟白的說：『很好啊世尊！唯願受教。』

第三節　正答所問

佛告大慧：『有四種言說妄想相。謂：相言說、夢言說、過妄想計著言說、無始妄想言說。相言說者，從自妄想色相計著生。夢言說者，先所經境界，隨憶念生。從覺已境界無性生。過妄想計著言說者，先怨所作業，隨憶念生。無始妄想言說者，無始虛僞計著過自種習氣生。是名四種言說妄想相。』

〔註解〕此下正答大慧所問。分爲三段。今第一段先明言說妄想相。使知所以離名絕相。

〔語譯〕佛告訴大慧：『有四種言說妄想相：一是相言說。二是夢言說。三是過妄想計著言說。四是無始妄想言說。相言說者，是從自心妄想，計著形形色色的事相而生的。夢言說者，**是憶念前所歷境，好像醒覺已後，追憶本無自性的夢境，而妄生言說。過妄計著言說**

者，是對先前怨親所作的善惡諸業，隨著耿耿於懷的憶念而生起的。無始妄想言說者，是從無始時來，執著的虛僞過患種子，熏習而生。這就叫做四種言說妄想相。』

爾時大慧菩薩摩訶薩，復以此義勸請世尊：『惟願更說言說妄想所現境界。世尊！何處、何故、云何、何因，衆生妄想言說生？』佛告大慧：『頭胸喉鼻舌脣齗齒和合出音聲。』大慧白佛言：『世尊！言說妄想爲異爲不異？』佛告大慧：『言說妄想非異非不異。所以者何？謂彼因生相故。大慧！若言說妄想異者，妄想不應是因。若不異者，語不顯義。而有顯示。是故非異非不異。』

〔註解〕這是第二段明言說妄想境界。有二重問答：第一重問答，明妄想言說的音聲之所由出。問義重複，答則從約。第二重問答，明言說妄想，非異非不異。正示離名絕相。

〔語譯〕這時，大慧菩薩再請世尊爲他說言說妄想境界，他說：『世尊啊！衆生的妄想言說，是從何處生起，又是怎樣的生起呢？』佛告大慧說：『妄想言說，是從頭部、胸部、喉、鼻、舌、脣、齗、齒，這八緣和合，發出的音聲。』大慧再請問世尊：『言說妄想，既然是頭胸等部的和合緣生，那末，二者是異呢，還是不異？』佛告大慧說：『言說妄想非異非不異。因爲那言說相，是以妄想爲因而生起的原故。大慧！假使言說妄想爲異，那妄想就不應當爲言說的起因；假使不異，那言說就同妄想一樣的不能顯義了，然而言說卻有語義的顯示。因此之故，言說妄想，非異非不異。』

大慧復白佛言：『世尊！爲言說卽是第一義，爲所說者是第一義？』佛告大慧：『非言說是第一義，亦非所說是第一義。所以者何？謂第一義聖樂，言說所入是第一義，非言說是第一義。第一義者，聖智自覺所得，非言說妄想覺境界。是故言說妄想，不顯示第一義。言說者，生滅動搖展轉因緣起。若展轉因緣起者，彼不顯示第一義。大慧！自他相無性故，言說相不顯示第一義。復次大慧！隨入自心現量故，種種相外性非性。言說妄想，不顯示第一義。是故大慧！當離言說諸妄想相。』

〔註解〕這以下是第三段明第一義。大慧疑上言「語有顯示」卽是第一義，故與今問。意謂：言說是詮理的語句，所說是語句所詮之理，這二者，誰是顯示的第一義？答中，先總明言說所說，都非第一義；再申辨其不但不是第一義，而且也不能顯示第一義的所以。

〔語譯〕大慧又向佛稟白：『世尊！以爲言說是第一義呢，還是所說是第一義？』佛告訴大慧：『言說不是第一義；所說也不是第一義。其理由有五：㈠第一義爲聖智法樂，乃由言說所詮之理而證入者；並非說食不飽的言說，就是飽餐法乳的第一義。㈡第一義乃聖智自覺所得的妙境，並非言說妄想的覺觀境界；所以言說妄想不能顯示第一義。㈢第一義湛然常寂。**不是生滅動搖由展轉因緣而起的言說，所能顯示。㈣言說相，但有自他對待，而無實性**

；所以他不能顯示超然絕待的第一義。㈤除卻隨順證入自心現量；至於那種種心外取法的言說妄想，都非實有，他如何能顯示第一義？因此，大慧！你應當遠離那言說的諸妄想相。』

爾時，世尊欲重宣此義而說偈言：『諸性無自性，亦復無言說，甚深空空義，愚夫不能了。一切性自性，言說法如影，自覺聖智子，實際我所說。』

〔註解〕此以偈頌重宣上義。唐譯「諸性」為「諸法」。第一義空，有、空俱空，非凡外二乘等的愚夫所能了知，故曰「甚深空空義」。凡有關諸法自性的言說，都非實義，故曰「如影」。「自覺聖智子」即是佛子。

〔語譯〕這時，世尊為重宣此義，說偈頌道：『諸法無自性，那有名言可說？此有空俱空的甚深空空義，不是計著有空的愚夫所能了知。凡關一切法有自性的言說，都如影非實。惟有佛子證得的實際理地，是我所說。』

〔章後贅言：本章破言說妄想，頗與楞嚴所謂「凡有言說，都非實義。」之旨相符。然則，佛的言教，難道也非實義不成？這是一般學人所最易困擾的問題。當知佛的言教，如標月之指，怎可執指為月？所以金剛經云：「若人言如來有所說法，即為謗佛，不能解我所說故。」可謂給執指為月者，痛下針砭。〕

第一節　大慧請問

爾時，大慧菩薩摩訶薩，復白佛言：『世尊！惟願爲說離一異俱不俱、有無非有非無：常無常，一切外道所不行，自覺聖智所行。離妄想自相共相，入於第一眞實之義。諸地相續漸次上上增進清淨之相，隨入如來地相。無開發本願。譬如衆色摩尼境界無邊相行，自心現趣部分之相一切諸法。我及餘菩薩摩訶薩，離如是等妄想自性自共相見，疾得阿耨多羅三藐三菩提，令一切衆生，一切安樂，具足充滿。』

〔註解〕一切外道不達唯心，卻以四句分別諸法，不離妄想自相共相。所以大慧請說此離四句法。所謂四句，今文約舉三種：(1)「一異俱不俱」——一而非異、異而非一、亦一亦異、非一非異。(2)「有無非有非無」——有而非無、無而非有、亦有亦無、非有非無。(3)「常無常」——常非無常、無常非常、亦常亦無常、非常非無常。

〔語譯〕這時，大慧菩薩又請問佛。他說：『世尊！唯願給我們解說，離一異俱不俱、有無非有非無、常無常，這三種四句。一切外道不能行此離四句法，惟爲自覺聖智所行，離妄想自相共相，入於第一眞實義諦。從初歡喜地，地地相續，漸次增進上上清淨之相，隨入如來妙覺果地。以不加功用，自在開發的本願之力，應緣化物。譬如普現衆色的摩尼寶珠，所有廣大無邊的行相，一切諸法部類分限的差別，悉自心現。使我及其餘的諸大菩薩，離此等妄想自性自共相的執見，速得無上正等菩提，令一切衆生，身心安樂，具足充滿。』

第二節　如來許說

佛告大慧：『善哉善哉！汝能問我如是之義，多所安樂，多所饒益，哀愍一切諸天世人。』佛告大慧：『諦聽諦聽，善思念之，吾當爲汝分別解說。』大慧白佛言：『善哉世尊，唯然受教。』

〔註解〕此如來許說，義顯可解。

〔語譯〕佛告訴大慧：『很好很好！你能問我這樣的深義，有多末安樂，多末利益，悲憫一切流轉三界的諸天世人。大慧！你要注意諦聽，善爲思念，我就給你分別解說。』大慧向佛誠懇的表白：『很好啊世尊，唯願謹受教誨。』

第三節　破斥邪計

甲　長　行

佛告大慧：『不知心量愚癡凡夫，取內外性，依於一異俱不俱、有無非有非無、常無常，自性習因計著妄想。

〔註解〕本節先長行，次偈頌。長行又分三段：今第一段先總明邪計的起因，向下再別舉七譬以顯示。

〔語譯〕佛告訴大慧：『不達唯心的愚癡凡夫，妄取內而根身，外而器界，有實自性。依一異俱不俱、有無非有非無、常無常等自性習氣的熏因，計著妄想。

譬如羣鹿，爲渴所逼，見春時燄，而作水想，迷亂馳趣，不知非水。如是愚夫，無始虛僞妄想所熏習，三毒燒心，樂色境界，見生住滅，取內外性，墮於一異俱不俱、有無非有非無、常無常想，妄見攝受。

〔註解〕此初舉渴鹿逐燄譬，以顯心隨境轉，妄見攝取。

〔語譯〕譬如一羣野鹿，爲渴所逼迫，見春時陽燄，疑爲是水，趕緊奔向前去，就飲解渴，不知那是燄非水。像這樣的愚夫，乃由無始時來的虛僞妄想習氣所熏，爲貪瞋癡三毒燒心，樂著色等塵境，於無生滅中妄見生滅，執取內外的根身器界，以爲實有。墮入一異俱不俱、有無非有非無、常無常等的四句分別，妄見攝取。

如乾闥婆城，凡愚無智而起城想，無始習氣計著相現。彼非有城，非無城。如是外道無始虛僞習氣計著，依於一異俱不俱、有無非有非無。常無常見，不能了知自心現量。

〔註解〕此二舉乾闥婆城譬，以顯幻境非實。乾闥婆城，爲帝釋樂神所幻現，如海市蜃樓，並非實有，故「非有城」。不無幻影，故「非無城」。

〔語譯〕譬如幻現的乾闥婆城，凡愚無智妄起城想。此乃由八識田中無始習氣所熏的計著相現。不知那乾闥婆城，非有非無。像這樣的外道，由無始虛僞習氣的計著，依於一異、有無、常無常等的四句，而起妄見。不能了知原是自心現量，那有四句可作分別？

譬如有人，夢見男女象馬車步城邑園林山河浴池種種莊嚴，自身入中，覺已憶念。大慧！於意云何？如是士夫，於前所夢憶念不捨，爲黠慧不？大慧白佛言：不也世尊。佛告大慧：如是凡夫，惡見所噬，外道智慧，不知如夢自心現性。依於一異俱不俱、有無非有非無、常無常見。

〔註解〕此三舉憶念夢境譬，以顯不達唯心。

〔語譯〕譬如有人夢見一處，有：男女、象馬、車騎、步卒、城邑、園林、山河、浴池，種種莊嚴，自己也身歷其境，覺醒已後，還不時的追思回憶。大慧！你以爲如何？這個回憶夢境而念念不捨的人，有智慧嗎？大慧向佛稟白，說此人沒有智慧。佛告訴大慧：像這樣的凡夫外道，被惡見呑噬了他們的智慧，不知一切境界，唯自心現，如同夢境；而計著一異、有無、常無常等，妄見分別。

譬如畫像，不高不下，而彼凡愚，作高下想。如是未來外道惡見習氣充滿。依於一異俱不俱、有無非有非無、常無常見，自壞壞他。餘離有無無生之論，亦說言無。謗因果見，拔善根本，壞淸淨因。勝求者，當遠離去，作如是說。彼墮自他俱見有無妄想已，墮建立誹謗。以是惡見，當墮地獄。

〔註解〕此四擧畫像譬，以顯外道惡見。一切法，皆唯心現，如畫師畫像，當體卽空，一切平等，故曰「不高不下」。而彼凡愚，卻於無高下中，妄見高下，故曰「作高下想」。「如是」下，正顯外道惡見。

〔語譯〕譬如畫像，正好不高不下；而彼凡愚，卻作分別高下的妄想。像這樣未來世的外道，惡見習氣充滿世間。他們依據一異、有無、常無常見的四句立論，不但自壞，兼亦壞他。對聖敎離有離無的無生正論，反而說爲斷滅的空無。以其謗因果的惡見，拔除善法根本，破壞了淸淨的出世正因。求勝法的行者，應當遠遠的離去他們所作的這些謬論。何以故？因其旣已墮入自生、他生、俱生之見，及計有計無的妄想；又墮入了對有見的建立，無見的誹謗。以此惡見，當墮地獄之故。

譬如翳目見有垂髮，謂衆人言：汝等觀此。而是垂髮，畢竟非性、非無性，見不見故。如是外道妄見希望，依於一異俱不俱、有無非有非無、常無常見，誹謗正法，

自陷陷他。

〔註解〕此五擧翳目見垂髮譬，以顯邪執不達性空。垂髮喻三界諸法。聖者了法本空，故「非性」；凡愚計法實有，故「非無性」。「見不見故」就是申明「非性非無性」的所以。

〔語譯〕譬如患有翳障眼病的人，見空中垂髮，向衆人說道：「你們何不觀此垂髮？」不知這垂髮，畢竟非有非無。因爲只有翳眼人見，明眼人就無所見了。像這樣外道的妄見，還希望依據一異、有無、常無常見，誹謗正法的離有離無，不但自己陷入地獄大坑，兼亦陷他。可謂一盲引衆盲了。

譬如火輪非輪，愚夫輪想，非有智者。如是外道惡見希望，依於一異俱不俱、有無非有非無、常無常想，一切性生。

〔註解〕此六擧火輪非輪譬，以顯外道不悟無生，妄計實有生滅。

〔語譯〕譬如旋轉火相，似輪非輪。而愚夫妄作實有輪想，非有智者。外道惡見，不悟無生之理，也是如此，他們依於一異、有無、常無常等的四句妄想，計著一切虛妄生滅，爲實有性。

譬如水泡，似摩尼珠。愚小無智，作摩尼想，計著追逐。而彼水泡，非摩尼，非非

摩尼，取不取故。如是外道惡見妄想習氣所熏，於無所有，說有生；緣有者，言滅。

〔註解〕此七舉水泡似珠譬，以顯外道取境不實，起生滅倒見。

〔語譯〕譬如水泡，似摩尼珠，實非摩尼；而頑愚無智的小兒，卻妄作摩尼珠想，追逐不捨。不知那水泡不是摩尼，也不是非摩尼。何以故？愚者執取爲摩尼，智者不取就非摩尼了。外道惡見也是如此，他們爲無始妄想習氣所熏，於似有而本無所有處，說爲有生；於應緣現有處，反說斷滅。

復次大慧！有三種量，五分論，各建立已，得聖智自覺，離二自性事，而作有性妄想計著。大慧！心意意識身心轉變，自心現攝所攝，諸妄想斷。如來地自覺聖智修行者，不於彼作性非性想。若復修行者，如是境界，性非性攝取相生者，彼卽取長養，及取我人。大慧！若說彼性自性自共相，一切皆是化佛所說，非法佛說。又諸言說，悉由愚夫希望見生，不爲別建立趣自性法，得聖智自覺三昧樂住者，分別顯示。

〔註解〕此下爲第二段。今先總明於佛法起計，及隨情權說。向下再別舉五譬以顯示。

「三種量」：1、現量——親證現境，離妄分別，決無錯謬，如親眼見色，親耳聞聲等。2

、比量——由比類量度而知，如見烟知有火起。3、聖言量——唯以佛的言教爲繩墨。

「五分論」：卽五支作法的論式，古師各家所立不盡相同，今擧一例：1、立宗——聲是無常。2、辯因——爲造作故。3、引喩——如瓶盆等器。4、合喩——聲亦如此。5、總結——所以聲是無常。

阿毘達磨雜集論等，將此五分三量，併爲八能立，就是能夠成立聖教的八種楷式，經論中處處可見不煩指陳。然而，猶有無智愚夫，於由此楷式的建立，令得離有離無的平等理地，妄計爲有法可得。可知法無頓漸，機有利鈍了。所以有化佛對鈍機人的隨情權說。

〔語譯〕其次還有。大慧！我法中有不了法空的無智愚夫，他對由三種量五分論的建立，令得聖智自覺，離妄想、緣起二自性事，猶作別有成自性可得的妄想計著。那知成自性，離有離無，非可得法？

大慧！若轉變八識而成四智，了悟境唯心現，則能所攝取的妄想斷，安住於如來地的自覺聖智。如此修行，就不於彼自心所現的境上作有無之想了。假使修行人，於自心現境，攝取有性無性之相而生計著，那他就是取著我、人、衆生、壽者的四相了。

大慧！如來雖曾說有「性自性」及「自共相」；但那都是化身佛說，非法佛說。然化佛所說，亦非本懷，而是隨著愚夫希望有所得果的情見，因勢利導的權宜說法。不更爲得聖智自覺三昧樂住的上根人，建立趣向於自性之法而分別顯示。

譬如水中有樹影現，彼非影、非非影；非樹形、非非樹形。如是外道見習所熏，妄想計著。依於一異俱不俱、有無非有非無、常無常想，而不能知自心現量。

〔註解〕此初舉水中樹影譬。水喻自心，影喻諸法。影實非有，故「非影」。而有影現，故「非非影」。影必象形，影既如是，形亦應然，故「非樹形，非非樹形。」可知自心現量，離有無性，不可執爲有無了。

〔語譯〕譬如水中有樹影顯現。彼影實非有影，亦非無影；實非樹形，亦非無樹形。如是自心現量，非有非無；而彼外道，爲無始執見的習氣所熏，依著一異、有無、常無常等四句作想，那知自心現量，是不可以分別作想的啊。

譬如明鏡，隨緣顯現一切色像，而無妄想。彼非像，非非像，而見像非像。妄想愚夫而作像想。如是外道惡見，自心像現，妄想計著。依於一異俱不俱、有無非有非無、常無常見。

〔註解〕此二舉明鏡現像譬。鏡喻自心，像喻諸法。離妄分別，故「無妄想」。對緣顯現：有卽非有，故「非像」；非有而有，故「非非像」。現量如是，何得計著有無？

〔語譯〕譬如明鏡，只是隨緣顯現一切色像，卻沒有分別色像是有是無的妄想。當知彼像非像，亦非非像；無智愚夫，不知見像非像，而妄作像想。像這樣的外道惡見，不了自心現像，而依於一異、有無、常無常等的邪見，妄想計著。

譬如風水和合出聲。彼非性。非非性。如是外道惡見妄想，依於一異俱不俱、有無非有非無、常無常見。

〔註解〕此三舉風水和合出聲譬。風水喻因緣，聲喻所生法。因緣所生法：卽空故「非性」；假名故「非非性」。何得計著爲有爲無？

〔語譯〕譬如風水，因緣和合而出聲響，非有非無。外道惡見，不達緣生無性之理，依於一異、有無、常無常見而起妄想。

譬如大地無草木處，熱燄川流，洪浪雲涌。彼非性，非非性，貪無貪故。如是愚夫，無始虛僞習氣所熏，妄想計著，依生住滅、一異俱不俱、有無非有非無、常無常，緣自住事門，亦復如彼熱燄波浪。

〔註解〕此四舉熱燄洪浪譬。喻一切法，性非有無。不貪則「非性」；貪則「非非性」。

〔語譯〕譬如大地沒有草木之處，陽燄川流，波浪汹湧。不起貪愛的，知其本無；起貪愛的，執以爲有。如此愚夫，爲無始虛僞習氣所熏，妄想計著，依生住滅相的一異、有無、常無常見，攀緣著自住於轉識所分別的事門，也同那陽燄波浪一樣的不實。

譬如有人，咒術機發。以非衆生數，毗舍闍鬼方便合成，動搖云爲。凡愚妄想，計著往來。如是外道惡見希望，依於一異俱不俱、有無非有非無、常無常見，戲論計著，不實建立。

〔註解〕此五舉呪術機發譬。「非衆生數」——就是但有形質而無情識的木偶和死屍。「毗舍闍鬼」——亦名癲狂鬼。咒術使鬼附死屍而起，機發使木偶動搖。此喻人爲色心二法四大五蘊的假和合體。豈可執爲實我？

〔語譯〕譬如幻師，以咒術使癲鬼附屍起行；發動機關使木偶動搖。無智凡愚，妄想計著這死屍和木偶，實有往來動作。如此外道惡見，希望依於一異、有無、常無常見的戲論，計著不實的建立，以爲實法。

大慧！是故欲得自覺聖智事，當離生住滅、一異俱不俱、有無非有非無、常無常等惡見妄想。』

〔註解〕此第三段總結勸離。「是故」——指上十二譬所顯之理而言。

〔語譯〕大慧！因此之故，要想證得自覺聖智究竟之事；就應當遠離生住滅、一異、有無、常無常等的惡見妄想。』

乙 偈 頌

爾時，世尊欲重宣此義而說偈言：『幻夢水樹影，垂髮熱時燄，如是觀三有，究竟得解脫。譬如鹿渴想，動轉迷亂心，鹿想謂為水，而實無水事。如是識種子，動轉見境界，愚夫妄想生，如為翳所翳。於無始生死，計著攝受性，如逆楔出楔，捨離貪攝受。如幻咒機發，浮雲夢電光，觀是得解脫，永斷三相續。於彼無有作，猶如燄虛空，如是知諸法，則為無所知。言教唯假名，彼亦無有相，於彼起妄想。

〔註解〕上來長行已竟。此下是以偈頌重宣上義。然文相有重複的，有缺失的，有增益的；卻不一定與長行中的十二譬一一吻合。頌文共四十四句，約分二段。今第一段二十七句，總明以如幻等，觀三界諸法本無所有。「逆楔出楔」——即以物出物。譬如以如幻等觀，逆彼能所攝取的根境，使之出離。

〔語譯〕這時，世尊為重宣此義，說偈頌道：『以如幻、如夢、如水中樹影、如翳眼見空中垂髮、如熱時陽燄，這樣來觀察三界諸有，便得究竟解脫纏縛。假使不作如幻等觀，那就像鹿渴思飲，心煩迷亂，認為陽燄是水，而燄實非水。這都是藏識裏的種子，轉起現行見有境界，而愚夫認為實有，隨生妄想。又好像淨眼為翳所障，妄見垂髮，無始時來生生死死，計著攝受，如眼中著楔，不克自拔。故佛教以如幻等觀，捨離貪愛攝受，如以楔出楔。又以如幻、如呪術機發、如浮雲、如夢、如電光，這樣作觀，便得解脫，永斷世界、眾生、業果的三種相續，於彼有爲造作，如陽燄虛空，本無所有。如此了知諸法，則諸法尙無，那有所知可作分別？既無所知，則如來言教，唯有假名，實無有相，怎可於假名言相，起諸妄想？

陰行如垂髮，如畫垂髮幻，夢乾闥婆城，火輪熱時燄，無而現衆生。常無常一異，俱不俱亦然，無始過相續，愚夫癡妄想。明鏡水淨眼，摩尼妙寶珠，於中現衆色，而實無所有。一切性顯現，如畫熱時燄，種種衆色現，如夢無所有。』

〔註解〕此第二段十七句頌，總明五陰身心，亦如垂髮等，無而現有。

〔語譯〕不但三有如幻，就是行等五陰，也是如垂髮、如畫、如幻、如夢、如乾闥婆城、如火輪、如陽燄，本無五陰衆生，而假現爲有。五陰如此，那常無常、一異等四句，也是如此。都因愚夫不達唯心，由無始過妄習氣相續，而起妄想。若達唯心，則自心現量，就像明鏡、水、淨眼、摩尼寶珠一樣，其中雖現衆色，而實無所有。可知一切法，無非如畫、如燄、如夢，雖有種種色相的顯現，卻是實無所有。』

第四節　申張正義

復次大慧！如來說法，離如是四句，謂：一異俱不俱、有無非有非無、常無常。離於有無建立誹謗分別。結集眞諦、緣起、道滅、解脫。如來說法，以是爲首。非性

、非自在、非無因、非微塵、非時、非自性相續而爲說法。

〔註解〕如來說法，不離權實。「眞諦」卽中道實相的第一義諦，是爲實法。「緣起」卽明三世因果的十二因緣，「道滅」卽四諦的出世因果，是爲權法。爲實施權，會權歸實，權實不二。同趣「解脫」（如法華所明）。這與外道所計的勝性、自在天等，比較起來，何啻霄壤？

〔語譯〕大慧！如來說法，離於一異、有無、常無常等四句；及離建立、誹謗的分別戲論。結集：眞諦、緣起、四諦、解脫，爲修行首要。非如外道，以其所計的：勝性、自在天、無因、微塵、時、生生不息的自性相續，而爲說法。

復次大慧！爲淨煩惱爾燄障故，譬如商主，次第建立百八句無所有。善分別諸乘及諸地相。

〔註解〕建立百八句，在前心品之一的第三章中。善分別諸乘，在第十二章中。諸地相，在第十五章中。

〔語譯〕復次大慧！爲的要淨除衆生的煩惱障，二乘的所知障故；次第建立無所有的百八句義，善於分別三乘及十地諸相。好比商主，引導商販人衆，歷經險難惡道，到達寶所。

〔章後贅言〕本章爲外道凡愚，由於不達唯心無生之理，依四句妄想，計著心外實有諸法；並妄立勝性、自在天等爲生法異因。故舉夢幻等的十二譬，予以破斥；復申張正義離彼四句，以顯示唯心無生的極理。學人愼勿執語迷義，誤認「唯心」之義爲有心無法。那就等於剛放下一擔，又挑起一擔了，如何能夠自在解脫？當知法隨心生，心隨法生，二者如交蘆而立，此蘆仆，則彼蘆亦仆。唯心之義，旨在遣境；境遣，則心亦無所托緣而生起了。）

第六章　明四種禪門

第一節　總標四名

復次大慧！有四種禪，云何爲四？謂：愚夫所行禪、觀察義禪、攀緣如禪、如來禪。

〔註解〕理非行不證，故緊躡上章明離四句之理後，復明禪定之行。禪有次第淺深，故分四種。今但標名，向下釋義。

〔語譯〕復次大慧！有四種禪。那四種？一種是愚夫所行禪。二種是觀察義禪。三種是攀緣如禪。四種是如來禪。

第二節　別解四義

云何愚夫所行禪？謂：聲聞、緣覺、外道修行者，觀人無我性，自相共相骨鎖，無

常、苦、不淨相，計著爲首。如是相不異觀，前後轉進，相不除滅。是名愚夫所行禪。

〔註解〕此別釋第一種的「愚夫所行禪」。二乘、外道，同修此禪；一入滅定，一取無想。但抑制意識，如以石壓草，暫使不起，並非眞滅。故相不除，名爲愚夫。

〔語譯〕怎樣叫做愚夫所行禪？就是有一類聲聞、緣覺、外道的修行者，他們觀人爲五蘊假合，實無自性爲自相；觀白骨連鎖，無常、苦、不淨爲共相。對治計著，以是爲首。如此由觀成相，相不異觀，雖次第漸進，至於滅定，而相不除滅。這就叫做愚夫所行禪。

云何觀察義禪？謂：人無我自相共相，外道自他俱無性已。觀法無我彼地相義，漸次增進。是名觀察義禪。

〔註解〕此別釋第二種的「觀察義禪」。這是通教菩薩，觀人無我已，再觀法無我，從三賢乃至七地的體空觀門。

〔語譯〕怎樣叫做觀察義禪？就是既已觀察二乘所修人無我的自相共相，又知外道所謂的自生、他生、自他俱生，都屬無性。更復觀察諸法緣生，亦無自性。於彼所修地相的法空之義，漸次增進。這就叫做觀察義禪。

云何攀緣如禪？謂：妄想二無我妄想，如實處不生妄想。是名攀緣如禪。

〔註解〕此別釋第三種的「攀緣如禪」。這是別教菩薩，於八地以去，攀緣眞如實際的觀門。所以唐譯爲「緣眞如禪」。對境攀緣，亦名爲觀。凡有所觀，都屬妄想。若觀無所觀，就不生妄想了。

〔語譯〕怎樣叫做攀緣如禪？就是觀人法二無我理，漸次斷證，猶屬妄想。若直觀眞如實際，本無人法，則心行處滅，觀無所觀，就不生妄想了。這就叫做攀緣如禪。

云何如來禪？謂：入如來地，得自覺聖智相三種樂住，成辦衆生不思議事。是名如來禪。

〔註解〕此別釋第四種的「如來禪」。這是圓教菩薩，從初發心住，便不歷階位，圓悟最上一乘的行相，並非如來所行禪，叫做如來禪。「三種樂住」，即前心品之一中第七章第四節所明的聖智三相。

〔語譯〕怎樣叫做如來禪？就是從初發心，即一念悟入如來的果地覺，爲本修因；而得自覺聖智的三種樂住；成辦度化衆生的不思議事。這就叫做如來禪。

第三節　偈　頌

爾時，世尊欲重宣此義而說偈言：『愚夫所行禪，觀察相義禪，攀緣如實禪，如來清淨禪。譬如日月形，鉢頭摩深險，如虛空火燼，修行者觀察。如是種種相，外道

道通禪，亦復墮聲聞，及緣覺境界。捨離彼一切，則是無所有，一切刹諸佛，以不思議手，一時摩其頂，隨順入如相。』

〔註解〕這十八句頌的初四句，頌總標四名。次八句，頌愚夫所行禪。第十三句，頌觀察義禪。第十四句，頌攀緣如禪。末一句，頌如來禪。「鉢頭摩」此飜紅蓮華。

〔語譯〕這時，世尊爲重宣此義，說偈頌道：『禪有四種：一是愚夫所行禪。二是觀察相義禪。三是攀緣如實禪。四是如來清淨禪。若在定中，或見有物狀如日月；或見紅蓮在深澗險壑；或沉空滯寂，如灰燼火滅。凡著此種種相的行者，便是墮入外道、二乘通修的愚夫所行禪了。若善觀察，離彼愚夫一切境界，便是觀察義禪。若緣觀眞如，空無所有，便是攀緣如禪。若欲感得一切諸佛，手摩其頂，那就必須隨順如來的果地覺以爲修因，而入於如來的清淨禪了。』

（章後贅言：禪家向有「如來禪」與「祖師禪」的諍辯，而以如來禪爲教內未了之禪，祖師禪爲不立文字教外別傳的至極之禪。不知佛無二法，亦無異語，那有教內教外之別？達摩西來，卽以此四卷楞伽傳佛心印。六祖慧能，也是聞金剛經而悟道的。可知祖祖相傳的禪，還是如來禪。若謂如來禪外，別有祖師禪，駕乎如來禪之上者，則是謗佛謗法。）

第七章　明般涅槃門

第一節　大慧請問

爾時，大慧菩薩摩訶薩復白佛言：『世尊！般涅槃者，說何等法，謂爲涅槃？』

〔註解〕大慧旣聞因地的禪觀，有邪正淺深之別；尙未聞果地的涅槃爲何？故興此問。

〔語譯〕這時，大慧菩薩再請問佛：『世尊！什麼法叫做般涅槃？』

第二節　如來答釋

佛告大慧：『一切自性習氣，藏意意識見習轉變，名爲涅槃。諸佛及我涅槃，自性空事境界。復次大慧！涅槃者，聖智自覺境界。離斷常妄想性非性。云何非常？謂自相共相妄想斷，故非常。云何非斷？謂一切聖去來現在得自覺，故非斷。大慧！涅槃不壞不死。若涅槃死者，復應受生相續。若壞者，應墮有爲相。是故涅槃離壞離死。是故修行者之所歸依。復次大慧！涅槃非捨非得，非斷非常，非一義，非種種義。是名涅槃。

〔註解〕此下分爲三段。今第一段的「佛告大慧」句下，正明諸佛涅槃。「復次」下，示涅槃相，遠離斷常，不壞不死。「復次」下，結示涅槃正義。

〔語譯〕佛告大慧：『第八藏識、第七識意、第六意識的執見慣習，這一切自性習氣，轉變成智，就叫做涅槃。這是我及諸佛的涅槃境界，自性本空，當體寂滅，更無餘事。

復次大慧！涅槃是聖智自覺境界，遠離斷常有無的妄想。何以說是非常？就是陰界入的自相共相妄想斷除，說名非常。何以說是非斷？就是三世諸佛所得的自覺聖智，說名非斷。既非斷常，那有有無的妄想分別？大慧！涅槃是不壞不死的。涅槃若死，則如來就應當再到三界受生，相續流轉；涅槃若壞，則如來就墮入生住異滅的有爲相了。是故，涅槃離壞離死，是修大乘行者的歸依處。

復次大慧！涅槃不是可捨可得之物；不是斷常之法；不落諸數，故非一義，亦非種種義。這就叫做般涅槃。

復次大慧！聲聞緣覺涅槃者，覺自相共相，不習近境界，不顚倒見，妄想不生。彼等於彼，作涅槃覺。

〔註解〕此第二段簡二乘涅槃，非大涅槃。

〔語譯〕復次大慧！聲聞、緣覺的涅槃，但觀四諦、十二因緣，覺知陰、界、入的自相共相，都無我體。不習近五欲塵境，永斷三界見思，不起倒見，不生妄想。彼二乘等，於彼但斷見思，出三界生死，謂爲涅槃。究其實，他們尚止化城，還沒有到達寶所的大涅槃哟。

復次大慧！二種自性相，云何為二？謂：言說自性相計著；事自性相計著。言說自性相計著者，從無始言說虛偽習氣計著生。事自性相計著者，從不覺自心現分齊生。』

〔註解〕此第三段簡外道未轉二自性相，不名涅槃。

〔語譯〕復次大慧！有二種自性相：一種是計著言說有實自體的「言說自性相」。二種是計著諸法有實自體的「事自性相」。計著言說的自性相，是從無始時來，計著言說虛偽習氣而生的。事自性相，是從不覺一切法為自心所現的分齊差別而生的。這二種自性相，若不轉變，莫說大般涅槃，就是二乘涅槃，亦不可得。』

（章後贅言：僧志道覽涅槃經十載有餘，尚不明大意，乃向六祖請益，六祖為說偈云：『無上大涅槃，圓明常寂照。凡愚謂之死，外道執為斷。諸求二乘人，目以為無作。盡屬情所計，六十二見本，妄立虛假名，何謂眞實義？惟有過量人，通達無取捨，以知五蘊法，及以蘊中我，外現衆色像，一一音聲相，平等如夢幻。不起凡聖見，不作涅槃解，二邊三際斷。常應諸根用，而不起用想。分別一切法，不起分別想。劫火燒海底，風鼓山相擊，眞常寂滅樂，涅槃相如是。吾今强言說，令汝捨邪見，汝勿隨言解，許汝知少分。』六祖此偈，已將本章密義，闡發無遺了。）

第八章　明如來神力

第一節　正明神力

復次大慧！如來以二種神力，建立菩薩摩訶薩，頂禮諸佛，聽受問義。云何二種神力建立？謂：三昧正受，爲現一切身面言說神力，及手灌頂神力。

〔註解〕此總標二種神力。建立菩薩的「建立」二字，應依唐譯爲「加持」。就是佛以神力，增加菩薩行持的功能之義。梵語三昧，此翻爲定，亦翻正受，華梵並舉，故名「三昧正受」。就是心定於正受所觀之法而不動之義。

〔語譯〕復次大慧！如來以二種神力，加持菩薩摩訶薩，使之頂禮諸佛，聽受佛法，問佛深義。怎樣以二種神力加持？一種是菩薩入三昧正受時，如來親自現身出面，給他說法。二種是如來寂默無言，但以手灌其頂，授予如來的大法王位。

大慧！菩薩摩訶薩初菩薩地，住佛神力。所謂入菩薩大乘照明三昧。入是三昧已，十方世界一切諸佛，以神通力，爲現一切身面言說，如金剛藏菩薩摩訶薩，及餘如是相功德成就菩薩摩訶薩。大慧！是名初菩薩地。菩薩摩訶薩得菩薩三昧正受神力，於百千劫積習善根之所成就。

〔註解〕此約菩薩初地，別釋第一種神力。大乘三昧，是定慧雙融，寂照同時，非小乘的偏空可比，故名「大乘照明三昧」。餘義顯可解。

〔語譯〕大慧！初地菩薩，即住佛神力。何謂住佛神力？就是入於菩薩大乘的照明三昧時，便能感得十方世界一切諸佛，以神通力，爲他現身說法。例如華嚴會上的金剛藏菩薩，及其餘的菩薩摩訶薩，都是以此功德而成就的。大慧！此初地菩薩得三昧正受神力，並非無因，而是於百千劫來，累積善根之所成就。

次第諸地對治所治相，通達究竟，至法雲地，住大蓮華微妙宮殿，坐大蓮華寶獅子座，同類菩薩摩訶薩眷屬圍繞。衆寶瓔珞莊嚴其身，如黃金薝蔔日月光明。諸最勝手從十方來，就大蓮華宮殿座上而灌其頂。譬如自在轉輪聖王，及天帝釋太子灌頂。是名菩薩手灌頂神力。

〔註解〕此約諸地，別釋第二種神力。義顯可解。

〔語譯〕從初歡喜地起，次第進修，對治所治的微細二障，通達究竟，入第十法雲地。爾時住於大蓮華微妙宮殿，坐大蓮華寶獅子座位，同類菩薩爲其眷屬圍繞擁護。衆寶瓔珞，莊嚴身相，色如黃金、香如薝蔔、光明如日月。諸佛從十方剎來，就在大蓮華宮殿座上，一時手灌其頂，授大法王位。也像自在轉輪聖王及天帝釋，給他們太子灌頂授位的儀式一樣。

這就叫做菩薩手灌頂神力。

大慧！是名菩薩摩訶薩二種神力。若菩薩摩訶薩住二種神力，面見諸佛如來，若不如是，則不能見。復次大慧！菩薩摩訶薩凡所分別三昧神足諸法之行，是等一切，悉住如來二種神力。大慧！若菩薩摩訶薩離佛神力，能辯說者，一切凡夫，亦應能說。所以者何？謂不住神力故。大慧！山石樹木及諸樂器城郭宮殿，以如來入城威神力故，皆自然出音樂之聲，何況有心者。聾盲瘖瘂無量衆苦，皆得解脫。如來有如是等無量神力，利安衆生。』

〔註解〕此結歎神力。如來以神力加持菩薩，菩薩得如來神力以為神力，故曰「是名菩薩摩訶薩二種神力。」餘義可解。

〔語譯〕大慧！這就名叫菩薩摩訶薩二種神力。菩薩唯有住此二種神力，才能感應道交，面見諸佛如來，否則，不能。還有，大慧！菩薩摩訶薩，舉凡辯解無礙、分別三昧、神足諸法大行，這一切都是由於如來二種神力的加持。大慧！假使菩薩離佛神力，而能辯解諸法，則一切凡夫，也應當能夠說法，何以不能呢？因為凡夫不住三昧正受神力之故。大慧！以如來的威神力故，山石樹木等無情之類，尚能演唱音樂，何況有心？聾盲瘖瘂等無量衆苦，尚得解脫，何況行人？如來有如此無量神力，能利樂安隱衆生。』

大慧菩薩復白佛言：『世尊！以何因緣，如來應供等正覺，菩薩摩訶薩住三昧正受時，及勝進地灌頂時，加其神力？』佛告大慧：『爲離魔業煩惱故，及不墮聲聞地禪故，爲得如來自覺地故，及增進所得法故。是故如來應供等正覺，咸以神力建立諸菩薩摩訶薩。若不以神力建立者，則墮外道惡見妄想，及諸聲聞衆魔希望，不得阿耨多羅三藐三菩提。以是故，諸佛如來咸以神力，攝受諸菩薩摩訶薩。』爾時，世尊欲重宣此義而說偈言：『神力人中尊，大願悉淸淨，三摩地灌頂，初地及十地。』

〔註解〕大慧問佛，如來何故以神力加持菩薩？佛答其故有四。義顯可解。

〔語譯〕大慧菩薩再向佛請示，他說：『世尊！以何因緣，如來在初地菩薩住三昧正受，及勝進至十地灌頂位時，加以神力呢？』佛答：『爲使其遠離障道的魔業煩惱故；及不墮聲聞地躭著三昧故；爲使其得至如來自覺地故；及增進其所得法故。所以諸佛如來，皆以神力加持菩薩。假使不以神力加持，則初地三昧，難免仍墮外道的惡見妄想；縱至十地灌頂，亦難免墮聲聞自了的希望；那就不能自利利他證無上正等菩提了。因此，諸佛如來，皆以慈愍攝受諸菩薩摩訶薩。』

這時，世尊爲重宣此義，說偈頌道：『神力是如來的淸淨大願，在人中最爲尊仰，以之加持初地的三昧，十地的灌頂。』

（意後贅言：諸佛如來以神力加持行人，諸經多如是說，足見如來攝受行者的悲心痛切了。例如：圓覺的三期定限、楞嚴的壇場設施、法華的神力品等，無不皆然。但所謂神力加持，概由深信大行之所感得，非少善根因緣所可獲致。吾輩學人，且莫說這是迷信，先問問自己的信行，到何等程度？果眞是深信大行，猶不能與如來的神力感通者，絕無是處。）

第九章　釋難緣起

第一節　問　難

爾時，大慧菩薩摩訶薩復白佛言：『世尊！佛說緣起，卽是說因緣，不自說道。世尊！外道亦說因緣，謂：勝、自在、時、微塵生，如是諸性生。然、世尊所謂因緣生諸性言說，有間悉檀，無間悉檀。世尊！外道亦說有無有生，世尊亦說無有生，生已滅。如世尊所說：無明緣行，乃至老死，此是世尊無因說，非有因說。世尊建立作如是說：此有故彼有，非建立漸生，觀外道說勝，非如來也。所以者何？世尊！外道說因不從緣生，而有所生。世尊說觀因有事，觀事有因。如是因緣雜亂，如是展轉無窮。』

〔註解〕大慧恐末法學者，疑佛所說因緣，濫同外道；甚至以外道所說爲勝。故設此問難，將釋衆疑。

〔語譯〕這時，大慧菩薩又設難問佛，他說：『世尊！佛所說的緣起，是說從因緣起，不說從自體生。世尊！外道也說，諸法是由：勝性、自在、時、微塵而生的。然，世尊所謂因緣生法，只是與外道的言說有異，而義無不同。

世尊！外道也說，有是從無有而生的；世尊也說，諸法本無，但從緣生，生已還滅。例如世尊所說的「無明緣行」乃至「生緣老死」，都是無因之說，非有因說，這與外道的說法不是一樣嗎？

又，世尊建立的十二因緣，是說此無明一支有故，則彼行等的十一支亦有。此建立頓生，而非漸生，觀外道所說，反倒勝過如來了。何以說外道勝過如來？世尊！外道說勝性的神我爲因，不從他生，而能生他，漸次建立二十五諦，因是因，果是果，因果分明。世尊說十二因緣，以無明爲因，生行爲果；又以行爲因，生識爲果；乃至以老死爲因，又生無明爲果。是則，觀因是果，觀果是因，因果雜亂，漫無次第，三世輪轉，又有無窮之過。豈非外道勝過如來嗎？』

第二節　答　釋

佛告大慧：『我非無因說，及因緣雜亂說。此有故彼有者，攝所攝非性，覺自心現量。大慧！若攝所攝計著，不覺自心現量，外境界性非性，彼有如是過，非我說緣起。我常說言，因緣和合而生諸法，非無因生。』

〔註解〕此約緣起唯心之理，釋明佛說不墮無因，亦無因緣雜亂，展轉無窮之過。

〔語譯〕佛告訴大慧：『我說十二因緣，並非無因，亦非因緣雜亂。所謂此有故彼有者，正顯能攝取的根識，所攝取的境界，無非唯心所現，都非實有。大慧！若計著能取所取，以爲實有，不達諸法唯心，外境非性之理，而妄取有無者，那是彼外道之過，不是我所說的緣起。我常說，諸法是因緣和合而生的，並不是無因而生，更談不到因緣雜亂，展轉無窮了。』

大慧復白佛言：『世尊！非言說有性，有一切性耶？世尊！若無性者，言說不生。是故言說有性，有一切性。』

〔註解〕此由上文「攝所攝非性」而轉難。謂言說有性，而攝所攝亦必有性。

〔語譯〕大慧再向佛興問：『世尊！既有言說，豈不有能攝所攝的一切法嗎？世尊！若無諸法，那言說何由而起？因此之故，既有言說，必有所說的一切法哪。』

佛告大慧：『無性而作言說。謂兎角龜毛等，世間現言說。大慧！非性非非性，但言說耳。如汝所說，言說有性，有一切性者，汝論則壞。

〔註解〕此下答釋轉難。今先明雖無諸法，亦有言說。兎本無角，故「非性」。而有言說，故「非非性」。餘義可解。

〔語譯〕佛告訴大慧：『雖無諸法，亦有言說。例如兎本無角，龜本無毛，而世間現有兎角龜毛的言說。大慧！彼兎角等，非性非非性，但有言說而已。因此，像你所說那「既有言說，必有諸法」的言論，就不攻自破了。

大慧！非一切刹土有言說。言說者，是作耳。或有佛刹瞻視顯法、或有作相、或有揚眉、或有動睛、或笑、或欠、或謦欬、或念刹土、或動搖。大慧！如瞻視，及香積世界，普賢如來國土。但以瞻視令諸菩薩得無生法忍，及諸勝三昧。是故，非言說有性有一切性。大慧！見此世界蚊蚋蟲蟻，是等衆生，無有言說，而各辦事。』

〔註解〕此明雖無言說，亦能顯法，及能辦事。唐譯「欠」作「嚬呻」。亦卽呵欠之義。餘義可解。

〔語譯〕大慧！並非一切刹土都有言說。言說，不過是假緣施作而已。也有佛土，不假言說以顯法的：或以瞻視、或作表相、或揚眉、或轉睛、或笑、或欠、或謦欬、或念佛國土、或動搖其身。大慧！例如：不眴世界、香積世界、普賢如來國土的諸菩薩等，但以瞻視如來，即得無生法忍，及一切殊勝三昧。這豈是有言說故，而有諸法嗎？

大慧！不但他方刹土，即此世界的蚊蚋蟲蟻等，雖無言說，卻能各各成辦其營謀之事。這豈非不待言說，也能顯法嗎？』

爾時，世尊欲重宣此義而說偈言：『如虛空兎角，及與槃太子，無而有言說，如是性妄想。因緣和合法，凡愚起妄想，不能如實知，輪迴三有宅。』

〔註解〕此以偈頌重中上義。這裏的「槃太子」，即魏唐二譯的「石女兒」。槃生太子，石女生兒，都非實有，名異而義一。餘義可解。

〔語譯〕這時，世尊爲重宣此義，說偈頌道：『譬如虛空兎角，及石女兒，但有言說，都無實性。因緣所生之法，也是如此，愚癡凡夫，不能如實了知諸法無性，妄想計著以爲實有，所以才輪迴於三界火宅，不得出離。』

（章後贅言：近今有不少凡愚，往往以似是而非的外道邪說，與如來正法混爲一談，甚或顚倒是非，迷執邪說，誹謗正法，其能不流轉三界，受生死苦報嗎？使讀本章，該迷途知返了。）

第一節　正釋依惑說常

爾時，大慧菩薩摩訶薩復白佛言：『世尊！常聲者，何事說？』

〔註解〕佛說眞常的法音，名爲「常聲」。問意可知。

〔語譯〕這時，大慧菩薩又興疑問。他說：『世尊！佛不但說諸法無常，有時也說眞常。然則，佛說眞常，是依何事而說的呢？』

佛告大慧：『爲惑亂。以彼惑亂，諸聖亦現，而非顚倒。大慧！如春時燄、火輪、垂髮、犍闥婆城、幻、夢、鏡像，世間顚倒，非明智也。然非不現。

〔註解〕此下答釋。文分三段。今第一段明卽妄是眞。妄心爲惑，妄境爲亂，故唐譯「惑亂」爲「妄法」。妄法爲凡聖同見，但凡則顚倒，聖人則否。

〔語譯〕佛告大慧：『我說眞常，是依妄法而說的。因爲彼世間所見的惑亂妄法，聖人亦見；但了妄法的當體卽眞，而非顚倒。大慧！譬如：春時陽燄、旋轉火輪、空中垂髮、犍闥婆城、幻、夢、鏡像。世間的無智愚夫，對此顚倒妄見，執以爲實。然而，聖人並非不見；不過雖見而不顚倒罷了。

大慧！彼惑亂者，有種種現，非惑亂作無常。所以者何？謂離性非性故。大慧！云何離性非性惑亂？謂一切愚夫種種境界故。如彼恒河，餓鬼見不見故，無惑亂性；於餘現故，非無性。如是惑亂，諸聖離顚倒不顚倒。是故惑亂常。謂相相不壞故。大慧！非惑亂種種相妄想相壞。是故惑亂常。

〔註解〕此第二段申明卽妄是眞之理。「諸聖離顚倒不顚倒」——世間以錯認現見的事實非事實，叫做「顚倒」，如餓鬼見恒河爲膿血，而不見恒河。以確認現見的事實爲事實，叫做「不顚倒」，如人見恒河，確是恒河。然以聖智望彼世間，無論顚倒與不顚倒，都屬妄見，應一並捨離。餘義可解。

〔語譯〕大慧！那惑亂妄法，雖有種種相現，卻非無常。所以者何？因爲諸法本來就離有離無之故。大慧！爲什麼旣離有無，猶名惑亂？那是因爲一切愚夫，不了惑亂本非有無，而妄計爲有爲無的種種境界之故。譬如恒河：餓鬼但見膿血，不見恒河，所以非有；餘人現見恒河，所以非無。如是惑亂，在聖者觀之，不管他顚倒與不顚倒，有無俱離。所以卽惑亂的當體，便是眞常，因其相相銷歸自性，不變壞故。大慧！並非惑亂本來就有種種變壞之相；而變壞之相，乃愚夫的虛妄想相。所以惑亂是常。

大慧！云何惑亂眞實？若復因緣，諸聖於此惑亂，不起顚倒覺、非不顚倒覺。大慧！除諸聖，於此惑亂有少分想，非聖智事相。大慧！凡有者，愚夫妄說，非聖言說。

〔註解〕此第三段示眞實觀。「不起顚倒覺，非不顚倒覺。」——聖者不但不起凡夫的顚倒見，連二乘的不顚倒見，一並非之。餘義可解。

〔語譯〕大慧！如何惑亂就是眞實？若諸佛聖人對此因緣和合，本自無生的惑亂，不起凡夫執以爲有的顚倒見；亦非二乘執以爲無的不顚倒見。除諸聖者一念不生外，若於此惑亂有少分妄想，那就不是聖智所見的眞實相了。大慧！凡尙有少分妄想，而說爲眞實相者，那是愚夫妄說，而非聖言。

第二節　起凡聖種性

彼惑亂者，倒不倒妄想，起二種種性，謂：聖種性，及愚夫種性。

〔註解〕此總標二種種性。顚倒，爲「愚夫種性」；不顚倒，爲「聖種性」。下文自釋。

〔語譯〕惑亂妄法，本非顚倒，非不顚倒。卻由顚倒與不顚倒的分別，起二種種性。那就是：聖種性，及愚夫種性。

聖種性者，三種分別。謂：聲聞乘、緣覺乘、佛乘。云何愚夫妄想，起聲聞乘種性

?謂：自共相計著，起聲聞乘種性，是名妄想起聲聞乘種性。大慧！即彼惑亂妄想，起緣覺乘種性。謂：即彼惑亂自共相，不親計著，起緣覺乘種性。云何智者，即彼惑亂，起佛乘種性？謂：覺自心現量，外性非性，不妄想相，起佛乘種性。是名即彼惑亂起佛乘種性。

〔註解〕此釋聖種性。標中但出二種種性，今釋聖種性裏，何以又分三種？良以聲、緣二乘，雖無我執，望愚夫爲聖；然猶有法執，望佛仍屬愚夫。所以又分三種，以示區別。

〔語譯〕聖種性裏，有三種分別：一是聲聞乘、二是緣覺乘、三是佛乘。怎樣是愚夫妄想起聲聞種性？就是：聲聞乘種性，是由計著實有五陰等法的自相共相，厭離生死，躭著涅槃而生起的。所以名爲妄想起聲聞乘種性。

大慧！即於彼惑亂的自相共相，但了緣生之理，修遠離行，不親計著。這就是起緣覺乘種性。

智者怎樣於彼惑亂妄法，起佛乘種性？就是：了達一切法，唯是自心所現，外境非有，不生妄想。這就是起佛乘種性。

又種種事性，凡夫惑想，起愚夫種性。

〔註解〕此釋愚夫種性。義顯可解。

〔語譯〕凡夫妄想分別種種事物，以爲實有。就是起愚夫種性。

彼非有事，非無事，是名種性義。

〔註解〕此釋種性義。一切法，惟其緣生，所以無性，故「非有事」。惟其無性，所以緣生，故「非無事」。法華經云：「諸法常無性，佛種從緣起。」佛種尙從緣起，何況二乘愚夫？

〔語譯〕一切法，緣生無性而非有；無性緣生而非無。這就是種性的意義。

大慧！卽彼惑亂不妄想，諸聖心意意識過習氣自性法轉變性，是名爲如。是故說如離心。我說此句顯示離想，卽說離一切想。』

〔註解〕此結示眞如離相。與前第七章裏「一切自性習氣，藏意意識見習轉變，名爲涅槃。」的文義大同。應互相參看。

〔語譯〕大慧！諸佛聖者，不但於彼惑亂不生妄想；而且已將愚夫二乘未能轉變的：心、意、意識、過患習氣、計著自性法等，轉變成智，照了本性。這名就叫做眞如。因此，我說「眞如離心」這一句話，就是顯示離言說相、離名字相、離心緣相的一切分別妄想。」

第三節　辨釋四難

大慧白佛言：『世尊！惑亂爲有爲無？』佛告大慧：『如幻，無計著相。若惑亂有

計著相者，計著性不可滅。緣起應如外道，說因緣生法。』

〔註解〕此下有四番辨難：今第一番辨惑亂有無難。如文可解。

〔語譯〕大慧問佛，他說：『世尊！既說惑亂是常，又說惑亂是妄想。然則，惑亂到底是有是無？』

佛答覆大慧：『惑亂如幻，並無體相可以計著定有定無。倘若惑亂有可計著的一定體相，那計著性就不可轉滅了。如此，則佛說緣起，不是同外道所說「有勝性、自在、微塵等的作者為生法因緣」是一樣了嗎？』

大慧白佛言：『世尊！若惑亂如幻者，復當與餘惑作因。』佛告大慧：『非幻惑因，不起過故。大慧！幻不起過，無有妄想。大慧！幻者從他明處生，非自妄想過習氣處生，是故不起過。大慧！此是愚夫心惑計著，非聖賢也。』

〔註解〕此下為第二番辨惑亂如幻難。惑亂為「法」，如幻為「喻」。問中不達設喻原為顯法，反執法見以為喻例，是謂過惡。故佛答以幻不起過，愚夫自心為幻所惑，非聖賢也。「他明處」——指五明處之一的呪術等而言。若約觀幻解釋，那就是明智處了。

〔語譯〕大慧問佛，他說：『世尊！若惑亂如幻，則幻豈不亦如惑亂，仍應與餘惑作因，更生餘惑嗎？』

佛答：『幻不能與餘惑作因。因爲他不能生起過惡之故。大慧！因爲幻不起過，所以他沒有妄想。大慧！幻是從其他呪術機關的明處而生，不是從妄想過惡習氣處生的。所以他不起過惡。大慧！愚夫自心爲幻所惑，計著爲實，起諸過惡。他們不是了法如幻，心無所著的聖賢。』

爾時，世尊欲重宣此義而說偈言：『聖不見惑亂，中間亦無實，中間若有實，惑亂卽眞實。捨離一切惑，若有相生者，是亦爲惑亂，不淨猶如翳。』

〔註解〕此八句偈頌：前四句遣妄，後四句遣眞。楞嚴經云：「言妄顯諸眞，妄眞同二妄。」故眞妄雙遣，有無俱離。

〔語譯〕這時，世尊爲重明此義，說偈頌道：『聖者不見有實惑亂，因爲惑亂中間並無實性；若中間有實，那惑亂就成爲一定不可轉變的眞實法了。若離一切惑亂，見有眞實相生者，則卽此眞相亦是惑亂，這好像淸淨眼中生了不淨的翳障似的。』

復次大慧！非幻無有相似。見一切法如幻。

〔註解〕此結釋幻義。

〔語譯〕大慧！並非幻與無有相似，而是觀一切法不實，如幻一般。』

大慧白佛言：『世尊！爲種種幻相計著，言一切法如幻，爲異相計著？若種種幻相

計著，言一切性如幻者，世尊！有性不如幻者。所以者何？謂色種種相非因。世尊！無有因色種種相現如幻。世尊！是故無種種幻相計著相似性如幻。』

〔註解〕此下爲第三番辨不定如幻難。今大慧興問，由緊躡上文「一切法如幻」而來。

〔語譯〕大慧問佛，他說：『世尊！所謂一切法如幻，是指計著一切種種同爲幻相而言呢，還是指別有計著的異相而言？若是指一切種種同爲幻相而言，世尊！一切法不一定都如幻，也有不如幻的，怎能一概而論？所以者何？世間種種色相，實有其因，若都如幻，不是都成爲非實有因的色相了嗎？世尊！事實上，絕無有因的色相顯現，是如幻的。世尊！以是之故，不可說一切法如幻，是指計著種種幻相而言的。』

佛告大慧：『非種種幻相計著相似，一切法如幻。大慧！然不實一切法，速滅如電，是則如幻。大慧！譬如電光，剎那頃現，現已卽滅，非愚夫現。如是一切性，自妄想自共相，觀察無性，非現色相計著。』

〔註解〕此佛針對大慧所難的答辨。既以「如幻」譬一切法；又以「如電」譬喻「如幻」。總破問中「有性不如幻者」的計著。

〔語譯〕佛告訴大慧：『一切法如幻，並非指執著種種幻相而言。大慧！雖非指執著幻相而言，然一切法，起滅疾速，好像閃電一般，沒有實性，這就是如幻。大慧！譬如電光，一剎那間，卽現卽滅，這不是愚夫所知的現相。如此一切法，從愚夫自心妄想的自共相上來觀察，本無實性，不可計著顯現的色相，爲非如幻。』

爾時，世尊欲重宣此義而說偈言：『非幻無有譬，說法性如幻，不實速如電，是故說如幻。』

〔註解〕此以偈頌重明幻義。

〔語譯〕這時，世尊爲重明此義，說偈頌道：『並非以幻譬喩無有，而是爲法體不實，速滅如電，所以才說名如幻。』

大慧復白佛言：『如世尊所說，一切性無生，及如幻，將無世尊前後所說自相違耶？說無生性如幻。』

〔註解〕此下爲第四番辨自語相違難。今大慧興問。泥於言句，未達理一，故疑相違。

〔語譯〕大慧又請問佛，他說：『世尊先說一切法無生，又說一切法如幻。然而，如幻則非無生，無生則非如幻。世尊這前後所說，得無自語相違之過嗎？』

佛告大慧：『非我說無生性如幻前後相違過。所以者何？謂生無生，覺自心現量。有非有，外性非性，無生現。大慧！非我前後說相違過。然壞外道因生，故我說一

切性無生。大慧！外道癡聚，欲令有無有生，非自妄想種種計著緣。大慧！我非有無有生，是故我以無生說而說。

〔註解〕此下為世尊答辨。今先總明無相違過。當文自釋。

〔語譯〕佛告大慧：『並非我說無生與如幻，前後相違。何則？我說一切法，生即無生；但覺唯是自心所現；無論有與非有的一切外法，究其自性，都是無生現生。大慧！這生即無生，豈非如幻；如幻，豈非無生現生；怎能說我有前後相違之過？

然而，為破外道妄立因生，所以我說一切法無生。大慧！外道愚癡羣聚，紛起惡見，妄說諸法，或從有因而生；或從無因而生；都不是從種種妄想計著為緣而生的。大慧！我深知諸法，緣生無性，不是從有無生的。因此，我以無生之說，而說無生。

大慧！說性者，為攝受生死故，壞無見斷見故，為我弟子攝受種種業受生處故。以聲性說，攝受生死。

〔註解〕此別釋轉難。難謂：既說無生，何以說有生死業報因果諸法。故唐譯「性」為諸法。

〔語譯〕大慧！我說諸法，有三重意義：⑴為使外道知有因果，攝受生死。⑵壞其撥無因果的斷滅邪見。⑶使我弟子知種種善惡業報的受生之處，而去惡向善。但攝受生死的話，是假名言音聲爲體而說的。並非實有此法。

大慧！說幻性自性相，爲離性自性相故，墮愚夫惡見相希望，不知自心現量。壞因所作生，緣自性相計著。說幻夢自性相一切法，不令愚夫惡見希望，計著自及他一切法，如實處見，作不正論。大慧！如實處見一切法者，謂超自心現量。』

〔註解〕此別釋說如幻之所以。當文分爲二段：(1)初句以下，正釋。(2)「說幻夢」句下，結妄顯實。

〔語譯〕大慧！所以說諸法的自性相如幻者：一則爲離諸法實有自性的計著。二則爲恐愚夫墮惡見相，希望有所得法，不知諸法唯自心現，無法可得。三則爲破外道妄計實有作者的生法因緣。

說一切法如幻如夢，不令愚夫以惡見希望，誑惑自他，反於本自如如的實際理地，作不正論。大慧！果能於如實處，觀一切法，便超越自心現量境界，無一法可得了。』

爾時，世尊欲重宣此義而說偈言：『無生作非性，有性攝生死，觀察如幻等，於相不妄想。』

〔註解〕此以偈頌重明前義。義顯可知。

〔語譯〕這時，世尊爲重明前義，說偈頌道：『無生卽本非造作之義，有性是爲攝受生死而說。若能觀察諸法如幻，就不起虛妄想相了。』

（章後贅言：本章明惑亂妄法卽是眞常。乍聞章目，未有不驚怖畏者。及至讀到第一節的幻夢等喻時，才恍然大悟，原來「天下本無事，庸人自擾之。」一章要旨，盡於是矣。然而，法非眞妄，人有迷悟。迷則卽眞是妄，悟則卽妄是眞。故又有第二節凡聖種性的建立。猶恐聞者泥於言句，逐語成滯，故又有第三節的四番辨難。）

第十一章　明名句形身

第一節　總　釋

復次大慧！當說名句形身相。善觀名句形身菩薩摩訶薩，隨入義句形身，疾得阿耨多羅三藐三菩提。如是覺已，覺一切衆生。

〔註解〕顯體爲「名」。釋義爲「句」。卽唯識論所謂的「名詮自性，句詮差別。」如說「涅槃」，就是名詮自性。說「有餘涅槃、無餘涅槃」，就是句詮差別。名句所依的文字爲「形」。積聚爲「身」。

〔語譯〕大慧！其次我應當再說名句文身之相，令菩薩摩訶薩，善觀此相，離名句文，隨入義趣。很快的就證得無上正等正覺了。卽以此覺，覺一切衆生。

大慧！名身者，謂若依事立名，是名名身。句身者，謂句有義身，自性決定究竟，是名句身。形身者，謂顯示名句，是名形身。

〔註解〕此依次別釋名身、句身、形身之相。「依事立名」——就是「名詮自性」。「句有義身」——就是「句詮差別」。「顯示名句」——就是名句依文字而顯現。

〔語譯〕大慧！怎樣叫做名身？就是依事立名，以顯示事的自體。積聚多名，就叫做名身。怎樣叫做句身？就是句能詮釋差別之義，決定種種義類，究竟不謬。積聚多句，就叫做句身。怎樣叫做形身？就是顯示名句的文字，積聚起來，就叫做形身。

又形身者，謂長短高下。又句身者，謂徑跡，如象馬人獸等所行徑跡，得句身名。

〔註解〕此再釋上文形身與句身的未盡之義。

〔語譯〕又、文字何以名為形身？就是因為文字的構造，有長短高下的形體之故。又、所謂句身者，就是達義的徑跡。譬如要知象馬人獸等的所在，必須尋其行徑上的足跡。這就是句身之所以得名。

大慧！名及形者，謂以名說無色四陰，故說名。自相現，故說形。

〔註解〕此約無色四陰，說名與形。

〔語譯〕大慧！如何說名與形？就是五陰中，不但色陰有色相可說；就是無色的受、想、行、識四陰，也可以假名立說。所以說之爲名。不但色陰有色相顯現；就是其餘的四陰，也各自有其名相的顯示。所以說之爲形。

是名名句形身。說名句形身相分齊，應當修學。

〔註解〕此結勸當學。義顯可解。

〔語譯〕此名就叫做名句形身。如來說此名句形身的分齊差別相，應當修學，隨入義趣。

爾時，世尊欲重宣此義而說偈言：『名身與句身，及形身差別，凡夫愚計著，如象溺深泥。』

〔今註〕此以偈頌重明前義。義顯可解。

〔語譯〕這時，世尊爲重明此義，說偈頌道：『名句形身的差別相，原爲顯義而說。假使愚夫著相昧義，那就如鈍象陷入深泥不克自拔了。』

（章後贅言：金剛經云：「若心取相，則爲著我人衆生壽者；若取法相，即著我人衆生壽者……汝等比丘，知我說法，如筏喻者，法尙應捨，何況非法？」讀此可知「象溺深泥」之喻，對執取名句形身之相，而未能得意忘言者，策勵之深了。）

第一節　別明止論

復次大慧！未來世智者，以離一異俱不俱見相，我所通義，問無智者。彼卽答言，此非正問。謂色等常無常，爲異不異。如是涅槃諸行、相所相、求那所求那、造所造、見所見、塵及微塵、修與修者。如是比展轉相。如是等問，而言佛說無記止論。非彼癡人之所能知。謂聞慧不具故。如來應供等正覺，令彼離恐怖句故，說言無記，不爲記說。又止外道見論故，而不爲說。

〔註解〕「未來世」以下，明無智愚夫，反答智者離四句的正問爲不正。「謂色等」以下，列舉無智愚夫的邪問，誡令智者止而不答。凡二法相待之時，主動之法爲「能」，被動之法爲「所」。例如：「相所相」——就是有能現相的主動，有所現相的被動。「求那所求那」——就是有能依的主動，有所依的被動。「造所造」——就是有能造的四大爲主動，所造的色法爲被動。「見所見」——就是有能見的根識爲主動，所見的塵境爲被動。「塵及微塵」——就是有能分析的粗塵爲主動，所分析的微塵爲被動。「修與修者」——就是能修的行人爲主動，所修的法門爲被動。

〔語譯〕其次還有。大慧！到未世，我弟子中，有智慧者，以離一、異、一異俱、一異不俱的四句見相，我所通達的第一義諦，去問無智愚夫，你可了知這妙絕言思的聖教嗎？本想藉此問義，使他悟佛知見，他反而答謂，此非正問。

倘彼愚夫，再以色等五陰，爲常爲無常？爲異爲不異？如是例推，至於無爲的涅槃、有爲的諸行，其能相所相、能依所依、能造所造、能見所見、塵及微塵、修與修者，爲常無常？爲異不異？以如是等能所比類，展轉反問。智者應言，佛說這都是無記論，當止而不答。何則？若再以離四句見相，予以答釋，那就不是彼聞慧不具的愚夫所能知了。豈但不知，而且驚駭怖畏！如來爲使他們離怖畏句，故但言無記，而不予記說。又爲防止外道，但隨語解，不達實義，墮邪見論，故不爲說。

大慧！外道作如是說，謂：命卽是身。如是等無記論。大慧！彼外道愚癡，於因作無記論，非我所說。大慧！我所說者，離攝所攝，妄想不生。

〔註解〕此明外道所說的無記論，非佛所說。邪正不可混同。

〔語譯〕大慧！外道說，卽蘊是我，身命爲一；離蘊是我，身命爲異。如是等說，毫無實義，卽無記論。大慧！彼外道愚癡，計無因生，墮斷滅見，此無記論，非我所說。大慧！我所說的無記，是離能取所取，妄想不生。邪正怎可混同？

云何止彼？大慧！若攝所攝計著者，不知自心現量，故止彼。大慧！如來應供等正覺，以四種記論爲衆生說法。大慧！止記論者，我時時說，爲根未熟，不爲熟者。

〔註解〕此明止論之運用，並無一定局限。要視根機利鈍，隨宜活變。「四種記論」如後文偈頌所明。如來說法，默時卽說，說時卽默，故曰「我時時說。」

〔語譯〕何以止彼外道，置之不答，而不曉以正法呢？大慧！因彼外道，執著能取所取，不知諸法唯自心現，若直曉以離心意識，彼必破法不信，致墮惡道，所以止而不答。大慧！如來以四種記論爲衆生說法，應變無方，非但局於止論。大慧！止記論者，不但止彼外道，卽我法中的鈍根人，我亦時時以止論爲說，教他們自發自悟。但不爲利根人，亦說止論。

復次大慧！一切法，離所作因緣不生，無作者故，一切法不生。大慧！何故一切性，離自性？以自覺觀時，自共性相不可得，故說一切法不生。

〔註解〕此下反復詳明：佛法正義，與外道二乘的邪計，迥別天淵，故以止論止之。今先明佛說不生二義，不同外道邪計，有作者能生諸法。

〔語譯〕復次大慧！一切法，離能作所作。因緣和合，本自不生。大慧！何故一切法，都離自性？因爲我以自覺聖智，觀一切法時，不見有自共性相可得。是則一切法，本無自性。故說不生。

何故一切法不可持來，不可持去？以自共相，欲持來，無所來；欲持去，無所去。是故一切法，離持來去。

〔註解〕此明佛說自共相不可得，不同外道邪計，有實自體可持來持去。

〔語譯〕爲什麼一切法，不可持來持去？因爲自共相既不可得，猶如幻夢，雖欲持來，亦無所來；雖欲持去，亦無所去。所以一切法，離持來去。

大慧！何故一切法不滅？謂性自性相無故，一切法不可得。故一切法不滅。

〔註解〕此明佛說一切法不滅，不同外道斷滅邪見。

〔語譯〕大慧！爲什麼一切法不滅？因爲一切法，自性本無，了不可得。既無有生，那裏有滅？所以說一切法不滅。

大慧！何故一切法無常？謂相起無常性，是故說一切法無常。

〔註解〕此明佛說一切法無常，不同愚夫執無常爲常的倒見。

〔語譯〕大慧！爲什麼一切法無常？因爲諸相刹那起滅，無有常性，所以說一切法無常。

大慧！何故一切法常？謂相起無生性，無常常，故說一切法常。

〔註解〕此明佛說一切法常，不同二乘執眞常爲無常的倒見。

〔語譯〕大慧！爲什麼一切法常？因爲諸相起時，本無生性，倏滅無常。即此無常的常體無生，便是眞常。所以說一切法常。

第二節　總明四論

爾時，世尊欲重宣此義而說偈言：『記論有四種：一向反詰問，分別及止論，以制諸外道。有及非有生，僧佉毗舍師，一切悉無記，彼如是顯示，正覺所分別，自性不可得，以離於言說，故說離自性。』

〔註解〕這十二句偈的初三句，出四種記論名：⑴「一向」，就是隨問而答。⑵「反詰」，就是以反質爲答。⑶「分別」，就是詳細解答。⑷「止論」，就是止而不答。次五句，明制諸外道：「僧佉」，就是立二十五諦的數論外道。「毗舍」，就是立六句義的勝論外道。外道所計，不離有無，故曰「有及非有生」。後四句，明佛法正義。如文可解。

〔語譯〕這時，世尊爲重明前義，說偈頌道：『如來有四種記論：一是隨問而答。二是反質以答。三是詳爲解答。四是止而不答。以此制伏外道的計有計無。如數論外道的二十五諦，勝論外道的六句義。他們這些有無執見的顯示，都是毫無實義的無記。若以正智分別觀察，一切法都無自性可說。所以說爲離自性。』

（章後贅言：佛設四種記論，原爲制伏外道等的顚倒妄見，以顯示中論所謂：「不生亦不滅，不常亦不斷，不一亦不異，不來亦不去。」的中道第一義諦。而此四種記論，又要隨機應變，殺活自在。非無智愚夫所可輕易效顰。）

第十三章　明四果相

第一節　大慧請問

爾時大慧菩薩摩訶薩復白佛言：『世尊！惟願爲說諸須陀洹，須陀洹趣差別通相。若菩薩摩訶薩，善解須陀洹趣差別通相，及斯陀含、阿那含、阿羅漢，方便相。分別知已，如是如是爲衆生說法。謂二無我相及二障淨，度諸地相，究竟通達，得諸如來不思議究竟境界。如衆色摩尼，善能饒益一切衆生。以一切法境界無盡身財，攝養一切。』

〔註解〕大慧與問，爲使菩薩善解聲聞四果，乃如來化衆，得證佛果的方便道。如法華經云：「雖示種種道，其實爲佛乘。」

「須陀洹趣」——就是趣向於須陀洹果的修行因位（見道初心至十五心）。「差別通相」——就是行相雖有利鈍之別，而得果則同。

〔語譯〕大慧這時又向佛請問。他說：『惟願世尊，爲說諸須陀洹果、須陀洹向，差別通相。若菩薩摩訶薩，能善於了解這須陀洹的差別通相，及斯陀含、阿那含、阿羅漢等，爲實施權的方便道；然後才能如是如是的爲衆生說法；敎他由權入實，得證人、法二無我相，及淨除煩惱、所知二障。進而超越菩薩十地，究竟通達如來的不思議境界；隨物應現，如摩尼寶珠能現衆色，以無盡法身法財，攝化一切衆生。』

第二節　如來許說

佛告大慧：『諦聽諦聽！善思念之。今爲汝說。』大慧白佛言：『善哉世尊！唯然聽受。』

〔註解〕此如來應大慧之請，而許與說法。並勉以諦聽善念。義顯可解。

〔語譯〕佛告訴大慧：『你要用心諦聽，善爲思念，我就給你解答問題。』大慧說：『好！世尊，但願聽受教誨。』

第三節　正明果相

佛告大慧：『有三種須陀洹，須陀洹果差別。云何爲三？謂下中上。下者極七有生。中者三五有生而般涅槃。上者卽彼生而般涅槃。此三種有三結，下中上。云何三結？謂身見、疑、戒取。是三結差別。上上昇進，得阿羅漢。

〔註解〕此下先明諸須陀洹差別通相。「有三種須陀洹……」——須陀洹，此翻預流或入流。就是以見道十六心，斷三界八十八使的見惑，而得預入聖人之流的聲聞初果。但根有利鈍，進而再斷三界八十一品思惑，得四果阿羅漢時，就有：下根七生斷得、中根三生或五生斷得、上根卽生斷得的三種差別了。

「此三種有三結……」——身見、疑、戒取三惑，能結縛生死，故名三結。這三結，在見惑十使裏，過惡最重，故舉此三總攝見惑。這正當三種須陀洹初果所斷，故隨其根性，亦各有：下三結、中三結、上三結的差別。斷結證初果後，無論利鈍三根，總超中間的二果三果，直證四果阿羅漢。故曰：「上上昇進，得阿羅漢。」觀四十二章經云：「須陀洹，七死七生，便得阿羅漢。」可知。

〔語譯〕佛告大慧：須陀洹果，依其根性的利鈍，有三種差別。這三種差別，就是：下根、中根、上根。因爲有此差別，進而更斷思惑，取證涅槃時，就有天上人間往返受生的次數多少不同了。極鈍的下根，須七生往返；中根的，或三生、五生往返；上根的，卽彼一生便證涅槃。

這三種須陀洹，在未得初果前，也隨其根性，而有下、中、上所斷的三結差別。這三結就是：身見、疑、戒取。斷此三結得初果後，就不歷二果三果，便上上昇進，直證第四的阿羅漢果了。

大慧！身見有二種。謂：俱生及妄想。如緣起妄想，自性妄想。譬如依緣起自性，種種妄想自性，計著生。以彼非有、非無、非有無，無實妄想相故。愚夫妄想，種種妄想自性相計著。如熱時燄，鹿渴水想。是須陀洹妄想身見，彼以人無我攝受無性，斷除久遠無知計著。大慧！俱生者，須陀洹身見，自他身等四陰，無色相故。色生造及所造故。展轉相因相故。大種及色不集故。須陀洹觀有無品不現，身見則斷。如是身見斷，貪則不生，是名身見相。

〔註解〕此明身見有二種不同，斷亦不同。妄計五蘊假合的身心，以爲實我，叫做「身見」。屬於先天與生俱來的，叫做「俱生身見」，徧在六七二識，微細難斷。屬於後天妄想分別而起的，叫做「妄想身見」，局限於第六意識，粗猛易斷。

〔語譯〕大慧！身見有二種：一是俱生，二是妄想。這二種身見，是相依而起的。譬如依於緣起自性，而生種種妄想自性的計著。然、五陰緣起，本無自性，非有、非無、非有無俱，愚癡凡夫，妄生計著，以爲實有。譬如陽燄非水，而渴鹿妄生水想。此須陀洹對妄想身見，以人無我智，觀無生之理，便能斷除這久遠的無知計著。

大慧！俱生身見者，須陀洹人普徧觀察：自他身等的受想行識四陰，本無色相可見；色陰呢，又是由四大種的能造及所造，展轉相因而生；大種及色陰，也是不實的緣會集成。須陀洹人，如是觀察色陰的有品，四陰的無品，都無實體可見，則身見自斷。身見旣斷，貪欲也就無從生起了。這就叫做斷身見結。

大慧！疑相者，謂得法善見相故，及先二種身見妄想斷故，疑法不生。不於餘處起大師見，為淨不淨。是名疑相。須陀洹斷。

〔註解〕此明初果斷疑結相。不疑的反面，就是疑。故以不疑，反釋疑義。

〔語譯〕大慧！所謂的疑相，就是：得人無我法，善見我空相故；先已斷了二種身見的妄想之故。如此，則疑惑不生，決定不於餘處，見天魔外道，信為大師，反疑佛法為淨不淨。這就叫做疑相，須陀洹人初果所斷。

大慧！戒取者，云何須陀洹不取戒？謂善見受生處苦相故，是故不取。大慧！取者謂愚夫決定受習苦行，為衆具樂，故求受生。彼則不取。除回向自覺勝，離妄想，無漏法相行方便，受持戒支。是名須陀洹取戒相斷。

〔註解〕此明初果斷戒取結。不但外道計著邪因，而持牛狗的嚙草噉糞，及拔髮臥棘等戒，叫做「戒取」；就是愚夫為貪著後有，而持五戒十善，也叫做「戒取」。都為初果所斷。

〔語譯〕大慧！所謂的戒取，為什麼須陀洹人不取此戒？因為他善觀取此戒者的未來受生處，爲苦相故，所以不取。大慧！取此戒者，那是無知愚夫，決定修習苦行，爲貪著人天五欲的有漏樂果，而求受生。須陀洹人，則不取彼戒。唯除回向自覺勝境，遠離妄想，而於無漏善法，方便修行，受持戒品。這就叫做須陀洹，取戒相斷。

須陀洹斷三結，貪癡不生。若須陀洹作是念，此諸結我不成就者，應有二過，墮身見，及諸結不斷。』

〔註解〕此明貪癡生於三結；三結斷，則貪癡不生。而且三結本空，雖斷而實無所斷，故須陀洹不作斷結之念。如金剛經云：「須陀洹能作是念，我得須陀洹果不？須菩提言：不也世尊。何以故？須陀洹名爲入流，而無所入。」

〔語譯〕須陀洹雖斷三結，貪癡不生；卻不作「我斷諸結」之念。若作是念，應有二種過患：一則仍墮身見；二則諸結使依舊未斷。』

大慧白佛言：『世尊！世尊說衆多貪欲，彼何者貪斷？』佛告大慧：『愛樂女人纏綿貪著種種方便，身口惡業。受現在樂，種未來苦，彼則不生。所以者何？得三昧正受樂故。是故彼斷，非趣涅槃貪斷。』

〔註解〕此明愛樂女人，爲最難斷的貪欲。須陀洹得無漏三昧正受之樂，故能斷彼貪欲；但於貪求涅槃，則未可遽斷。

〔語譯〕大慧向佛稟白說道：『世尊說衆多貪欲，彼須陀洹人，斷何種貪？』佛告訴大慧：『愛樂女人，纏綿貪著，以種種方便，造狎暱猥褻的身口惡業，受現在欲樂，種未來苦因。彼須陀洹人，則不生此貪。何以故？因其已得三昧正受的禪定之樂，斷彼貪欲了。但於趣寂涅槃的貪求，未卽遽斷。』

大慧！云何斯陀含相？謂頓照色相妄想生相，見相不生。善見禪趣相故，頓來此世，盡苦際，得涅槃。是故名斯陀含。

〔註解〕上來明初果須陀洹相已竟。此明二果斯陀含相。斯陀含，此翻「一往來」。卽不歷初果三五七生；只一往天上，便證二果；一來人間，便得涅槃。「頓照色相妄想生相」——直下照了，不歷漸次，就是「頓照」。五蘊的色心二法，就是「色相妄想生相」。

〔語譯〕大慧！什麼是斯陀含相？就是：以我空觀智，頓卽照了五蘊生相，不見有生相可得。由於善見寂靜的禪趣相故，只須一來此世，盡苦邊際，便得涅槃。這名就叫做「斯陀含」。

大慧！云何阿那含？謂過去未來現在色相性非性，生見過患，使妄想不生故，及結斷故，名阿那含。

〔註解〕此明三果阿那含相。阿那含，此翻「不來」。就是不再往來生死，卽生斷結，

取證涅槃●

〔語譯〕大慧！什麼是阿那含相？就是：能觀過去、未來、現在，這三世的色蘊，都無實體；及見所有生處，盡是苦集過患，使受等四蘊的妄想不生。因此之故，即今當生，便斷結取證，不再往來生死了。這名叫做「阿那含」。

大慧！阿羅漢者，謂諸禪三昧解脫力明，煩惱苦妄想非性。故名阿羅漢。』

〔註解〕此下明四果阿羅漢相。阿羅漢，具無生、殺賊、應供三義。「諸禪三昧解脫力明」——此即所謂：「梵行已立，所作皆辦。」則應供義具。「煩惱苦妄想非性」——此即所謂：「我生已盡，不受後有。」則無生、殺賊二義已具。

〔語譯〕大慧！什麼是阿羅漢相？就是：修諸禪三昧，得八解脫，分證十力，了達三明；而於煩惱諸苦，妄想分別，都已空盡。所以得名「阿羅漢」。』

大慧白佛言：『世尊！世尊說三種阿羅漢，此說何等阿羅漢？世尊！爲得寂靜一乘道？爲菩薩摩訶薩方便示現阿羅漢？爲佛化化？』佛告大慧：『得寂靜一乘道聲聞，非餘。餘者，行菩薩行，及佛化化，巧方便本願故，於大衆中示現受生。爲莊嚴佛眷屬故。』

〔註解〕文中標列三種阿羅漢：一種是「得寂靜一乘道」。二種是「菩薩示現」。三種是「佛所化」。就中揀別今佛所說的阿羅漢，是指「得寂靜一乘道」的阿羅漢而言，非餘二種。寂靜，爲三乘同證的涅槃之理；同修的不二法門，故名一乘道。然一乘佛道，畢竟有空俱空；阿羅漢，則止於但空，未盡極理。故唐譯爲「一向趣寂」。魏譯爲「決定寂滅」。經家亦多據唐魏二譯釋爲「定性聲聞」。

〔語譯〕大慧向佛稟白：『世尊一向說有三種阿羅漢；今此所說的阿羅漢，是指那一種而言？世尊！是指趣寂的定性聲聞而言呢？還是指菩薩示現的阿羅漢，抑指佛所變化的阿羅漢而言？』

佛告訴大慧：『我所說的，是趣寂的定性聲聞，非其餘二種。其餘行菩薩行，及佛所變化的阿羅漢，乃以善巧方便，對揚佛法的本願力故，在大衆中示現受生，莊嚴佛土，爲佛眷屬。這二種阿羅漢，與定性聲聞迥然不同。』

第四節　結歸唯心

大慧！於妄想處，種種說法，謂得果得禪。禪者入禪，悉遠離故，示現得自心現量，得果相，說名得果。復次大慧！欲超禪無量無色界者，當離自心現量相。大慧！受想正受，超自心現量者，不然。何以故？有心量故。

〔註解〕此總結上來所謂的得果得禪，皆自心現量，並非實有，故誡令當離。離則超絕

心量，無得是得，得無所得，無所得得了。

〔語譯〕大慧！於衆生界的虛妄處，說種種法，所謂得果得禪，雖說得禪，而於禪者入禪的有所得心，都應遠離。雖亦隨自心現量，示現得果，而實無所得，不過說名爲得果而已。復次大慧！要想超絕四禪、四無量、四無色定的話；那就應當遠離自心現量。大慧！滅受想定，能超絕自心現量嗎？不能。何以故？因爲他還有取滅的心量未滅之故。

爾時，世尊欲重宣此義而說偈言：『諸禪四無量，無色三摩提，一切受想滅，心量彼非有。須陀槃那果，往來及不還，及與阿羅漢，斯等心惑亂。禪者禪及緣，斷知見眞諦．此則妄想量，若覺得解脫。』

〔註解〕這十二句頌的前四句，明世間的十二門禪，及出世間的滅受想定，皆自心現量，非實有法。中間七句，明四果人所修的禪定，所見的諦理，都是以惑亂心所起的妄想。最後一句，申張正義。前心品之一第十二章中的偈頌，與今頌大致相同。可前後參看。

〔語譯〕這時，世尊爲重明此義，說偈頌道：『愚夫所行的四禪、四無量心、四無色定、滅受想定，都是自心現量，並非實有。須陀洹、斯阿含、阿那含、阿羅漢。此四果人，以惑亂心，計有：禪者所修之禪、所緣之境、所斷之集、所知之苦、所見的眞諦，這都是妄想心量。**若自覺聖智，超此心量，那就得究竟解脫了。』**

〔章後賛言：本章先次第別出四果行相，再總斥其得果得禪，還沒有超自心現量，不得究竟解脫。所以論云：「現前立少物，謂是唯識性，以有所得故，非實住唯識。」〕

第十四章　明二種覺

第一節　正辨二覺

復次大慧！有二種覺，謂：觀察覺，及妄想相攝受計著建立覺。

〔註解〕此標示二種覺名。後文自釋。

〔語譯〕大慧！其次還有二種覺：一是「觀察覺」。二是「妄想相攝受計著建立覺」。

大慧！觀察覺者，謂：若覺性自性相，選擇離四句不可得。是名觀察覺。大慧！彼四句者，謂：離一異俱不俱，有無非有無，常無常，是名四句。大慧！此四句離，是名一切法。大慧！此四句觀察一切法，應當修學。

〔註解〕此別釋「觀察覺」。同是觀一切法，凡夫不離四句；二乘但離「有」等，都屬邪見。唯四句俱離，才是大乘正觀。故結勸修學。至於怎樣離此四句，如前第五章已明。

〔語譯〕**大慧！什麼叫做觀察覺？就是：以正智觀察一切法的體相，選擇推究，本離四句，實無一法可得。這就叫觀察覺。**

大慧！彼四句者，就是由正智觀察，所離的四句分別：1、一而非異。2、異而非一。3、亦一亦異。4、非一非異。以此例推，或約有無作四句分別，或約常無常作四句分別，這就叫做四句。

大慧！若離此四句，則一切法，即非一切法，是名一切法了。

大慧！以此離四句來觀察一切法，應當修學。

大慧！云何妄想相攝受計著建立覺？謂：妄想相攝受，計著堅濕煖動不實妄想相四大種。宗因相譬喻計著，不實建立而建立。是名妄想相攝受計著建立覺。

〔註解〕此別釋「妄想相攝受計著建立覺」。前觀察覺為眞，今建立覺為妄。凡愚以宗、因、喻的三支比量，成就不實的建立，如：宗——實有四大種性。因——能生四大故。喻——如空能生色。這種計著塵境的不實建立，豈不是妄？

〔語譯〕大慧！怎樣叫做妄想相攝受計著建立覺？就是：凡愚以虛妄想相，攝取他所計著的：地有堅性、水有濕性、火有煖性、風有動性，而以宗、因、喻的三支比量，來成就這不實的建立。這就叫做妄想相攝受計著建立覺。

是名二種覺相。若菩薩摩訶薩，成就此二覺相，人法無我相究竟。善知方便無所有覺。觀察行地，得初地。入百三昧，得差別三昧。見百佛及百菩薩，知前後際各百

劫事。光照百剎土，知上上地相。大願殊勝神力自在。法雲灌頂，當得如來自覺地。善繫心十無盡句。成熟衆生，種種變化，光明莊嚴，得自覺聖樂三昧正受。

〔註解〕此結示得益。問：此二覺相，一眞一妄，何以菩薩皆得成就？若執二種覺相，實爲眞妄，則眞妄對立，便成二妄，不得爲之「成就」。今菩薩見二種覺相，都無所有，則泯相歸性，眞妄融通，方得名爲「成就」。所以能觀察地前的解行地，得入初地，乃至得自覺聖樂三昧正受。其間入三昧等，皆以百計，可見菩薩證入法門的深廣了。故攝論云：「菩薩入初地時，證十百明門。」

「十無盡句」——即華嚴十地品所謂，菩薩住初歡喜地，以十無盡法，生百萬阿僧祇大願。就是說：衆生、世界、虛空、法界、涅槃等十法無盡，菩薩的大願亦無盡。

〔語譯〕這就叫做二種覺相。若菩薩摩訶薩，成就了這二種覺相，究竟了達人、法二無我相，以無所有覺，善巧方便，覺察地前的解行地，即得初地，入百三昧。以此差別三昧之力，得見百佛及百菩薩；能知過去未來的前際後際各百劫事；光明遍照百佛剎土；頓知上上地相，發殊勝大願，神通自在；至第十的法雲地，受灌頂位，當得如來的自覺聖地；善能繫心於十無盡句，成熟衆生。於是作種種變化的應身，光明莊嚴的報身，得自覺聖樂三昧正受的法身，就三身圓具了。

復次大慧！菩薩摩訶薩，當善四大造色。云何菩薩善四大造色？大慧！菩薩摩訶薩作是覺，彼眞諦者，四大不生。於彼四大不生，作如是觀察，觀察已，覺名相妄想分齊，自心現分齊，外性非性。是名心現妄想分齊。謂三界觀彼四大造色性離，四句通淨，離我我所。如實相自相分段住。無生自相成。

〔註解〕此先牒起菩薩當善知四大及所造色。至於如何善知？「作是覺」下，當文自釋。

〔語譯〕復次大慧！菩薩摩訶薩，應當善知四大及所造色。必須怎樣，菩薩才能善知四大造色呢？大慧！菩薩摩訶薩，應當作這樣觀察：彼眞諦裏，原本不生大種，那有四大造色？作這樣觀察已畢，便覺得三界裏所有的名相妄想分齊，都是自心所現，非心外法。如此，則四大造色的自性既離，一異、有無、常無常等的四句亦淨，內離五蘊身心的我見，外離山河大地的我所，那不實的四大分段自相，就安住於眞如實相的理地，成爲無生的自相了。

大慧！彼四大種云何生造色？謂津潤妄想大種生內外水界。堪能妄想大種生內外火界。飄動妄想大種生內外風界。斷截色妄想大種生內外地界。

〔註解〕此明四大從妄想生，以顯眞諦無生之理。津潤、堪能、飄動、斷截色，依次即所謂：濕、煖、動、堅的四大種性。正報爲內四大。依報爲外四大。爲明四大造色，本自不生，故在「大種」上，通加「妄想」二字。

〔語譯〕大慧！四大造色，本自不生，如何說四大種，能生造色？所謂四大造色，就是：(1)由自心貪愛，垂涎津潤，以此妄想，熏成水大種子，生內外水界(2)由自心瞋怒，大有焚燒堪能，以此妄想，熏成火大種子，生內外火界。(3)由自心疑惑，飄動不定，以此妄想，熏成風大種子，生內外風界。(4)由自心堅執，斷截疆域，以此妄想，熏成地大種子，生內外地界。

色及虛空俱。計著邪諦，五陰集聚，四大造色生。

〔註解〕此躡上文，牒起外計，以備下文破斥。

〔語譯〕由是妄想造色，遍及虛空，隨計著邪諦，妄認五陰集聚，爲由四大造色所生。

大慧！識者，因樂種種跡境界故，餘趣相續。

〔註解〕外道不知爲五陰之主的識陰，非四大造色，故約識以破斥。

〔語譯〕大慧！五陰中有識陰者，因爲六識樂著六塵境界，第七識樂著我見，第八識執持前七識所熏種子，輪轉五趣。故於今趣死後，復於餘趣相續受生。這分明是識造四大，那裏是四大所造？

大慧！地等四大，及造色等，有四大緣，非彼四大緣。所以者何？謂性形相處所作方便無性，大種不生。大慧！性形相處所作方便和合生，非無形。是故四大造色相，外道妄想。非我。

〔註解〕此明四大不能造五陰的所以。約義有三：1、牒破外計。2、徵釋所以。3、簡別邪正。

〔語譯〕大慧！地等四大，及其所造的色等五陰，自有妄想為四大緣，非彼以四大為緣，能造五陰。

所以者何？推究其大種的性、形、相、處，所作方便，都無自性。可知大種本自不生了。大種尚且不生，誰造五陰？大慧！縱令其性、形、相、處，所作方便和合而生；然其所生，也不過是有形的色陰，而不是無形的受想行識。既不能生受想行識，又怎能造色等五陰？因此，五陰集聚，為四大造色的話；那是外道的妄想計著，非我所說的眞諦四大不生。

第三節　明善覺五陰

復次大慧！當說諸陰自性相。云何諸陰自性相？謂五陰。云何五？謂色受想行識。彼四陰非色，謂受想行識。

〔註解〕上來說外道計著邪諦，妄認五陰爲四大所造。故復當說五陰的自體相狀。今先標示五陰，以明四陰非色。

〔語譯〕大慧！其次當說五陰的自體相狀。如何是五陰的自體相狀？所謂五陰，就是：色陰、受陰、想陰、行陰、識陰。這五陰中，有四陰非色，那就是：受、想、行、識。

大慧！色者，四大及造色，各各異相。大慧！非無色有四數，如虛空。譬如虛空，過數相，離於數。而妄想言一虛空。大慧！如是陰，過數相，離於數，離性非性，離四句。數相者，愚夫言說，非聖賢也。

〔註解〕今文約義分三：1、釋四陰無形。2、釋五陰皆空。3、簡別凡聖。

〔語譯〕大慧！五陰中的色陰，可以說是四大所造。無論能造的四大，所造的色陰，其堅、濕、煖、動的四相，各各別異。大慧！無色的四陰，卻沒有受、想、行、識的四數差別。譬如虛空，超過數量，離於數目，但以妄想分別，說一虛空而已。

大慧！如是推及五陰，不但通通都超過數量，離於數目；而且也都離了色陰的有性，四陰的非性；以及一異俱不俱等的四句分別。

然則，計著實有五陰的數相者，那是愚癡凡夫的言說，而非聖賢。

大慧！聖者如幻種種色像，離異不異施設。又如夢影士夫身，離異不異故。大慧！

聖智趣，同陰妄想現。是名諸陰自性相，汝當除滅。滅已，說寂靜法，斷一切佛剎諸外道見。

〔註解〕此明凡聖五陰，理同如幻，唯聖能了。故勸當除五陰自性相，說寂靜法。

〔語譯〕大慧！聖者了達五陰如幻，雖現種種色像，卻離異與不異的施設妄見。又如士夫，在夢中之身，鏡中之影，當體卽空，離異不異。大慧！聖智所趣，與愚夫妄想所見的五陰，迷悟雖別，理同一如，非異不異。那毫無實義的五陰自性相名，你應當除滅。既已除滅，當說涅槃寂靜之法，斷盡一切佛化國土裏的外道邪見。

大慧！說寂靜時，法無我見淨，及入不動地。入不動地已，無量三昧自在，及得意生身，得如幻三昧，通達究竟，力明自在，救攝饒益一切衆生。猶如大地載育衆生。菩薩摩訶薩普濟衆生，亦復如是。

〔註解〕此結示證理得益。「入不動地」，作無相觀，證空諦理。「得意生身，得如幻三昧」，則任意而生，幻化無窮，證假諦理。「通達究竟」，則至極無上，證中諦理。

〔語譯〕大慧！說寂靜法時，不但淨法我見，就是法無我見，也得淸淨，才能入不動地。既入不動地已，便得無量三昧，及得意生身，與如幻三昧。並通達究竟至極之理，而以十力三明，自在無礙，慈悲救護一切衆生。猶如大地，載育萬物，菩薩普濟衆生，也是如此。

（章後贅言：本章所明，一言以蔽之，曰：「照見五蘊皆空」。此空乃中道第一義空，非就著寂滅。故能說寂靜法，普濟衆生。學人研讀本章，勿爲譯筆所惑，但去其糟粕，取其精華就行了。）

第十五章　辨邪正果德

第一節　辨外道涅槃

復次大慧！諸外道有四種涅槃。云何爲四？謂：性自性非性涅槃、種種相性非性涅槃、自相自性非性覺涅槃、諸陰自共相相續流注斷涅槃。是名諸外道四種涅槃。非我所說法。

〔註解〕上來說：「說寂靜法，斷一切佛剎諸外道見」故今復說，諸外道邪見，有四種涅槃：(1)「性自性非性涅槃」——外道計冥諦能生諸法，名性自性。諸法滅時，還歸冥諦，名爲非性，卽是涅槃。(2)「種種相性非性涅槃」——首楞嚴經所敘，外道於種種相，計有五現涅槃，就是「有」性。又計以七處斷滅爲涅槃，就是「非」性。(3)「自相自性非性覺涅槃」——外道計有情無情，都有自相自性，都有覺想。惟以自相自性，爲非性無常；以覺想爲涅槃。(4)「諸陰自共相相續流注斷涅槃」——無想天，斷受想行識四陰的相續流注，以爲涅槃。無色四空天，斷色陰的相續流注，以爲涅槃。

〔語譯〕大慧！其次再說，諸外道計有四種涅槃。那就是：一、性自性非性涅槃。二、種種相性非性涅槃。三、自相自性非性覺涅槃。四、諸陰自共相相續流注斷涅槃。這就是外道的四種涅槃。不是我所說法。

第二節　明佛說涅槃

大慧！我所說者，妄想識滅，名爲涅槃。

〔註解〕妄想識，卽第六意識。在八識裏，此識爲生死涅槃轉變的關鍵所在。故外道涅槃，都不離妄想；如來亦以妄想識滅，說爲涅槃，以破邪顯正。並非如來涅槃，但滅此識而已。觀下文可知。

〔語譯〕大慧！我所說的，是以妄想識滅，名爲涅槃。

大慧白佛言：『世尊不建立八識耶？』佛言：『建立。』大慧白佛言：『若建立者，云何離意識，非七識？』佛告大慧：『彼因及彼攀緣故，七識不生。

〔註解〕此辨釋上文但言妄想識滅，名爲涅槃，而不言餘識亦滅的所以。

〔語譯〕大慧問佛，他說：『世尊豈不建立八識嗎？』佛答：『建立。』大慧又問：『若建立八識，何以但說，離第六意識，名爲涅槃，而不說離其餘的七識呢？』佛告訴大慧：

『以彼意識能種彼藏識的未來世因，及攀緣現境之故，七識得生；今意識旣滅，那七識也就不生了。

意識者，境界分段計著生習氣，長養藏識意俱。我我所計著思惟因緣生。不壞身相藏識，因攀緣自心現境界，計著心聚生，展轉相因。譬如海浪，自心現境界風吹，若生若滅，亦如是。是故意識滅，七識亦滅。』

〔註解〕此辨意識滅，則餘識亦滅之故。「意識者」下，明：現行熏種子，則現行爲因，種子爲果。種子生現行，則種子爲因，現行爲果。故曰：「展轉相因」。「譬如」下，以風吹海浪爲喻，結示意識滅，則餘識亦滅。

〔語譯〕五俱意識，緣五塵境界，分段計著，生諸習氣，長養第八藏識，與第七識意，俱時而起。我及我所，便由此計著思惟的因緣而生。本不變壞的藏識體相，因意識攀緣其自心所現的相分境界，分別計著，則諸識心王，就聚集起來，依於藏識而生了。如此，現生種，種生現，展轉相因。

第八藏識與第七識意，譬如海與波浪，被第六意識攀緣自心所現的境界風吹，而有起滅。以是之故，意識滅，那七識也就隨之而滅了。』

爾時，世尊欲重宣此義，而說偈言：『我不涅槃性，所作及與相，妄想爾燄識，此滅我涅槃。彼因彼攀緣，意趣等成身，與因者是心，爲識之所依。如水大流盡，波浪則不起，如是意識滅，種種識亦滅。』

『註解』此以三頌重明前義：⑴總簡邪正涅槃。⑵明種現展轉相因。⑶舉譬結成。此以水流喻意識，波浪喻諸識。

〔語譯〕這時，世尊欲重宣此義，說偈頌道：『我不以冥諦自性爲涅槃，也沒有所作的涅槃相，但滅妄想所知的爾燄識，才是我所說的涅槃。因彼攀緣五塵熏成藏識種子，才有第七意等的諸識身生。然使諸識依之爲因而起現行者，那是藏識自心。譬如大水流盡，則波浪不起，如是意識轉滅，那諸識也就不生了。』

（章後贅言：前第七章云：「藏意意識見習轉變，名爲涅槃。」又云：「非捨非得、非斷非常、非一義，非種種義，是名涅槃。」與本章所說，前後並無異義。蓋如來說法，儘管隨機應變，然萬變不離其宗。故對涅槃等說，亦不離其「不生不滅」的宗旨。試一參研便知。）

第十六章　辨妄想通相

第一節　勸離妄想

復次大慧！今當說妄想自性分別通相。若妄想自性分別通相善分別，汝及餘菩薩摩訶薩，離妄想，到自覺聖。外道通趣善見，覺攝所攝妄想斷。緣起種種相，妄想自性行，不復妄想。

〔註解〕徧計所執，叫做「妄想」。計有實體，叫做「自性」。分類差別，叫做「分別」。同爲妄想，叫做「通相」。故總名「妄想自性分別通相」。

〔語譯〕大慧！其次當說「妄想自性分別通相」。你同其餘的諸大菩薩，若能善於了別這妄想自性分別通相，不爲所惑，便能離此妄想，證到自覺聖境。也能善見外道通趣之法，覺察能取所取的妄想，而予以斷除。對依他緣起的種種相，就不再起妄想自性的行相了。

第二節　標名釋相

大慧！云何妄想自性分別通相？謂：言說妄想、所說事妄想、相妄想、利妄想、自性妄想、因妄想、見妄想、成妄想、生妄想、不生妄想、相續妄想、縛不縛妄想。

是名妄想自性分別通相。

〔註解〕今先標示妄想差別十二名相。向下再逐一解釋。

〔語譯〕大慧！什麼是妄想自性分別通相？就是：言說妄想、所說事妄想、相妄想、利妄想、自性妄想、因妄想、見妄想、成妄想、生妄想、不生妄想、相續妄想、縛不縛妄想。這十二個妄想名相，就叫做妄想自性分別通相。

大慧！云何言說妄想？謂：種種妙音歌詠之聲，美樂計著，是名言說妄想。

〔註解〕此釋「言說妄想」。約言說以例聲塵。

〔語譯〕大慧！什麼是言說妄想？就是：聽到世間種種琴瑟笛簫，歌唱吟詠，使人心蕩神怡的微妙音聲，而生美樂的計著。這就叫做言說妄想。

大慧！云何所說事妄想？謂：有所說事自性，聖智所知．依彼而生言說妄想。是名所說事妄想。

〔註解〕此釋「所說事妄想」，爲計著聖言，不能得意忘詮。

〔語譯〕大慧！什麼是所說事妄想？就是：於佛所說出世間事的自性極理，唯聖智所知，凡愚不達。故但依彼事而生言說妄想。這就叫做所說事妄想。

大慧！云何相妄想？謂：卽彼所說事，如鹿渴想，種種計著而計著。謂：堅、濕、煖、動相，一切性妄想。是名相妄想。

〔註解〕此釋「相妄想」，爲於佛說俗諦之事，計著實有自性，不能以理融事。

〔語譯〕大慧！什麼是相妄想？就是：於佛所說的世俗間事，如渴鹿計著陽燄爲水似的，而計著堅、濕、煖、動等相，一切種種，實有自性，而生妄想。這就叫做相妄想。

大慧云何利妄想？謂：樂種種金銀珍寶。是名利妄想。

〔註解〕此釋「利妄想」。如文可知。

〔語譯〕大慧！什麼是利妄想？就是：樂著種種金銀珍寶，利欲熏心。這就叫做利妄想。

大慧！云何自性妄想？謂：自性持此如是。不異惡見妄想。是名自性妄想。

〔註解〕此釋「自性妄想」。爲於諸法，持有自性定見，不達性空之理。

〔語譯〕大慧！什麼是自性妄想？就是：於一切法起自性定見。堅持此法爲是，餘法皆非。不異外道的惡見妄想。這就叫做自性妄想。

大慧！云何因妄想？謂：若因若緣，有無分別。因相生。是名因妄想。

〔註解〕此釋「因妄想」。爲於諸法計有異因。

〔語譯〕大慧！什麼是因妄想？就是：於諸法因緣，分別有無。有從有因生，無從無因生。這就叫做因妄想。

大慧！云何見妄想？謂：有無、一異、俱不俱惡見。外道妄想計著妄想。是名見妄想。

〔註解〕此釋「見妄想」，爲計著四句惡見。

〔語譯〕大慧！什麼是見妄想？就是：外道惡見，計著：有無、一異、有無一異俱、有無一異不俱的四句妄想。這就叫做見妄想。

大慧！云何成妄想？謂：我我所想，成決定論。是名成妄想。

〔註解〕此釋「成妄想」。爲不達無我我所之理，妄計爲有。

〔語譯〕大慧！什麼是成妄想？就是：妄計實有正報爲「我」，依報爲「我所」，成決定論。這就叫做成妄想。

大慧！云何生妄想？謂：緣有無性生計著。是名生妄想。

〔註解〕此釋「生妄想」。爲不達諸法緣生無性之理，妄計實有生相可得。

〔語譯〕大慧！什麼是生妄想？就是：於緣生諸法，妄計實有有無的生相：有也有生；無也有生。這就叫做生妄想。

大慧！云何不生妄想？謂：一切性本無生。無種因緣，生無因身。是名不生妄想。

〔註解〕此釋「不生妄想」。名爲不生，而實非不生，卻是無因生的斷見。

〔語譯〕大慧！什麼是不生妄想？就是：計著一切法，本無生性；沒有種子因緣，能生無因之身的。這就叫做不生妄想。

大慧！云何相續妄想？謂：彼俱相續，如金縷。是名相續妄想。

〔註解〕此釋「相續妄想」。爲一反上文不生的斷見，而爲相續的常見。

〔語譯〕大慧！什麼是相續妄想？就是：妄計彼色心諸法，俱都相續不斷，好像金線一般。這就是相續妄想。

大慧！云何縛不縛妄想？謂：縛不縛因緣計著。如士夫方便，若縛若解。是名縛不縛妄想。

〔註解〕此釋「縛不縛妄想」。爲二乘不達生死涅槃平等之理的計著。

〔語譯〕大慧！什麼是縛不縛妄想？就是：計著實有生死的束縛因緣，涅槃的脫解因緣。如人以繩索爲方便，先自束縛，後再解脫。這就叫做縛不縛妄想。

第三節　誡勿計著

於此妄想自性分別通相，一切愚夫計著有無。

〔註解〕此結示十二妄想，不出計著有無的範圍。

〔語譯〕這妄想自性分別通相，實非有無。爭奈一切愚夫，於中計著爲有、爲無。

大慧！計著緣起而計著者，種種妄想計著自性。如幻示現種種之身，凡夫妄想，見種種異幻。大慧！幻與種種非異非不異。若異者，幻非種種因。若不異者，幻與種種無差別，而見差別。是故非異非不異。是故大慧！汝及餘菩薩摩訶薩，如幻緣起妄想自性，異不異有無，莫計著。

〔註解〕此結示諸法緣生無性，如幻現相。以誡菩薩不可定執爲一爲異，爲有爲無。

〔語譯〕大慧！計著緣起的計著者，以種種妄想，計著無性緣生的諸法，爲實有自性。這好像幻現的種種事相，而凡夫妄想，見此種種現相，與幻有異，就執以爲實了。

大慧！幻與種種現相，非異非不異。若異，那幻就不是種種現相之因了。若不異，則幻與種種現相應無差別。然而，卻是幻爲相因，見有差別。所以非異非不異。

因此之故，大慧！你同其餘的諸大菩薩，於如幻緣起妄想自性，爲一爲異，爲有爲無，都不要計著。

第四節　偈　頌

爾時，世尊欲重宣此義而說偈言：『心縛於境界，覺想智隨轉，無所有及勝，平等智慧生。

〔註解〕此下有二十頌重明前義。這第一頌已該盡一章大義。初二句，明心隨境轉。次二句，明最勝處，心境雙亡，平等一如。

〔語譯〕這時，世尊爲重明前義，說偈頌道：『心爲計著緣起的境界所縛，則覺知妄想之智，就隨之而轉爲不覺了。若觀緣起本無所有及最勝眞如，那心境雙亡的平等智慧就生起了。

妄想自性有，於緣起則無，妄想或攝受，緣起非妄想。種種支分生，如幻則不成，彼相有種種，妄想則不成。彼相則是過，皆從心縛生，妄想無所知，於緣起妄想。此諸妄想性，卽是彼緣起，妄想有種種，於緣起妄想。

〔註解〕這四頌的初二頌，明緣起如幻。次二頌，明妄想緣起。

〔語譯〕因爲妄想計有自性，若了緣起則自性本無。雖以妄想攝受緣起，然而緣起卻非妄想。雖有十二因緣的支分生起，若觀如幻則支分不成。因彼緣起之相雖有種種，若離妄想就不能成就了。

若執彼緣起有相便墮過惡，這過惡都是從心爲境縛而生起的。因爲妄想迷惑無知，才於緣起不了無性而生妄想。這些妄想性，也就是緣起，因爲妄想雖有種種，無非由計著緣起而起妄想。

世諦第一義，第三無因生，妄想說世諦，斷則聖境界。

〔註解〕這一頌的初二句標迷悟三諦：世諦及無因生爲迷，第一義爲悟。次二句明轉迷爲悟，顯非無因。此迷悟的關鍵，在於緣起：若以妄想計緣起實有自性，即是世諦。若以智慧觀緣起無性，即是第一義（亦名勝義）。若不達緣起之理，妄計爲無因生者，那就是外道的邪諦（亦名冥諦）。

〔語譯〕世諦、勝義、無因生，這迷悟三諦。但依妄想而說世諦；妄想斷，即此世諦就是勝義諦的聖智境界了。那裏還有無因生？

譬如修行事，於一種種現，於彼無種種，妄想相如是。譬如種種翳，妄想衆色現，翳無色非色，緣起不覺然。譬如鍊眞金，遠離諸垢穢，虛空無雲翳，妄想淨亦然。

〔註解〕這三頌的第一頌：以修行事，譬喻妄想。第二頌：以翳眼妄見衆色，譬喻緣起。第三頌：以眞金虛空，譬喻妄想淨盡卽第一義。

〔語譯〕譬如修行觀想之事，於一心觀想現種種行相，然彼行相實無種種。妄想相也是如此唯心所現。

譬如翳目之人，妄見青黃赤白衆色相現；翳病若無，色相亦非。由無明不覺而分別緣起也是這樣的。

譬如鍊成的眞金，遠離鑛中的泥土垢穢；又如晴明的虛空沒有雲翳。妄想淨盡的第一義諦亦然。

無有妄想性，及有彼緣起，建立及誹謗，悉由妄想壞。

〔註解〕這一頌當頭的「無」字，雙關妄想、緣起二性都無。既無有性，那有無性？故不可建立為有，誹謗為無。

〔語譯〕既沒有妄想，那有緣起，若計著建立的「有」誹謗的「無」，那就是由妄想破壞了如實知的離有離無了。

妄想若無性，而有緣起性，無性而有性，有性無性生。依因於妄想，而得彼緣起，相名常相隨，而生諸妄想。究竟不成就，則度諸妄想，然後智淸淨，是名第一義。

〔註解〕這三頌的第一頌：義顯緣起因妄想而有，妄想無性，緣起亦應無性。第二頌：明妄想、緣起等互依爲因。相、名，卽五法之二。第三頌：結示窮究極理，度滅妄想，名第一義。

〔語譯〕若但言妄想無性，而有緣起性者；那就是由無性而生有性，有性從無性而生了。

當知依妄想爲因，才得有緣起；從此相與名常相隨伴，就又生起妄想了。

若究極窮理，有性無性都不能成就，則妄想先自寂滅，然後證得聖智清淨。這名就叫做第一義。

妄想有十二，緣起有六種，自覺知爾燄，彼無有差別。五法爲眞實，自性有三種，修行分別此，不越於如如。

〔註解〕這二頌結示：若以自覺聖智觀五法三自性等，都無差別，不越如如。頌中所列名數，俱見前釋。惟六種緣起，除前第三章明諸法因緣裏的六因外，別無典可據。古師有釋爲六塵者，尚須商榷。

〔語譯〕妄想有十二，緣起有六種，這在自覺聖者的智境裏，並無差別，五法三自性，無非眞實。修行人作如是觀，就不會逾越於平等不二的如如之理了。

衆相及緣起，彼名起妄想，彼諸妄想相，從彼緣起生。覺慧善觀察，無緣無妄想，成已無有性，云何妄想覺？

〔註解〕這二頌是分別迷悟。迷則緣起妄想，遞互相生。悟則緣起妄想，二性都無。

〔語譯〕由衆相及名，緣起彼妄想；彼妄想名相，還從緣起生。若以智慧觀察，則緣起妄想都無，便是圓成實。那裏還有妄想覺觀的分別呢？

彼妄想自性，建立二自性，妄想種種現，清淨聖境界。

〔註解〕這一頌是約妄想的有無，來區分凡聖境界。凡夫不了妄想、緣起、圓成的三無自性，而以妄想自性，建立緣起、圓成的二種自性，故曰：「彼妄想自性，建立二自性。」是則，妄想不淨，便有種種相現；妄想若淨，便是聖行境界，故曰：「妄想種種現，清淨聖境界。」

〔語譯〕由彼妄想自性的計著，建立了緣起、圓成的二種自性。既依妄想而有種種相現，若妄想清淨，豈非聖行境界嗎？

妄想如畫色，緣起計妄想，若異妄想者，則依外道論。妄想說所想，因見和合生，離二妄想者，如是則爲成。』

〔註解〕這最後二頌：一約妄想的起因，來區分邪正。二結示離二自性（二自性總名妄想），即圓成實。

〔語譯〕妄想不實猶如畫色，以計著緣起的色采畫爲妄想。若說別有妄想的異因非緣起者，則墮外道見論。

以妄想分別所想之事，是因妄見衆緣和合而生的，若離妄想緣起二種自性，即此便是圓成實性。』

〔章後贅言：本章首勸菩薩要離妄想，到自覺聖境。良以眞如有不變隨緣二義：若迷執緣起爲實，則眞如隨緣，便成妄想。若了悟緣起性空，則眞如不變，即是圓成實性。是則眞妄只在迷悟之間，即楞嚴所謂「狂心不歇，歇即菩提。」並非離妄想外，別有聖境可到。〕

第十七章　明聖智一乘

第一節　請　說

大慧菩薩摩訶薩，復白佛言：『世尊！惟願爲說自覺聖智相，及一乘。若自覺聖智相及一乘，我及餘菩薩善自覺聖智相及一乘，不由於他，通達佛法。』

〔註解〕上章偈云：「然後智清淨，是名第一義。」智清淨，就是「自覺聖智相」。第一義，就是「一乘」。大慧欲不由他悟，直從聖智一乘，通達佛法，故又與此問。

〔語譯〕大慧菩薩又向佛稟白。他說：『世尊！惟願爲說自覺聖智相，及一乘敎法；使我及其餘菩薩，善了自覺聖智相，及一乘敎法，就不由其他方便，而通達佛法了。』

第二節 許 說

佛告大慧：『諦聽諦聽！善思念之，當爲汝說。』大慧白佛言：『唯然受敎。』

〔註解〕此佛先誡大慧以諦聽；然後許爲說法。

〔語譯〕佛告訴大慧：『你要仔細的聽著！仔細的聽著！善爲思念，我現在就給你說。』大慧應諾的說：『願謹受敎。』

第三節 正 說

甲 正明聖智

佛告大慧：『前聖所知，轉相傳授，妄想無性，菩薩摩訶薩，獨一靜處，自覺觀察，不由於他，離見妄想，上上昇進，入如來地，是名自覺聖智相。

〔註解〕此說「自覺聖智相」。「妄想無性」——上章已釋，此屬理悟。「獨一靜處，自覺觀察」——此屬事修。「上上昇進，入如來地」——屬究竟覺果。問：此獨一靜處，自覺觀察，與「獨覺」何異？答：獨覺外觀飛花落葉，但悟無生。此則自內觀察妄想無性，更上上昇進，入如來地。怎可混爲一談？

〔語譯〕佛告訴大慧：『前聖所知，轉相傳授的「妄想無性」之理，諸大菩薩，只要獨處寂靜，自覺觀察，便不由他悟，就遠離妄想了。然後再地地向上昇進，直入如來的究竟果地。這就是自覺聖智相。

大慧！云何一乘相？謂：得一乘道覺，我說一乘。云何得一乘道覺？謂：攝所攝妄想，如實處不生妄想，是名一乘覺。大慧！一乘覺者，非餘外道、聲聞、緣覺、梵天王等之所能得，唯除如來。以是故，說名一乘。』

〔註解〕此說「一乘相」：心爲能攝，境爲所攝。能攝所攝的心境，卽是妄想，故曰：「攝所攝妄想」。眞如實相處，心境雙泯，能所俱寂，故曰：「如實處不生妄想」。餘義可知。

〔語譯〕什麼是一乘相？就是：證得的一乘道覺。什麼是一乘道覺？就是：如實處，能攝所攝的妄想，當處寂滅，一念不生，這就叫做一乘道覺。大慧！這一乘道覺，非其餘的外道、二乘、梵天王等之所能得，唯除如來。以是之故，說名一乘。』

乙　釋　疑

大慧白佛言：『世尊何故說三乘，而不說一乘？』

〔註解〕此大慧疑問。義顯可解。

〔語譯〕大慧向佛稟白：『世尊何故分別說三乘教法，而不總說一乘呢？』

佛告大慧：『不自般涅槃法故，不說一切聲聞緣覺一乘。以一切聲聞緣覺，如來調伏，授寂靜方便，而得解脫，非自己功力，是故不說一乘。復次大慧！煩惱障業習氣不斷，故不說一切聲聞緣覺一乘。不覺法無我，不離分段死，故說三乘。

〔註解〕此明隱實施權，不說一乘之所以。

〔語譯〕佛告訴大慧：『因爲聲聞緣覺，不能了達生死本自涅槃的平等法故，所以不說一乘。因爲聲聞緣覺，必待如來多劫調伏，授以寂靜方便，始得解脫；他們沒有領會實法的足够智力，所以不說一乘。二乘人雖斷煩惱結使，而業習氣未斷，不覺法無我理，但欲離分段生死。所以暫隱一乘實法，而權說三乘。

大慧！彼諸一切起煩惱過習氣斷，及覺法無我。彼一切起煩惱過習氣斷，三昧樂味著非性，無漏界覺。覺已，復入出世間上上無漏界，滿足衆具，當得如來不思議自在法身。』

〔註解〕此明從權入實的次第斷證。「無漏界」——就是方便有餘土。爲證空理之人所報得。「上上無漏界」——就是實報莊嚴土。為分證中道的菩薩所報得。「滿足衆具」——就是具足福慧二嚴。

〔語譯〕大慧！若把那一切現起煩惱過惡習氣斷除，及覺了法無我理。這時，便知味著偏空的三昧為非性，從無漏界而覺悟了。既已覺悟，更入出世間的上上無漏界，具足菩薩的福慧二嚴。當然要證得如來不可思議的自在法身了。』

丙 偈 頌

爾時，世尊欲重宣此義而說偈言：『諸天及梵乘，聲聞緣覺乘，諸佛如來乘。我說此諸乘，乃至有心轉，諸乘非究竟。若彼心滅盡，無乘及乘者，無有乘建立，我說為一乘。

〔註解〕此下為佛說八頌重明前義。法華經云：「十方佛土中，唯有一乘法，無二亦無三，除佛方便說。」今此二頌半文的前六句，就是方便說，故曰：「諸乘非究竟」。後四句，就是唯有一乘法，故曰：「我說為一乘」。

〔語譯〕這時，世尊欲重明前義，說偈頌道：『諸梵天乘、聲聞緣覺乘、諸佛如來乘，我說此諸乘，乃至有轉凡成聖的一念心動，都非究竟。若凡聖見盡，心行處滅，無能乘之人及所乘之法的差別建立，我說這才是究竟一乘。

引導衆生故，分別說諸乘，解脫有三種，及與法無我，煩惱智慧等，解脫則遠離。

〔註解〕此一偈半，明分別說三乘之故。三解脫，爲二乘斷煩惱入涅槃的要門。法無我，爲大乘菩薩斷智障得菩提的觀道。

〔語譯〕爲引導衆生從權入實之故，分別說三乘方便，先說空、無相、無願的三種解脫，使之遠離煩惱。再說法無我理，使之遠離智障。

譬如海浮木，常隨波浪轉。聲聞愚亦然，相風所飄蕩，彼起煩惱滅，餘習煩惱愚。味著三昧樂，安住無漏界，無有究竟趣，亦復不退還，得諸三昧身，乃至劫不覺。譬如昏醉人，酒消然後覺，彼覺法亦然，得佛無上身。』

〔註解〕這最後四頌總明從權入實。前三頌，以海中浮木，隨波逐浪，譬喻愚法聲聞，味著偏空三昧，無究竟進趣之地。後一頌，以醉人醒覺，譬喻聲聞廻趣大乘，得無上法身。

〔語譯〕譬如海中浮木，常隨波浪流轉。愚法聲聞也是如此，爲空相的歪風所飄蕩。他們現起的四住煩惱雖滅，猶爲殘餘的習氣煩惱所愚。因此味著偏空三昧之樂，安住於無漏界中，既無究竟進趣之地，也不退還於三界生死，得此三昧定身，經劫不覺。

譬如有人飲酒昏醉，酒醒方覺。彼廻趣大乘覺法無我的聲聞亦然，三昧酒醒當得如來無上法身。』

（章後贅言：本章釋「自覺聖智相」謂：獨處寂靜，自覺觀察妄想無性，不由他悟，入如來地。並謂此前聖所知，轉相傳授。釋「一乘相」云：如實處，不生妄想。並謂非外道二乘等，所能證得，唯除如來。學人當知，此向上一路，千聖不傳的秘旨，今爲吾輩和盤托出了。如法華經云：「如是妙法，諸佛如來，時乃說之，如優曇鉢華，時一現耳。」珍惜珍惜！）

——一切佛語心品之二竟——

一切佛語心品之三

第一章　明意生身相

第一節　許　說

爾時，世尊告大慧菩薩摩訶薩言：『意生身分別通相，我今當說，諦聽諦聽，善思念之。』大慧白佛言：『善哉世尊，唯然受教。』

〔註解〕上品第二章裏，說住第八菩薩地，轉捨心意意識等，得意生身。又釋意生身謂「譬如意去，迅疾無礙。」但未說意生身的分別通相，故今當說。從初地已去，地地皆得，叫做「通相」。斷證差別，叫做「分別」。

〔語譯〕這時，世尊告訴大慧菩薩道：『意生身的分別通相，我今當說，你要一心諦聽，善爲思念。』大慧應諾的說：『很好啊世尊！唯願受教。』

第二節　正　說

佛告大慧：『有三種意生身。云何爲三？所謂：三昧樂正受意生身、覺法自性性意生身、種類俱生無行作意生身。修行者了知初地上上增進相，得三種身。

〔註解〕此標列三種意生身名。向下逐名釋義。

〔語譯〕佛告訴大慧：『有三種意生身：一是三昧樂正受意生身。二是覺法自性性意生身。三是種類俱生無行作意生身。修行人應當了知，這三種身，是從初地，上上增進之所證得。

大慧！云何三昧樂正受意生身？謂：第三第四第五地，三昧樂正受故，種種自心寂靜，安住心海，起浪識相不生，知自心現境界性非性。是名三昧樂正受意生身。

〔註解〕此釋第一種「三昧樂正受意生身」。觀經初百八義偈云：「正受滅盡定，三昧起心說。」可知正受爲定體，三昧爲定用了。體用兼備，卽寂而照，這與小乘的躭樂三昧，取證涅槃不同。論位當在初地至七地，略擧三四五地，以該前後。

〔語譯〕大慧！什麼是三昧樂正受意生身？就是：於第三第四第五的菩薩地，入三昧正受，種種緣慮的妄想，寂靜不動，安住藏識心海，使轉識波浪，無從生起，了知境界唯自心現，非實有性。這就叫做以三昧樂而爲正受的意生身。

大慧！云何覺法自性性意生身？謂：第八地，觀察覺了如幻等法悉無所有，身心轉變，得如幻三昧及餘三昧門，無量相力自在明。如妙華莊嚴，迅疾如意，猶如幻夢水月鏡像，非造非所造，如造所造。一切色種種支分具足莊嚴。隨入一切佛刹大衆，通達自性法故，是名覺法自性性意生身。

〔註解〕此釋第二種「覺法自性性意生身」。諸法如幻，自性本空。如是覺了，則得如幻三昧等，卽是通達自性法；通達自性法，就是覺法自性性。

〔語譯〕大慧！什麽是覺法自性性意生身？就是：第八地菩薩，以法空智觀察覺了諸法如幻，都無所有。故能身心轉變，得如幻三昧及餘諸三昧門，無量神通自在三明。如妙華莊嚴，如意去迅疾，亦如幻、夢、水月、鏡像。如是假緣示現，非四大所造，而似是所造，一切色相種種支體，具足莊嚴，隨入一切佛刹，廣度衆生。這都是由於通達如幻的自性法故，所以名爲覺法自性性意生身。

大慧！云何種類俱生無行作意生身？謂：覺一切佛法，緣自得樂相。是名種類俱生無行作意生身。

〔註解〕此釋第三種「種類俱生無行作意生身」。「一切佛法」，就是諸佛所證度化衆生成佛之法。「自得樂相」，就是不由他悟的自覺聖智。八地以去菩薩，覺了一切佛法，緣其所證的自得樂相，隨類應化，現十界身，便是「種類俱生」。無功用行，便是「無行作」義。

〔語譯〕大慧！什麼是種類俱生無行作意生身？就是：覺了一切佛法，緣其所證的自得樂相，隨類應化，任運自在。這就叫做種類俱生無行作的意生身。

大慧！於彼三種身相觀察覺了，應當修學。』

〔註解〕此結勸當學。菩薩當以三觀，觀察三種身相：初以從假入空觀。次以從空入假觀。後以中道實相觀。此猶別教次第隔歷，若依圓教，則三觀融會一心，無次第隔歷。

〔語譯〕大慧！於彼三種意生身相，如何觀察覺了，應當修學。』

第三節　偈頌

爾時，世尊欲重宣此義而說偈言：『非我乘大乘，非說亦非字，非諦非解脫，非無有境界。然乘摩訶衍，三摩提自在，種種意生身，自在華莊嚴。』

〔註解〕這八句偈頌的初三句，遣一切法相；次一句，遣非法相；後四句，明乘摩訶衍，入三摩提，得意生身。摩訶衍，此翻大乘。三摩提，是三昧的異名。

〔語譯〕這時，世尊爲重明前義，說偈頌道：『我大乘不著大乘相，不著言說名字相，不著四諦三解脫相，也不著沒有境界的偏空相。然而，行人須乘此大乘，入三摩提自在無礙。方得三種意生身，如妙華莊嚴。』

（章後贅言：凡夫不達二空，造業受報，輪廻生死，不得名爲意生。二乘但了人空，取證涅槃，厭離生死，也不得名爲意生。唯菩薩了達人法二空，爲度衆生，雙運悲智，應物現形，如觀音菩薩的普門示現，三十二應，方得名爲意生身。學人硏讀本章，應如是知，如是修學。）

第二章　明五無間業

第一節　請　問

爾時，大慧菩薩摩訶薩白佛言：『世尊！如世尊說，若男子女人行五無間業，不入無擇地獄。世尊！云何男子女人行五無間業，不入無擇地獄？』

〔註解〕造五逆惡業，能感無間地獄苦報，叫做「五無間業」。然而，佛有時又說行五無間業，不入無擇地獄。無擇，就是無間。大慧不達，故興此問。

〔語譯〕這時，大慧菩薩向佛請問，他說：『世尊！如世尊所說，設若有人無論男女，行五無間業，不入無擇地獄。世尊！爲什麼行五無間業，不入無擇地獄呢？」

第二節　許　說

佛告大慧：『諦聽諦聽，善思念之，當爲汝說。』大慧白佛言：『善哉世尊！唯然受教。』

〔註解〕此佛許說，誡以諦聽善念，成就聞思二慧。

〔語譯〕佛告訴大慧：『你要一心諦聽，善爲思念，我就給你解說。』大慧應諾的說：『很好啊世尊！但願受教。』

第三節　正　說

甲　長　文

佛告大慧：『云何五無間業？所謂：殺父母，及害羅漢，破壞衆僧，惡心出佛身血。

〔註解〕此總標五無間業名，向下別釋。

〔語譯〕佛告訴大慧：『什麼叫做五無間業？就是所謂：殺父母、害羅漢、破和合僧、惡心出佛身血。

大慧！云何衆生母？謂：愛更受生貪喜俱，如緣母立。無明爲父，生入處聚落。斷二根本，名害父母。

〔註解〕此別釋「殺父母」。以十二因緣中的「愛」與「無明」二支，爲能生生死的根本二惑，故以愛喻母，以無明喻父。斷此二惑，叫做殺父母。並不是殺害了自己的生身父母。

〔語譯〕大慧！什麼是衆生之母？就是：今世之愛，更受來世之生，而貪喜與俱，譬如子必緣母而後成立。什麼是衆生之父？就是：以無明爲父，而生六入、十二處的聚落。是則，愛與無明，實爲能生生死的根本二惑，斷此二惑，就叫做殺父母。

彼諸使不現，如鼠毒發。諸法究竟斷彼，名害羅漢。

〔註解〕此別釋「害羅漢」。阿羅漢，但伏結使，未斷結習，遇緣即發，如迦葉聞琴起舞。故以鼠毒復發爲喻。斷彼結習，名害羅漢。並不是殺害羅漢的身命。

〔語譯〕阿羅漢，雖以人無我觀，暫伏結使的粗惑隱而不現；還沒有把微細的結習，究竟斷盡。譬如鼠瘡雖癒，而餘毒猶在，遇緣即發。如以法無我觀，把微細的結習究竟斷盡，廻趣大乘，就叫做害羅漢。

云何破僧？謂：異相諸陰和合積聚，究竟斷彼。名爲破僧。

〔註解〕此別釋「破壞衆僧」。三人以上的比丘衆，和合同住，名之爲「僧」。今以之譬五陰異相和合積聚，可知破僧，是破五陰的假和合，並不是破比丘僧啊。

〔語譯〕什麼叫做破僧？就是：執着色、受、想、行、識，這五陰異相和合積聚，以爲實我。把這我執究竟斷了，就叫做破僧。

大慧！不覺外自共相，自心現量七識身。以三解脫無漏惡想，究竟斷彼七種識佛。名爲惡心出佛身血。

〔註解〕此別釋「惡心出佛身血」。佛義爲覺。識也有覺想的覺義，故名七識身爲「七種識佛」。前七識現行，熏成第八識種子；第八識種子，復起前七識現行，故魏譯爲「八種識身」；唐譯爲「八識身佛」。然七識斷，則異熟自空，故今譯七種識佛，亦該八識。「三解脫無漏」，本是善法，順其能斷七識佛義，說爲「惡想」。

〔語譯〕大慧！一切法的自相共相，本唯心現，非心外法，七識不覺，妄起我、法二執。若以三解脫的無漏惡想，把那七種識佛的我法二執究竟斷了，就叫做惡心出佛身血。

若男子女人行此無間事者，名五無間，亦名無間等。

〔註解〕此總結五無間業。行此五無間業，直證平等眞如，無有間隔。故亦名無間等。

〔語譯〕若男子，若女人，修行此無間業者，就叫做五無間，也叫做無間的平等如理。

復次大慧！有外無間，今當演說，汝及餘菩薩摩訶薩，聞是義已，於未來世，不墮愚癡。

〔註解〕「五無間」的名字雖同，而事理義別。約理爲內，約事爲外。上來已明內五無間竟，還有外五無間，今當分別。

〔語譯〕大慧！還有外五無間，現在應當演說，使你及其餘的諸大菩薩，聞知此義，到未來世，就不墮計名字相的愚癡了。

云何五無間？謂：先所說無間。若行此者，於三解脫，一一不得無間等法。

〔註解〕此言外五無間的罪業深重，不得解脫煩惱纏縛，證無間等法。

〔語譯〕什麼叫做外五無間？就是：先前所說那殺父母、害羅漢、破和合僧、出佛身血的五無間業。若實行此五無間業者，就不能不墮阿鼻地獄，而於空、無相、無作的三解脫門，一一證得無間的平等法了。

除此已，餘化神力現無間等，謂：聲聞化神力、菩薩化神力、如來化神力，爲餘作無間罪者，除疑悔過，爲勸發故，神力變化，現無間等。

〔註解〕此明神力化現無間，非實造逆罪，如文殊仗劍害佛，央掘指鬘，皆得現證解脫。

〔語譯〕除此實造逆罪者外，餘如：如來、菩薩、大機聲聞，見有造無間罪者，爲的要勸他悔改，而以神力示同其事，隨卽悔罪，得證解脫。這都是神力變化，示現無間，並不是實造逆罪啊。

無有一向作無間事，不得無間等。除覺自心現量，離身財妄想，離我我所攝受。或時遇善知識，解脫餘趣相續妄想。』

〔註解〕此明實造逆罪，必墮無間地獄。除卻忽覺唯心，離我我所；或遇善知識開導，頓斷生死根本，始得解脫。

〔語譯〕沒有一向實造無間罪者，不墮無間地獄的。除卻宿世慧根未泯，忽覺境唯心現，不見內有根身，外有器界；不見有攝受地獄的我，及我所攝受的地獄；或遇善知識開導，頓悟無生，便得解脫於餘趣的生死相續。』

乙　偈　頌

爾時，世尊欲重宣此義而說偈言：『貪愛名爲母，無明則爲父，覺境界爲佛，諸使爲羅漢，陰積名爲僧，無間次第斷，謂是五無間，不入無擇獄。』

〔註解〕此但重頌內五無間，不入無擇地獄。

〔語譯〕這時，世尊欲重宣此義，說偈頌道：『以貪愛爲母，無明爲父，妄覺的七識爲佛，暫伏結使名叫羅漢，五陰積聚名之爲僧。無間修行次第斷此，這五無間業，不墮無擇地獄。』

（章後贅言：若能以無間修行唯心直進，破我法二執，證二空眞如，試問誰造五逆，誰入地獄？豈不省卻多少銅床鐵柱，刀山劍樹的刑獄安排；及佛菩薩以神力化現，示同其事的一番周折嗎？佛說本章，旨在斯歟。）

第三章　明佛知覺

第一節　請　問

爾時，大慧菩薩復白佛言：『世尊！惟願爲說佛之知覺。世尊！何等是佛之知覺？』

〔註解〕佛的知覺，不可蠡測，故大慧既已聞知五無間業，再申問佛的知覺是什麼？

〔語譯〕這時，大慧菩薩再請問佛。他說：『世尊！什麼是佛的知覺？願爲解說。』

第二節　答　釋

甲　長　文

佛告大慧：『覺人法無我，了知二障，離二種死，斷二煩惱。是名佛之知覺。聲聞緣覺得此法者，亦名爲佛。以是因緣故，我說一乘。』

〔註解〕由人我執，感煩惱障，能障涅槃；由法我執，感所知障，能障菩提。故覺人法無我，則了知二障。四住地的枝末煩惱，感分段生死；無明住地的根本煩惱，感變易生死。故離二死，必須斷二煩惱。

人我執、煩惱障、分段死、枝末煩惱，爲三乘共斷。若法我執、所知障、變易死、根本煩惱，則唯佛永盡。聲聞緣覺不得此法，故名二乘；若得此法，亦名爲佛。

〔語譯〕佛告大慧：『覺人法無我、了知二障、離二種死、斷二煩惱，這就叫做佛的知覺。若聲聞緣覺，廻趣大乘，得此法者，亦名爲佛，不名二乘。以此因緣之故，我但說一乘，更無二三。』

乙　偈頌

爾時，世尊欲重宣此義而說偈言：『善知二無我，二障煩惱斷，永離二種死，是名佛知覺。』

〔註解〕此以偈頌重明前義。如上已釋。

〔語譯〕這時，世尊欲重宣此義，說偈頌道：『善知人法二無我理，斷盡二障煩惱，永離二死。這就叫做佛的知覺。』

〔章後贅言：成唯識論云：「由我法執，二障俱生，若證二空，彼障隨斷。斷障爲得二勝果故。由斷續生煩惱障故，證眞解脫。由斷礙解所知障故，得大菩提。」眞解脫，就是永離二死。大菩提，就是佛的知覺，也就是佛十號之一的「正徧知」。）

第四章　明一佛義

第一節　請　問

爾時，大慧菩薩白佛言：『世尊！何故世尊於大衆中唱如是言：我是過去一切佛，及種種受生，我爾時作曼陀轉輪聖王、六牙大象，及鸚鵡鳥、釋提桓因、善眼仙人，如是等百千生經說？』

〔註解〕大慧疑佛唱言：「我是過去一切佛，及種種受生。」的話，是自語相違。既是過去諸佛，就不該受種種生；既受種種生，就不該是過去諸佛。是以興問。「曼陀轉輪聖王」，就是頂生王經所說的「頂生王」。從父頂皰中生，故名頂生。

〔語譯〕這時，大慧菩薩向佛請問，他說：『爲什麼世尊在本生經中向大衆這樣唱道：「我是過去世的一切諸佛，及受種種生身。我爾時，曾經作過：頂生王、六牙大象、鸚鵡鳥、釋提桓因、善眼仙人，如此受生百千種身。」？』

第二節　答　釋

佛告大慧：『以四等故，如來應供等正覺，於大衆中唱如是言：我爾時作拘留孫、拘那含牟尼、迦葉佛。云何四等？謂：字等、語等、法等、身等，是名四等。以四種等故，如來應供等正覺，於大衆中唱如是言。

〔註解〕「拘留孫」——此翻「應斷已斷」。乃賢劫千佛的第一佛。「拘那含牟尼」——此翻「金寂」，乃賢劫的第二佛。「迦葉」——此翻「飲光」。乃賢劫的第三佛。「四等」——下文自釋。

〔語譯〕佛告訴大慧：『由四等故，如來在大衆中，這樣唱道：「我於往昔，曾作拘留孫佛、拘那含佛、迦葉佛。」什麼叫做四等？就是：字等、語等、法等、身等。由此四種等故，如來在大衆中，作以上這樣的唱言。

云何字等？若字稱我爲佛，彼字亦稱一切諸佛。彼字自性無有差別，是名字等。

〔註解〕此釋「字等」。義顯可解。

〔語譯〕什麼叫做字等？若以「佛」字稱我爲佛，亦以「佛」字稱一切諸佛。那「佛」字的自體，並不因此佛彼佛而有差別，這就叫做「字等」。

云何語等？謂：我六十四種梵音言語相生，彼諸如來應供等正覺，亦如是六十四種

梵音言語相生，無增無減，無有差別，迦陵頻伽梵音聲性。

〔註解〕此釋「語等」。「六十四種梵音」——密迹力士經上說，西域有八種語格，叫做八轉聲：1、體。2、業。3、具。4、所爲。5、所從。6、所屬。7、於。8、呼。佛於此八轉聲，各具八德：1、調和。2、柔軟。3、諦了。4、易解。5、無錯謬。6、無雌小。7、廣大。8、深遠。八八相乘，爲六十四。「迦陵頻伽」——此翻「妙音鳥」。此鳥鳴聲美妙，故舉以譬佛音聲。

〔語譯〕什麼叫做語等？就是：我能作六十四種梵音言語，一切如來，也能作六十四種梵音言語，不增不減，無有差別，好像迦陵頻伽的美妙音聲。這就叫做「語等」。

云何身等？謂：我與諸佛法身，及色身相好，無有差別。除爲調伏彼彼諸趣差別衆生故，示現種種差別色身。是名身等。

〔註解〕此釋「身等」，義顯可解。

〔語譯〕什麼叫做身等？就是：我與諸佛，除爲調伏諸趣衆生，隨類示現的應化身，有種種差別而外；法身及報身的色相，並無差別。這就叫做「身等」。

云何法等？謂：我及彼佛，得三十七菩提分法。

〔註解〕此釋「法等」。成就菩提道的支分品類，有三十七法，故名「三十七菩提分法」。前在心品之一的第三章裏，已有表解。

（語譯）什麼叫做法等？就是：我與諸佛，同證三十七菩提分法。這就叫做「法等」。

略說佛法無障礙智，是名四等。是故如來應供等正覺，於大衆中唱如是言。』

（註解）此總結說四等之故。佛法的無障礙智中，法法皆等，說不勝說，今但說四等，故曰「略說」。

（語譯）今依佛法無障礙智，略說四等。因此四等之故，如來應供等正覺，在大衆中，作如是唱言。』

乙　偈　頌

爾時，世尊欲重宣此義而說偈言：『迦葉拘留孫，拘那含是我。以此四種等，我爲佛子說。』

（註解）此以偈頌重明前義。如文可解。

（語譯）這時，世尊欲重宣此義，說偈頌道：『我就是：迦葉佛、拘留孫佛、拘那含佛。以此：字等、語等、身等、法等的四種等故。我才爲佛子們，作如是說。』

（章後贅言：涅槃經云：「一切衆生悉有佛性，如來常住無有變易。」可知一眞法界，體相融卽，一體卽一切相，一切相卽一體了。故三祖僧璨的信心銘云：「：一卽一切，一切卽一，但能如是，何慮不畢。」此皆對本章「一佛」至極之理的妙釋。）

第五章　明不說義

第一節　請問

大慧復白佛言：『如世尊所說，我從某夜得最正覺，乃至某夜入般涅槃。於其中間，乃至不說一字，亦不已說當說，不說是佛說。世尊！如來應供等正覺，何因說言，不說是佛說？』

〔註解〕上章言：「以此四種等，我爲佛子說。」是猶落言詮，未泯化迹。故大慧再爲引發如來離言泯迹之妙，而興此問。

〔語譯〕大慧再向佛請問：『我聽世尊曾經說過：「我從某夜得最正覺，乃至某夜入般涅槃，在這四十九年的一化始終裏，沒有說著一個字，也沒有過去的已說，未來的當說，唯有不說才是佛說。」世尊！如來依什麼密意，以不說爲說呢？』

第二節　答釋

甲　長文

佛告大慧：『我因二法故，作如是說。云何二法？謂：緣自得法，及本住法，是名

二法。因此二法故，我如是說。

〔註解〕此標示二法，下文自釋。

〔語譯〕佛告訴大慧：『我因二法之故，作此離言之說。什麼叫做二法？就是：緣自己證得之法，及本具之法，這就叫做二法。因這二法之故，我才以不說爲說。

云何緣自得法？若彼如來所得，我亦得之，無增無減。緣自得法究竟境界，離言說妄想，離字二趣。

〔註解〕此釋「緣自得法」就是諸佛證得的平等眞如。所以不增不減，離一切言說等相。

〔語譯〕什麼是緣自得法？就是：彼諸如來所證得的法，我也證得。此法究竟不增不減，離言說相、離分別相、離遮詮表詮的文字二趣。

云何本住法？謂：古先聖道。如金銀等性，法界常住，若如來出世，若不出世，法界常住。如趣彼城道，譬如士夫行曠野中，見向古城平坦正道，卽隨入城，受如意樂。大慧，於意云何，彼作是道及城中種種樂耶？答言不也。佛告大慧，我及過去一切諸佛法界常住，亦復如是。是故說言，我從某夜得最正覺，乃至某夜入般涅槃

，於其中間，不說一字，亦不已說當說。』

〔註解〕此釋「本住法」，就是法界（性）本來常住，非今始證，故名「古先聖道」。卽法華經云：「諸法從本來，常自寂滅相。」又說：「是法住法位，世間相常住。」爲使易於了解，又設金銀性及城道爲喻。

〔語譯〕什麼是本住法？就是古先聖道。譬如金銀等性，本來是常住的，不管在鑛出鑛。法性常住，也是如此，不管如來出世不出世，他都不受影響。

又如有一士夫行走曠野，忽然看見趣向古城的一條平坦大道，隨卽順道入城，任意享樂。大慧！你的意思怎麼樣？這一條通往古城的大道，及城裏的樂境，是那個士夫所作的嗎？大慧答道：「不是那士夫所作」。佛告訴大慧：『我及過去一切諸佛所證的眞如常住法性，也是如此，非言可說。因此，我才這樣唱道：「我從某夜得最正等覺，乃至某夜入般涅槃，在這中間始終沒說一字，也沒有過去的已說，未來的當說。」』

乙　偈　頌

爾時，世尊欲重宣此義而說偈言：『我某夜成道，至某夜涅槃，於此二中間，我都無所說．緣自得法住，故我作是說，彼佛及與我，悉無有差別。』

〔註解〕此說二頌重明前義。如前已釋。

〔語譯〕這時，世尊爲重明前義，說偈頌道：『我自某夜成道，到某夜涅槃，在這二時中間，我始終沒說一字。由於自證的本住眞如法一之故，我這樣唱道：彼諸佛與我釋迦如來，都毫無差別。』

（章後贅言：三藏十二部敎，分明都是佛說，何以說沒說一字？楞嚴經云：「凡有言說，都非實義。」可知實義非言說所及，而言說性空，不可執以爲實，若執言說爲實，便是執指爲月了。所以金剛經云：「無法可說，是名說法。」又可知佛所說法，說的是無所說的法哪。）

第六章　明離有無相

第一節　請　問

爾時，大慧菩薩復請世尊：『惟願爲說一切法有無有相，令我及餘菩薩摩訶薩離有無有相，疾得阿耨多羅三藐三菩提。』

〔註解〕無上正等正覺，不落有、無二邊的偏見。故大慧請說有、無有相，俾離此有無，得無上菩提。

〔語譯〕這時，大慧菩薩再請問世尊，他說：『惟願爲說一切法有、無有相，使我及其餘的諸大菩薩，離有、無二相，疾速證得無上正等正覺。』

第二節　許　說

佛告大慧：『諦聽諦聽，善思念之，當爲汝說。』大慧白佛言：『善哉世尊，唯然受教。』

〔註解〕此如來許說。義顯可解。

〔語譯〕佛告訴大慧：『你要一心諦聽，善爲思念，我就給你解說有、無二相。』大慧應諾的說：『很好啊世尊，唯願受教。』

第三節　正　說

甲　正答所問

佛告大慧：『此世間依有二種。謂：依有及無。墮性非性欲見，不離離相。

〔註解〕此先出有、無二相之過，下文再逐一徵釋。

〔語譯〕佛告訴大慧：『世間衆生有二種依：1、依有，則計有自性，墮「有」欲見。2、依無，則計無自性，墮「無」欲見。這計有計無的二種欲見，非出離法；而世間凡愚妄謂出離。

大慧！云何世間依有？謂：有世間因緣生，非不有。從有生，非無有生。大慧！彼

如是說者，是說世間無因。

〔註解〕此徵釋依有。不達世間因緣生法，乃假緣和合，生卽無生之理；而妄計實有因緣所生諸法，實有諸法從因緣生。故佛斥之爲無因論。

〔語譯〕大慧！什麼是世間依有？就是妄計：實有世間因緣生法，並非不有；實有諸法從因緣生，非無有生。大慧！他這樣計無爲有的說法，便是世間的無因邪論。

大慧！云何世間依無？謂：受貪恚癡性已，然後妄想計著貪恚癡性非性。大慧！若不取有性者，性相寂靜故。謂諸如來聲聞緣覺，不取貪恚癡性，爲有爲無。』

〔註解〕此徵釋依無。「謂受」下，正釋依無。意謂：不達三毒性空，無所執受之理；而竟先已執受，然後再妄計其性非性。是其口在說無，而行已取有了。「若不取有」句下，舉如來等的不取有無，以示正義。然，聲聞緣覺，但不取有，非不取無，今與如來並舉，故渾而言之。

〔語譯〕大慧！什麼是世間依無？就是：先執受了貪恚癡的三毒性已，然後再妄計其性非性，而墮於無見。大慧！若不取有性者，爲性相本來寂靜，無所取故。既無所取，又何必破有取無？如諸如來及聲聞緣覺，就是了知貪恚癡性，離有離無，既不取以爲有，亦不取以**爲無的。』**

大慧！此中何等爲壞者？大慧白佛言：『世尊！若彼取貪恚癡性，後不復取。』佛告大慧：『善哉善哉，汝如是解。大慧！非但貪恚癡性非性爲壞者，於聲聞緣覺及佛亦是壞者。所以者何？謂內外不可得故，煩惱性異不異故。

〔註解〕此於依有、依無的二種人中，更斥「依無」爲壞者。不但自壞，而且謂聖教亦是壞者。壞，即是斷滅。

〔語譯〕佛試問大慧：『在這依有、依無的二種人中，那個是壞法的斷滅見者？』大慧答道：『世尊！那個先取貪恚癡性爲有，後計爲無的人，就是。』佛告訴大慧說：『你這樣解答，很好很好。大慧！不但計貪恚癡性爲無，是自壞者；而且謗聲聞緣覺佛的聖教，也是壞者。所以者何？因爲他謬解聖教所謂「內心外境不可得故，煩惱菩提非異非不異。」的極理，爲斷滅故。

大慧！貪恚癡若內若外不可得，貪恚癡性無身故，無取故，非佛聲聞緣覺是壞者。佛聲聞緣覺自性解脫故，縛與縛因非性故。大慧！若有縛者，應有縛是縛因故。大慧！如是說壞者，是名無有相。

〔註解〕此「貪恚癡」下，正解三乘聖教並非壞法的所以。「若有縛者」句下，出彼依無者的斷滅壞相。

〔語譯〕大慧！聖教所謂貪恚癡內外不可得者，乃以智慧觀察貪恚癡的當體本空，無所取故。並非佛與聲聞緣覺，也是以滅有爲無的斷滅壞法。蓋佛與聲聞緣覺，已證自性解脫，旣無三毒的能縛，亦無無明的縛因了。大慧！若彼先取後不取者，是旣有能縛，應有縛因。大慧！他這先取後不取之說，就是墮於斷滅空見的「無有」相了。

大慧！因是故，我說寧取人見如須彌山，不起無所有增上慢空見。

〔註解〕此極言空見之過，非許我見可取。人見，就是我見。未證謂證，未得謂得，名「增上慢」。

〔語譯〕大慧！以是之故，我說，寧取我見像須彌山那樣大，不可起無所有的斷滅空見，作增上慢人。

大慧！無所有增上慢者，是名爲壞。墮自共相見希望，不知自心現量。見外性無常，剎那展轉壞。陰界入相續流注變滅，離文字相妄想。是名爲壞者。』

〔註解〕此痛斥墮入空見之過的所以。「自共相」等，俱如前釋。惟此以貪恚癡各有自體爲「自相」；以斷滅空見希望得果爲「共相」。

〔語譯〕大慧！持無所有見的增上慢人，名爲壞滅。因爲他已墮入自共相見希望得果的迷網了。不知諸法唯自心現，本來寂滅，故見外而器界性本無常，刹那之間，展轉遷謝；內而根身陰界入等相續流注，念念變壞。遂以謂已離文字的分別妄想，一切都空無所有了。所以說他名爲斷滅空見的壞者。』

丙　偈　頌

爾時，世尊欲宣此義而說偈言：『有無是二邊，乃至心境界，淨除彼境界，平等心寂滅，無取境界性，滅非無所有，有事悉如如，如賢聖境界。

〔註解〕此下有六頌重明前義。今初二頌，明不取有無二邊，卽是平等眞如。

〔語譯〕這時，世尊欲重明前義說偈頌道：『依有依無的二種邊見，都是妄心所行境界。但淨除彼二種境界，便是本自寂滅的平等一心。無所取的境界性，並非斷滅的空無所有，而是觀察所有事物的當體卽是眞如，亦卽賢聖所證之境。

無種而有生，生已而復滅。因緣有非有，不住我敎法。非外道非佛，非我亦非餘。因緣所集起，云何而得無？誰集因緣有，而復說言無。

〔註解〕此二頌半文，痛斥外道依因緣生滅，計有計無，非佛敎正義。

〔語譯〕外道或計無因而生，或計因緣生滅爲有爲無。這都不是住我敎中不生不滅之法啊。我敎生法非外道及佛所作，亦非神我及其餘的異因所作，而是因緣假合所集起，怎能說是無因而生？然此因緣和合性非有無，誰敢說緣生爲實有，又說緣滅爲絕無呢？

邪見論生法，妄想計有無，若知無所生，亦復無所滅，觀此悉空寂，有無二俱離。』

〔註解〕此一頌半文，結歸離有離無的正義。

〔語譯〕外道以邪見論因緣生法，妄想計著爲有爲無。若能了知生無所生，滅無所滅，正觀諸法當體空寂，則契會平等一心有無俱離了。』

（章後贅言：平等眞如，離有離無，故有無二邊俱不可取。其或不能有無俱離者，則寧可取有，不可取無。故諸經或云：「空藥治有，無藥治空。」或云：「若有人執我見如須彌山，我不驚怖，亦不毀呰。增上慢人執著空見如一毛髮作十六分，我不許可。」此如來對斷滅空見，痛之深而責之甚也。吾輩行人，可不戒愼恐懼，以自策勵嗎？）

第七章　明二通相

第一節　請　問

爾時，大慧菩薩復白佛言：『世尊！惟願爲我及諸菩薩說宗通相。若善分別宗通相者，我及諸菩薩通達是相，通達是相已，速成阿耨多羅三藐三菩提，不隨覺想及衆魔外道。』

〔註解〕此大慧請說宗通，旨在速成無上菩提，不隨虛妄覺想及衆魔外道。義顯可解。

〔語譯〕這時，大慧菩薩再向佛請問，他說：『世尊！惟願爲我及諸菩薩，解說宗通之相。使我及諸菩薩通達此宗通相已，速成無上正等正覺，就不隨虛妄覺想及衆魔外道的邪見論了。』

第二節　許　說

佛告大慧：『諦聽諦聽，善思念之，當爲汝說。』大慧白佛言：『世尊！唯然受敎。』

〔註解〕此如來許說。義顯可解。

〔語譯〕佛告訴大慧：『你要一心諦聽，善爲思念，我就給你解說。』大慧應諾的說：『世尊！唯願受敎。』

第三節　正　說

甲　長　文

佛告大慧：『一切聲聞緣覺菩薩，有二種通相。謂：宗通及說通。

〔註解〕唐譯宗通爲「宗趣法相」；說通爲「言說法相」。若但通言說不通宗趣，則言說雖辯而漫無所歸。若但通宗趣不通言說，則宗趣的理雖至極而無以表顯。故大慧問但宗通，佛答則兼及說通。今先標列二種通相的名目，向下再逐一徵釋。

〔語譯〕佛告訴大慧：『一切聲聞緣覺菩薩，有二種通相：一是宗通。二是說通。

大慧：宗通者，謂：緣自得勝進相，遠離言說文字妄想，趣無漏界自覺地自相，遠離一切虛妄覺想，降伏一切外道衆魔。緣自覺趣光明輝發。是名宗通相。

〔註解〕此釋宗通。自證本心，不由他悟，故名「自得」，亦名「自覺」。自有漏趣於無漏，故名「勝進」。乃至趣於至極之理，寂而常照，故曰「光明輝發」。

〔語譯〕大慧！什麼叫做宗通？就是：緣自得的勝進義相，遠離言說、文字、妄想，趣於無漏界的菩薩自覺諸地；遠離一切虛妄覺想，降伏一切外道衆魔，究竟歸趣於自覺聖智的光明煥發。這名就叫做宗通相。

云何說通相？謂：說九部種種教法，離異不異有無等相，以巧方便，隨順衆生如應說法，令得度脫。是名說通相。

〔註解〕此釋說通相。九部教法，有大小乘之別，於十二分教裏，除去因緣、譬喻、論議三部，即大乘九部。若除去方廣、授記、無問自說三部，即是小乘九部。如法華經云：「我此九部經，隨順衆生說，入大乘爲本，以故說是經。」本經既言「以巧方便，隨順衆生，如應說法。」當亦從小乘九部而入大乘了。

〔語譯〕什麼叫做說通相？就是：說九部種種教法，也得遠離異、不異、有、無等的四句分別，才能以善巧方便，隨順衆生，應機說法，使他度脫生死。這名就叫做說通相。

大慧！汝及餘菩薩，應當修學。』

〔註解〕此結勸當學二種通相

〔語譯〕大慧！你與其餘諸菩薩，應當修學這宗通與說通的二種通相。』

乙　偈　頌

爾時，世尊欲重宣此義而說偈言：『宗及說通相，緣自與教法。善見善分別，不隨諸覺想。

〔註解〕此下有五頌重明前義。這一頌總明二通相義。

〔語譯〕這時，世尊欲重明前義，說偈頌道：『宗通及說通二相，就是緣自證宗趣與言說教法。若善見宗趣分別教法，就不隨諸魔外道的妄想而轉了。

非有眞實性，如愚夫妄想，云何起妄想？非性爲解脫。

〔註解〕這一頌斥愚夫妄見，非實有性。

〔語譯〕無有心外實法，如愚夫的那様妄想。那末，他是怎様起妄想呢？乃計著斷滅空見的非性以爲解脫了。

觀察諸有爲，生滅等相續，增長於二見，顚倒無所知。

〔註解〕這一頌重明愚夫倒見的所以。

〔語譯〕以彼愚夫的妄想觀察，實有有爲諸法生滅相續。於是增長了依生爲有依滅爲無的二種邊見；而於諸法性空離有離無的正義卻顚倒無知。

一是爲眞諦，無罪爲涅槃，觀察世妄想，如幻夢芭蕉。雖有貪恚癡，而實無有人，從愛生諸陰，有皆如幻夢。』

〔註解〕這最後二頌直指修二種通相。以此自悟就是宗通，以之示他就是說通。

〔語譯〕一如平等卽是眞諦，離生死罪障卽是涅槃。以此觀察世間妄想，豈非如幻如夢亦如芭蕉的不堅實嗎？雖有貪恚癡的三毒煩惱，而實無人我。從愛所生的五陰，也都如幻如夢無實法可取了。』

（章後贅言：本章所明，不外以自證的眞如妙理爲宗通，化他的教法爲說通。又宗通爲定，說通爲慧，故永嘉大師的證道歌云：「宗亦通，說亦通，定慧圓明不滯空。」可知宗說二通，實爲定慧二足，缺一而不行了。）

第八章　明不實妄想

第一節　請　問

爾時，大慧菩薩白佛言：『世尊！惟願爲說不實妄想相。不實妄想云何而生？說何等法名不實妄想？於何等法中不實妄想？』

〔註解〕這是大慧聞上章偈云：「觀察世妄想，如幻夢芭蕉。」之後，欲窮妄想根源，提出了三個問題。

〔語譯〕這時，大慧菩薩向佛請問：『世尊！惟願給我們解說那不實妄想之相：⑴不實妄想，是怎樣生起的呢？⑵都是說那些法，名叫不實妄想？⑶在那些法裏，才會有不實妄想的生起？』

第二節　許　說

佛告大慧：『善哉善哉！能問如來如是之義，多所饒益，多所安樂，哀愍世間一切天人。諦聽諦聽，善思念之，當爲汝說。』大慧白佛言：『善哉世尊！唯然受敎。』

〔註解〕此佛稱嘆大慧能發掘具有深義的問題，而許予解說，並誡以諦聽善念。

〔語譯〕佛告訴大慧：『很好！很好！你能問及如來這樣深的意義。是多末饒益，多末安樂，以悲愍世間的一切天人。你要一心諦聽，善爲思念，我就給你解說。』大慧應諾的說：『很好啊世尊！但願謹受教誨。』

第三節　正說

甲正答所問

佛告大慧：『種種義，種種不實妄想計著，妄想生。

〔註解〕這是佛對大慧第一問題的解答。

〔語譯〕佛告訴大慧：『不達種種法都無實義，而妄計爲實。這就是種種不實妄想計著的所以生起。

大慧！攝所攝計著，不知自心現量，及墮有無見，增長外道見。

〔註解〕這是佛對大慧第二問題的解答。

〔語譯〕大慧！計著能攝取的心，所攝取的境，不達唯自心現，非心外法，而墮入有、無的二種邊見，增長外道邪見。這些能所攝取的法，都名叫不實妄想。

妄想習氣，計著外種種義。心心數妄想，計著我我所生。』

〔註解〕這是佛對大慧第三問題的解答。「心心數」——就是心王及心所有法。八識爲心所之主，了別所對之境，故名「心王」。五十一心數爲心王之伴，對境而起貪瞋等的妄情，故名「心所」。詳如唯識論所明。「我我所」——就是妄執五陰爲自身之我；身外之物爲我所有。

〔語譯〕以無始妄想習氣，計著實有心外諸法的種種義相。以心王心所的妄想，計著實有我及我所。在這妄想習氣及心心所法裏，都有不實的妄想生起。』

乙　更釋轉難

大慧白佛言：『世尊！若種種義，種種不實妄想，計著妄想生。攝所攝計著，不知自心現量，及墮有無見，增長外道見。妄想習氣，計著外種種義。心心數妄想，計著我我所生。

〔註解〕這是大慧先述領佛上文所答的話，作爲他下文問難的張本。唐譯略無此文。

〔語譯〕大慧說：『世尊！若不達種種法都無實義，就是種種不實妄想生起的所以。計著能所攝取，不知是自心所現，就墮入有、無二見，增長外道邪見了。由妄想習氣，計著實有心外諸法的種種義相。由心心所的妄想，計著實有我及我所的生起。

世尊！若如是外種種義相，墮有無相，離性非性，離見相。世尊！第一義亦如是，離量根分譬因相。世尊！何故一處妄想不實義，種種性計著妄想生，非計著第一義處相妄想生，將無世尊說邪因論耶？說一生一不生。』

〔註解〕這是大慧據佛上文所答的話，又轉生疑難：世諦同第一義諦，一樣的本離有無。世尊何以但說世諦裏有妄想生，不說第一義諦亦生妄想？

〔語譯〕世尊！若如此說，計著心外實有世諦種種義相者，則墮有、無的二種見相。足知世諦諸法的當體，本離有無二性的見相了。世尊！第一義諦也是如此，離於根量，及五分論式宗因喻等的建立。世尊爲什麼偏於世諦的離有無處，說有種種計著妄想生起；而不說第一義諦的離有無處，亦生妄想呢？豈非世尊所說乖違正論，故於同離有無的二處，說一處生妄想，一處不生妄想嗎？』

佛告大慧：『非妄想一生一不生。所以者何？謂：有無妄想不生故。外現性非性，覺自心現量，妄想不生。

〔註解〕此答，先非所難，次釋所以。義顯若達唯心，則妄想不生，世諦即是第一義諦，並非別有一處名第一義，不生妄想。

〔語譯〕佛告訴大慧：『我並非說世諦處生妄想，第一義諦處妄想不生。所以者何？我已了達有、無妄想本不生故；外現的有性無性，唯自心現，非實有故。所以妄想不生。

大慧！我說餘愚夫自心種種妄想相故，事業在前，種種妄想性相計著生。

〔註解〕此答，義顯愚夫不達唯心，故生妄想，則第一義諦即是世諦，並非別有一處名爲世諦，能生妄想。

〔語譯〕大慧！我說愚夫，爲分別自心的種種妄想相故；不達現前事業，唯自心現，執以爲實。所以才有種種性相的計著生起。

云何愚夫得離我我所計著見。離作所作因緣過。覺自妄想心量，身心轉變，究竟明解一切地，如來自覺境界。離五法自性事見妄想。以是因緣故，我說妄想從種種不實義計著生。知如實義，得解脫自心種種妄想。』

〔註解〕此佛自述說法本懷，爲令愚夫但了唯心，知如實義，便得解脫自心的種種妄想。五法自性，如前已解。但此五法自性事，以如來的自覺境界，無一法可立而言，都屬名相妄想，所以遠離。

〔語譯〕如此計著不實義，而生妄想的愚夫，他如何能離我及我所的計著邪見，離能作所作的諸惡因緣？但能覺了有無妄想，唯自心現，使身心轉變，由迷而悟，究竟明解十地，到如來自覺境界，就遠離五法自性事的名相妄想了。以此因緣，所以我說妄想是從種種不實義的計著而生的，使彼愚夫知如實義，便得解脫自心所現的種種妄想。』

丙　偈　頌

爾時，世尊欲重宣此義而說偈言：『諸因及與緣，從此生世間，妄想著四句，不知

我所通。

〔註解〕此下爲世尊說十四頌半文，重明前義。這第一頌明愚夫不達佛意，隨語生滯。

〔語譯〕這時，世尊爲重明前義，說偈頌道：『我說從諸因緣生世間法，原爲顯無生義。而彼愚夫反依因緣妄想計著四句分別。此不達我所通義而逐語成滯。

世間非有生，亦復非無生，不從有無生，亦非非有無。諸因及與緣，云何愚妄想？非有亦非無，亦復非有無，如是觀世間，心轉得無我。

〔註解〕這二頌半申明諸法本自無生，不落四句妄想計著。若如是作觀，便得人法二無我智。

〔語譯〕世間諸法非從有生，非從無生，不從亦有亦無生，不從非有非無生，所以我說是因緣生法。何以愚夫反於因緣法中生起四句妄想？不知諸法非有非無，亦復非非有無。若能如此觀察世間，則轉我執之心而爲無我智了。

一切性不生，以從緣生故，一切緣所作，所作非自有。事不自生事，有二事過故。無二事過故，非有性可得。

〔註解〕這二頌的第一頌，約緣生，明不生義。第二頌，約事不生事，明不生義。據唐譯，事卽是果。

〔語譯〕因爲一切法從緣生故，所以本自不生；衆緣所作故，所以亦非自有。若謂果自生果，那就有二果相生的無因之過了。既無二果相生之過，那有生性可得？

觀諸有爲法，離攀緣所緣，無心之心量，我說爲心量。量者自性處，緣性二俱離。性究竟妙淨，我說名心量。

〔註解〕這二頌的第一頌，約正觀有爲法時，離能緣所緣，心境雙泯，以釋唯心現量。第二頌，約心量自體，本離能所緣性，究竟妙淨，以釋唯心現量。

〔語譯〕當正觀諸有爲法時，便離能緣之心及所緣之境，我說這能所雙亡的無心之心，就是心量。心量的自體，本離能緣與所緣二性，究竟妙淨，我說這叫做心量。

施設世諦我，彼則無實事，諸陰陰施設，無事亦復然。有四種平等，相及因性生，第三無我等，第四修修者。

〔註解〕這二頌的第一頌，明觀我法都無，成就二空所顯的平等中道。第二頌，明四種平等：⑴相與無相平等。⑵因性與所生之果平等。⑶我與無我平等。⑷修與無修平等。

〔語譯〕**觀世諦施設的假我，空無事實；施設的五陰假法，也空無事實。這我法二空所**

顯的平等如理略有四種：第一第二是相與無相及因果平等。第三是我與無我平等。第四是修與無修平等。

妄想習氣轉，有種種心生，境界於外現，是世俗心量。外現而非有，心見彼種種，建立於身財，我說爲心量。

〔註解〕這二頌的初頌正明世俗心量爲習氣內熏，外現境界。次頌申明外境非有，唯心所現，建立身財。身財，就是屬於根身的資財——五欲塵境。

〔語譯〕由於無始妄想習氣的內熏轉變，故有種種分別心生，而外現境界。這是世俗的唯心現量。然而這外現境界本非實有，乃轉識心起妄見，而有種種建立的根身資財。所以我說是唯心現量。

離一切諸見，及離想所想，無得亦無生，我說爲心量。非性非非性，性非性悉離，謂彼心解脫，我說爲心量。如如與空際，涅槃及法界，種種意生身，我說爲心量。』

〔註解〕這最後三頌的第一頌，約心境泯絕，無得無生，說爲心量。離能見能想的見分心，及所見所想的相分境，就是心境泯絕，無得無生。第二頌，約離有無四句，說爲心量。性，即是有。非性，即無。第三頌，約究竟至極之理，說爲心量。如如、空際、法界等，皆至極之理的一體異稱。

〔語譯〕遠離一切能見所見，及能想所想，則心境泯絕無得無生，我說這就是唯心現量。非有性、非非有性，有無等的四句皆離，則心無所縛而自在解脫，我說這就是唯心現量。所謂的眞實與實際，涅槃與法界，以及種種的意生身，我說這都是唯心現量。』

（章後贅言：本章窮究妄想根源，在於不達諸法唯自心現，本非實有，而執取爲實。若達唯心，心外無法，則妄想不生。可謂一針見血。菩提心論云：「迷途之法，從妄想生。」行人至此，可以迷途知返了。）

第九章　明善語義

第一節　請　問

爾時，大慧菩薩白佛言：『世尊！如世尊所說，菩薩摩訶薩當善語義。云何爲菩薩善語義？云何爲語？云何爲義？』

〔註解〕此大慧因聞世尊前來所說：「當依於義，莫著言說。」、「遠離言說文字妄想」、「知如實義，得解脫自心種種妄想。」等語，故而興問。

〔語譯〕這時，大慧菩薩請問世尊。他說：『世尊！如世尊所說，菩薩摩訶薩當善語義。然則，什麼是菩薩善語義？什麼是語？什麼是義？』

第二節　許　說

佛告大慧：『諦聽諦聽！善思念之，當爲汝說。』大慧白佛言：『善哉世尊！唯然受教。』

〔註解〕此佛許爲解說。義顯可知。

〔語譯〕佛告訴大慧：『你要如實諦聽，善爲思念，我就給你解說。』大慧答道：『很好啊世尊，願受教誨。』

第三節　正　說

甲　長　文

佛告大慧：『云何爲語？謂：言字妄想和合，依咽喉脣舌齒斷頰輔，因彼我言說，妄想習氣計著生。是名爲語。

〔註解〕此答釋語相。「斷」，音銀，卽齒根之肉。「頰輔」，卽口旁部位。

〔語譯〕佛告訴大慧：『什麼叫做語？就是：由彼我的言說妄想習氣爲因，依於咽喉脣舌，齒斷頰輔等處，發出言說與妄想和合的音聲，相對談論。這就叫做語。

大慧！云何爲義？謂：離一切妄想相、言說相，是名爲義。

〔註解〕此答釋義相。離妄想相，就是心行處滅。離言說相，就是言語道斷。可知此義就是第一義了。

〔語譯〕大慧！什麼叫做義？就是：遠離一切妄想，及言說相。這就叫做義。

大慧！菩薩摩訶薩，於如是義，獨一靜處，聞思修慧，緣自覺了，向涅槃城，習氣身轉變已，自覺境界，觀地地中間勝進義相。是名菩薩摩訶薩善義。

〔註解〕此示菩薩對契證善義的方便觀行。

〔語譯〕大慧！菩薩摩訶薩，當依此義，獨自於空閑寂靜處，以聞思修三慧，從所聞聖教，思維研修，緣著不由他悟的自覺道，趣向大涅槃城，轉變妄想習氣爲自覺境界。這樣，自初地以去，觀察地地中間，次第斷證的勝進義相。這就是菩薩摩訶薩的善義。

復次大慧！善語義菩薩摩訶薩，觀語與義，非異非不異。觀義與語，亦復如是。若語異義者，則不因語辯義，而以語入義，如燈照色。

〔註解〕此答釋菩薩善語義相。以語入義，故語義非異；義實非語，故非不異。此卽菩薩善語義相。

〔語譯〕復次大慧！善語義的菩薩摩訶薩，觀語與義，非異非不異；觀義與語，也是如此。若執語與義異，那就不能因語辯義了。然而，以語入義，故語義非異；義實非語，故非不異。這好比以燈照色，色實非燈。

復次大慧！不生不滅，自性涅槃，三乘一乘，心自性等，如緣言說義計著，墮建立及誹謗見。異建立，異妄想，如幻種種妄想現。譬如種種幻，凡愚衆生作異妄想，非聖賢也。』

〔註解〕此責凡愚不了如幻，隨語計著，非爲聖賢。

〔語譯〕復次大慧！如於：不生不滅的自性涅槃、三乘一乘的權實諸法、心心數、三自性等的名言，隨語解義，計著爲有，則墮建立的常見；計著爲無，則墮誹謗的斷見。此皆計著名言的差別建立，而起差別妄想。譬如種種幻事，凡愚衆生，便作異於幻事的實有妄想，不是聖賢。』

乙　偈　頌

爾時，世尊欲重宣此義，而說偈言：『彼言說妄想，建立於諸法，以彼建立故，死墮泥犂中。

〔註解〕此下爲佛說四頌重明上義。這第一頌，明計著言說建立諸法者的罪報，應墮泥犁。泥犁，就是地獄。

〔語譯〕這時，世尊爲重明上義，說偈頌道：『彼依言說妄想，建立實有有無諸法者，以彼建立的惡見罪報之故，死後當墮地獄。

陰中無有我，陰非卽是我，不如彼妄想，亦復非無我。

〔註解〕這一頌的初二句，破外道建立的陰中有我，或陰卽是我。次二句，明無我亦離，破彼撥無假名我法的斷滅倒見。

〔語譯〕五陰裏本無有我，也並非陰就是我。然而亦非如彼外道的斷滅倒見，而是無我亦離。

一切悉有性，如凡愚妄想，若如彼所見，一切應見諦。一切法無性，淨穢悉無有，不實如彼見，亦非無所有。』

〔註解〕這最後二頌：初頌以縱容有性，斥凡愚妄見。次頌奪其有性以申明正義，爲諸法無性，亦非斷滅。

〔語譯〕假使一切法都有自性，如彼凡愚所妄想者，則彼一切所見，應是實諦。然而一切染淨諸法，都無自性，實不同彼凡愚所見。然無性亦非斷滅的無所有。』

〔章後贊言：本章明善語義，謂語與義非異非一。前心品之二的第四「破言說妄想」章裏，佛說：「言說所入是第一義」，豈非語義非異？又說：「非言說是第一義」，豈非語義非一？如此善語義的菩薩，絕不隨言取義，徒說火不熱，說冰不寒，甚至墮入外道計有計無的建立誹謗。）

第十章　辨智識相

第一節　長　文

復次大慧！智識相，今當說。若善分別智識相者，汝及諸菩薩，則能通達智識之相，疾得阿耨多羅三藐三菩提。

〔註解〕上章說菩薩當善語義。然非識不能知語，非智不能達義，故今復辨智識相，不待問而佛自說。

〔語譯〕復次大慧！智識之相，我今當說，使你和諸菩薩，通達智識之相，很快的就證得無上正等菩提了

大慧！彼智有三種。謂：世間、出世間、出世間上上。

〔註解〕此標列三種智名，向下逐一別釋。

〔語譯〕大慧！智有三種。那就是：世間智、出世間智、出世間上上智。

云何世間智？謂：一切外道凡夫，計著有無。

〔註解〕此釋世間智相。卽所謂八難之一的「世智辨聰」。此智不悟無生，故計著有

無。

〔語譯〕什麼是世間智？就是：一切外道凡夫，於世間生滅諸法，計著有無。

云何出世間智？謂：一切聲聞緣覺，墮自共相希望計著。

〔註解〕此釋出世間智。二乘以偏空智，觀諦緣五陰等法，局於支分的自體爲自相，空無我理爲共相。故曰：「墮自共相」。計有生死可離，涅槃可證，希望得出世果，故曰：「希望計著」。

〔語譯〕什麼是出世間智？就是：一切聲聞緣覺，墮入諦緣等法的自共相見，希望取證涅槃，得出世果。

云何出世間上上智？謂：諸佛菩薩，觀無所有法，見不生不滅，離有無品，如來地，人法無我。緣自得生。

〔註解〕此釋出世間上上智。諸佛菩薩之智，超世間外道凡夫的計著有無；超出世二乘的但空人我，故名出世間上上智。

〔語譯〕什麼是出世間上上智？就是：諸佛菩薩，觀一切法畢竟空無所有，不生不滅，離有無相，至如來地，證得人法二無我理。此出世間上上智，是緣內證自覺聖智而生的，非從外得。

大慧！彼生滅者是識，不生不滅者是智。復次，墮相無相，及墮有無種種相因是識，超有無相是智。復次，長養相是識，非長養相是智。

〔註解〕上來分別三種智相，是隨他意語，故世出世間，通名爲智。今則隨佛自意，約三識三智，相對揀別。可知除諸佛菩薩之智，實爲出世間上上智外；彼外道二乘之智，實未離識，不過假名爲智罷了。

〔語譯〕大慧！彼外道凡夫，隨念分別有爲諸法，剎那生滅的，是識；諸佛菩薩，觀無所有法，本不生滅的，是智。又彼墮有相無相的斷常二見，及墮有無諸相的異因，如神我等者，是識；諸佛菩薩，離有無相，是智。又二乘取證涅槃，長養其法我見的，是識；諸佛菩薩，證人法無我，非長養相，是智。

復次，有三種智。謂：知生滅、知自共相、知不生不滅。

〔註解〕此言佛具三智，體一而用殊，卽一而三，卽三而一。卽臺家所謂的三智一心中得。知生滅，就是一切智，知自共相，就是道種智。知不生不滅，就是一切種智。

〔語譯〕復次，如來有三種智，就是：(1)知生滅法空。(2)知自共相假。(3)知不生不滅的中道實相。

復次，無礙相，是智。境界種種礙相，是識。復次，三事和合生方便相，是識。無

事方便自性相，是智。復次，得相，是識。不得相，是智。自得聖智境界，不出不入故，如水中月。

〔註解〕上言三智，尙有淺深之殊，故今再三辨智識，的顯如來聖智之極。

〔語譯〕復次，若了唯心無障礙相，是智；否則，有境界相的種種障礙，是識。又，若藉根、境、作意，這三事方便而和合的生相，是識；反是，無三事和合的自性相，是智。又，若不了唯心，而有相可得的，是識；反是，無相可得，是智。如來的自覺聖智境界，無來無去，不出不入，如水中月，那有「礙」等的三相可得？

第二節　偈　頌

爾時，世尊欲重宣此義，而說偈言：『採集業爲識，不採集爲智。觀察一切法，通達無所有，逮得自在力，是則名爲慧。縛境界爲心，覺想生爲智。無所有及勝，慧則從是生。』

〔註解〕此下總有七頌重明前義。這二頌半，明智識相。「採集業」等句，都分別在前心品之一的「廣明八藏」章，及心品之二的「辨妄想通相」章裏解釋過了。

〔語譯〕這時，世尊爲重明前義，說偈頌道：『採取塵境集起業行爲識，不採集爲智。觀察諸法緣起性空，本無所有，得大自在，此名爲慧。被境界所束縛的是妄想心，覺此妄想之所以生起的是智。若能了達無所有法及最勝第一義諦，智慧就從此而生了。

心意及與識，遠離思惟想，得無思想法，佛子非聲聞。寂靜勝進忍，如來清淨智，生於善勝義，所行悉遠離。

〔註解〕這二頌：初明菩薩智，次明如來智。仁王經中說有五忍：1、伏忍。2、信忍。3、順忍。4、無生忍。5、寂滅忍。五忍各分上中下三品。從地前三賢位到菩薩九地，依次得前四忍。十地至妙覺，方得最後的寂滅一忍，故名「寂靜勝進忍」。忍，就是安住於決定之理而無動念之義。

〔語譯〕若心意識，遠離有無及自共相的思惟妄想，便得無思想法，這是菩薩之智而非聲聞。寂靜勝進忍，是如來的清淨智。此智是從最善的勝義諦生，心行之處都已遠離了。

我有三種智，聖開發眞實。於彼想思惟，悉攝受諸性。二乘不相應，智離諸所有，計著於自性，從諸聲聞生。超度諸心量，如來智清淨。』

〔註解〕此二頌半文的初二句，明如來有三種智，即前所謂：知生滅、知自共相、知不生不滅。次二句，明外道凡夫的世間智。次四句，明二乘的出世間智。最後二句，明如來的出世間上上智。

〔語譯〕**我有三種智，開發佛之知見的眞實義諦。彼外道凡夫以妄想思惟，攝受有無諸**

性。二乘智離諸所有，雖不與外道凡夫相應；卻又計著自共相性，從聞諦緣的聲敎而生了。惟有超彼凡夫二乘等的種種心量，才是如來出世間上上智的至極清淨。』

（章後贅言：觀本章以三識三智，相對揀別，可知識與智，只是一心的迷悟之分。什麼是迷？什麼是悟？都明示得洞若觀火，吾輩行人，何不就此轉識成智，以副如來爲我們說此智識相的本懷？）

第十一章　破轉變論

第一節　長　文

復次大慧！外道有九種轉變論。外道轉變見生，所謂：『形處轉變、相轉變、因轉變、成轉變、見轉變、性轉變、緣分明轉變、所作分明轉變、事轉變。大慧！是名九種轉變見。一切外道，因是起有無生轉變論。』

〔註解〕此明外道不達唯心，由九種轉變的執見，生轉變論：⑴輪廻六道的形狀各異，叫做「形處轉變」。⑵五陰諸相，生住異滅，叫做「相轉變」。⑶因滅果成，叫做「因轉變」。⑷果還爲因，叫做「成轉變」。⑸見異思遷，叫做「見轉變」。⑹善惡更易，先苦後甘，叫做「性轉變」。⑺衆緣和合能作爲一，叫做「緣分明轉變」。⑻緣散則所作亦滅，叫做

「所作分明轉變」。⑼有爲法滅，叫做「事轉變」。

〔語譯〕復次大慧！外道有九種轉變論。這九種轉變論，是從虛妄轉變的執見而生的。就是所謂的：形處轉變、相轉變、因轉變、成轉變、見轉變、性轉變、緣分明轉變、所作分明轉變、事轉變。大慧！這就叫做九種轉變見。一切外道，因此起有、無惡見，生轉變論。

云何形處轉變？謂：形處異見。譬如金變作諸器物，則有種種形處顯現，非金性變。一切性變，亦復如是。或有外道作如是妄想，乃至事變妄想，彼非如非異。妄想故。

〔註解〕此釋上列的九種轉變。但約始末的形、事之二，以例餘七。文分三段：⑴「云何」下，釋外道的形處轉變。⑵「譬如」下，舉譬以示正義。以金譬如來藏性，器譬形處。藏性不變隨緣，譬如金作諸器。隨緣不變，譬如器變而金不變。⑶「或有」下，結斥外計。以藏性隨緣而非如，不變而非異的圓理，破彼外道定執爲異的妄想。

〔語譯〕什麼是形處轉變？就是：但見四大諸根的形狀，遷謝變異，而不知如來藏性常住不變。譬如以金作諸器物，雖有種種器物的形狀顯現，而金質不變。一切法變而藏性不變，也是如此。或有外道，作此形變，乃至事變的妄想；然彼所計，本爲非如非異，而妄想執著以爲異了。

如是一切性轉變，當知如乳酪酒果等熟。外道轉變妄想，彼亦無有轉變，若有若無

，自心現，外性非性。

〔註解〕此舉乳酪等喻，顯示諸法唯自心現，實無轉變。

〔語譯〕一切法的轉變，當知如乳酪酒果等的由生變熟，而性實不變。外道的轉變妄想，亦非實有轉變。因爲若有若無，唯自心現，心外無法，那有什麼轉變不轉變？

大慧！如是凡愚衆生，自妄想修習生。大慧！無有法若生若滅。如見幻夢色生。』

〔註解〕此明如見幻夢，本無生滅；既無生滅，那有轉變？

〔語譯〕大慧！如是見有生滅轉變的凡愚衆生，都是從妄想習氣熏修而生的。大慧！實無一法若生若滅。不過如幻夢所見的諸色罷了。』

第二節　偈　頌

爾時，世尊欲重宣此義，而說偈言：『形處時轉變，四大種諸根，中陰漸次生，妄想非明智。最勝於緣起，非如彼妄想，然世間緣起，如乾闥婆城。』

〔註解〕此佛說二頌重明上義：初頌外道等的妄計轉變。中陰，就是死後生前，中間所受的陰身。次頌佛觀世間緣起如幻，不同妄想。

〔語譯〕這時，世尊爲重明上義，說偈頌道：『計有六道形處的四大諸根，及死後生前的中陰身，隨著時節漸次轉變，這都是妄想而非明智。唯有最勝的如來，觀世間緣起非同妄想；但如幻現的乾闥婆城，有卽非有。』

（章後贅言：或問：內教亦說，諸行無常，是生滅法。轉變，不就是生滅無常嗎？何以斥爲妄想？答：到後文心品之四的第四章，說外道有七種無常，不同佛法。這問題就解決了。等著瞧吧。）

第十二章　明相續解脫

第一節　請　問

爾時，大慧菩薩復白佛言：『世尊！惟願爲說一切法相續義，解脫義。若善分別一切法相續不相續相，我及諸菩薩善解一切相續巧方便，不墮如所說義，計著相續。善於一切諸法相續不相續相，及離言說文字妄想覺，遊行一切諸佛刹土，無量大衆，力自在通總持之印，種種變化，光明照耀。覺慧善入十無盡句，無方便行。猶如日月摩尼四大，於一切地，離自妄想相見。見一切法如幻夢等，入佛地身。於一切衆生界，隨其所應而爲說法而引導之，悉令安住一切諸法如幻夢等，離有無品，及生滅妄想，異言說義，其身轉勝。』

〔註解〕一切法本離言說，若隨言取義，計著不斷，就是「相續義」。若因語辯義，如燈照色，就是「解脫義。」菩薩了此二義，便能自行化他。這就是大慧之所以興問。

〔語譯〕這時，大慧菩薩再向佛請問的說：『世尊！但願爲說，什麼是一切法的相續義？什麼是不相續的解脫義？使我及諸菩薩，善解一切相續的巧方便，不墮隨言取義的計著相續。善於一切法的相續中，得不相續，及離言說文字，離妄想覺。遊行於無量大衆的諸佛國土，以十力、解脫、六通的總持法印，作種種變化，光明徧照。由此覺慧發十無盡願，得無功用行，猶如日月的行空不住，摩尼的隨色應現，四大的周徧色法。於一切地，離虛妄想相，徹見諸法如幻如夢，乃至佛地得妙覺身。於一切衆生界中，應機說法而引導之，教他們都安住於諸法如幻的理境，離有無見，離生滅妄想，異於計著言說的相續義，而證得轉依的殊勝法身。』

第二節　許　說

佛告大慧：『善哉善哉！諦聽諦聽！善思念之，當爲汝說。』大慧白佛言：『唯然受敎。』

〔註解〕連連稱讚大慧所問，故曰：「善哉善哉」。又復諄諄告誡其如實聞法，故曰：「諦聽諦聽」。

〔語譯〕佛告訴大慧：『你問得很好很好！只要你切實諦聽，善於思念，我就給你解說。』大慧應諸道：『唯願受敎。』

第三節　正　說

甲　長　文

佛告大慧：『無量一切諸法，如所說義，計著相續。所謂：相計著相續、緣計著相續、性非性計著相續、生不生妄想計著相續、滅不滅妄想計著相續、乘非乘妄想計著相續、有爲無爲妄想計著相續、地地自相妄想計著相續、自妄想無間妄想計著相續、有無品外道依妄想計著相續、三乘一乘無間妄想計著相續。復次大慧！此及餘凡愚衆生，自妄想相續。以此相續故，凡愚妄想如蠶作繭，以妄想絲自纏纏他，有無有相續相計著。』

〔註解〕此約所知障以明相續，凡聖同墮。「無量」下，總明相續義。「所謂」下，列舉十一種相續法數。「復次」下，結斥相續過失。

〔語譯〕佛告訴大慧：『於應病與藥的無量諸法，隨言取義，計著轉深，就叫做相續。所謂：於法相，計著相續。於緣起，計著相續。於有非有性，計著相續。於生及不生，而起妄想計著相續。於滅及不滅，而起妄想計著相續。於敎乘及非敎乘，而起妄想計著相續。於有爲法及無爲法，而起妄想計著相續。於修行階位的地地自相，而起妄想計著相續。於自分別現證，起無間妄想，計著相續。於外道的依有依無，而起妄想計著相續。於三乘一乘，無間斷的分別權實，計著相續。

復次大慧！此我弟子，以及其餘的外道凡愚，妄想相續。尤其是凡愚妄想，好像春蠶作繭，以妄想絲自纏纏他，總不出有無斷常二見的計著相續。

復次大慧！彼中亦無相續及不相續相。見一切法寂靜，妄想不生故。菩薩摩訶薩，見一切法寂靜。復次大慧！覺外性非性，自心現相無所有。隨順觀察自心現量，有無一切性無相。見相續寂靜故，於一切法，無相續不相續相。復次大慧！彼中無有若縛若解。餘墮不如實覺知，有縛有解。所以者何？謂於一切法有無有，無衆生可得故。

〔註解〕此正說不相續的解脫義。非滅相續，叫做不相續；亦非對縛而言解脫。而是觀一切法，本無相續及不相續；亦無若縛若脫。這才是眞解脫哩。

〔語譯〕復次大慧！彼眞如自性裏，也沒有相續相，也沒有不相續相。若見一切法本自寂靜，則妄想不生；所以菩薩摩訶薩，但見一切法寂靜，那有相續及不相續相？復次大慧！若覺外現諸法，都無自性，唯自心現，實無所有；如此隨順觀察自心現量，既無「有」相，亦無「無」相，那相續相就寂靜了；所以一切法，本無相續及不相續。復次大慧！菩薩如實覺知，彼眞如自性裏，本自無縛，那有解脫？惟其不如實知的凡愚，才妄想計著有縛有解，這是什麼緣故呢？若於一切法如實覺知，旣不見有衆生爲「有」法所縛，又怎見有衆生爲「無」法所解呢？

復次大慧！愚夫有三相續。謂：貪恚癡，及愛未來，有喜愛俱。以此相續，故有趣相續，彼相續者續五趣。大慧！相續斷者，無有相續不相續相。

〔註解〕此約煩惱障以明相續，惟屬愚夫。「貪恚癡」是相續因，亦卽發業無明。「愛未來」是相續緣，亦卽潤生煩惱。「五趣」是相續果，亦卽生死苦報。

〔語譯〕復次大慧！愚夫有三種相續，就是：貪、恚、癡三毒的根本煩惱，及貪愛來世的諸有果報，與喜愛俱。以此三毒的相續，故有五趣生死輪轉，隨彼相續。大慧！若彼三毒的相續因斷，就沒有相續的纏縛及不相續的解脫果相了。

復次大慧！三和合緣，作方便計著，識相續無間生。方便計著，則有相續。三和合緣識斷，見三解脫，一切相續不生。』

〔註解〕此約三和合緣以明相續，爲唯識所變。識斷，則相續不生，便得解脫。

〔語譯〕復次大慧！若將根、塵、作意的三緣和合，作方便計著，則識海波浪，就無間斷的生起了。可知相續，是由方便計著三和合識而有的；若斷三和合識，則見空、無相、無作的三解脫門，一切相續就不生了。』

乙　偈　頌

爾時，世尊欲重宣此義，而說偈言：『不眞實妄想，是說相續相，若知彼眞實，相續網則斷。於諸性無知，隨言說攝受。譬如彼蠶蟲，結網而自纏。愚夫妄想縛，相續不觀察。』

〔註解〕此以二頌半文重明前義。初一頌，明相續不相續義，在於眞妄。次一頌半，出愚夫見妄之過。

〔語譯〕這時，世尊爲重明前義，說偈頌道：『不達眞如實際的妄想，就是言說相續相；若了眞實本無相續，那相續的網就斷絕了。不知諸法性空，隨著言說攝受計著，這好比那蠶蟲結網自纏似的。如此愚夫爲妄想所縛，計著相續，都由不善觀察自心現量之所使然。』

（章後贅言：觀本章所明，十一相續，及三相續，由於不善觀察諸法唯自心現，心外無法之故；所以不但凡愚爲煩惱障，墮分段生死；就是三賢十地的聖者，亦爲所知障，墮變易生死。這通統都叫做相續。若善觀察唯心，實際理地，聖凡情盡，纖法不立，則二障遂斷，二死亦了。既無相續的纏縛，那有不相續的解脫？學者應如是知。）

第十三章　辨有無見難

第一節　單辨無見

大慧復白佛言：『如世尊所說，以彼彼妄想，妄想彼彼性，非有彼自性，但妄想自性耳。世尊！若但妄想自性，非性自性相待者，非爲世尊如是說煩惱清淨無性過耶？一切法妄想自性，非性故。』

〔註解〕此大慧與難，是承世尊上章所說的生與不生、滅與不滅，乃至有爲無爲、三乘一乘，都屬妄想而起。「彼彼」二字，就是指這些妄想而言。

〔語譯〕大慧再向佛問難，他說：『如世尊所說，以種種妄想，妄想種種性，非彼諸法有實自性，但是妄想自性而已。世尊！若但有妄想自性，與諸法無自性相待而起的話；豈非世尊所說，墮入了無論染污的煩惱、清淨的涅槃，都無自性的斷見之過了嗎？因爲世尊說，一切法的自性，都屬妄想，非實有自性之故。』

佛告大慧：『如是如是！如汝所說。大慧！非如愚夫性自性妄想眞實。此妄想自性，非有性自性相然。大慧！如聖智有性自性，聖知、聖見、聖慧眼，如是性自性知。』

〔註解〕此佛對大慧問難的辨解。「如是如是」，是欲奪故縱之辭。

〔語譯〕佛告訴大慧：『是的是的！如果照你的說法，如來確有斷滅見的過失。然而，大慧！我所說的諸法無自性，不同愚夫的妄想，計著諸法自性以爲眞實。此妄想自性，非如聖智所見的有性自性。聖智所見的有性自性，是以聖知、聖見、聖慧眼，澈見諸法清淨本然的眞如自性，怎能說是斷滅？』

大慧白佛言：『若使如聖，以聖知、聖見、聖慧眼，非天眼，非肉眼，性自性如是知，非如愚夫妄想。世尊！云何愚夫離是妄想，不覺聖性事故？』

〔註解〕上來以無見與難，既承辨解。此下再展轉作五番與難，總成二見。今第一番與聖凡見異難。

〔語譯〕大慧再向佛問難。他說：『假使聖者以聖知、聖見、聖慧眼，見諸法性，不同天眼肉眼的愚夫妄想；世尊！愚夫既無聖慧眼，不覺聖性事故，他怎能離此妄想，見聖性事？

世尊！彼亦非顚倒，非不顚倒。所以者何？謂：不覺聖事性自性故，不見離有無相故。

〔註解〕此第二番與聖凡濫同難。

〔語譯〕世尊！彼凡愚，亦非顛倒，亦非不顛倒。何以故？如聖人不見凡愚所見的諸法，叫做「非顛倒」；復不著非顛倒相，叫做「非不顛倒」。今凡愚不覺聖自性事，也應當叫做「非顛倒」；復不見離有無相的非顛倒，也應當叫做「非不顛倒」啊。

世尊！聖亦不如是見，如事妄想。不以自相境界爲境界故。世尊！彼亦性自性相，妄想自性如是現。不說因無因故。謂墮性相見故。異境界，非如彼等，如是無窮過，世尊！不覺性自性相故。

〔註解〕此第三番與無窮過失難。

〔語譯〕世尊！聖人也不應當如是見性，如同凡愚的妄想之事；若有性可見，那就是不以自覺聖智的境界爲境界了。世尊！彼聖人既有性自性相，亦如凡愚的妄想自性；那平等法裏，不說因緣有，不說因緣無，若有性自性相，豈非墮於實有性相的執見了嗎？若說聖凡的境界互異，則聖非如凡，凡非如聖，這樣就墮於無窮之過了。世尊！這豈非不能覺了性自性相之故嗎？

世尊！亦非妄想自性，因性自性相。彼云何妄想非妄想，如實知妄想？世尊！妄想異，自性相異。世尊！不相似因，妄想自性相。彼云何各各不妄想，而愚夫不如實知，然爲衆生離妄想故，說如妄想相不如實有？

〔註解〕此第四番與妄想無性難。

〔語譯〕世尊！妄想本無自性，也不是因性自性相而有的。彼聖智何以得妄想非妄想，而又如實知妄想呢？世尊！妄想分別與諸法自性，不但其相各異，而且其因亦不相似。彼聖者的性自性，何以各各不是妄想，而獨愚夫不如實知呢？又何必為令衆生離妄想故，說妄想所見法相，不是如實有呢？

世尊何故遮衆生有無有見事自性計著，聖智所行境界計著墮有見，說空法非性，而說聖智自性事？』

〔註解〕此第五番結有無二見難。

〔語譯〕世尊何故遮止衆生的有無二見，遠離事自性的妄想計著；卻於聖智所行的性自性境界，反生計著而墮於有見呢？既說諸法空無自性，又說聖智性自性事，豈非世尊既墮有見，又墮無見嗎？』

佛告大慧：『非我說空法非性，亦不墮有見，說聖智自性事。然為令衆生離恐怖句故。衆生無始以來計著性自性相，聖智事自性計著相見，說空法。大慧！我不說性自性相。大慧！但我住自得如實空法，離惑亂相見，離自心現性非性見。得三解脫，如實印所印。於性自性，得緣自覺觀察住，離有無事見相。

〔註解〕上來五番問難竟。今辨釋此難，約義分二：⑴明聖智自性事，爲破空有二執而假說，實則非空非有。⑵明不說實有性自性相者，爲得如實空法，乃至離有無見相之故。

〔語譯〕佛告訴大慧：『並非我說空法無性，而墮於空見；亦非我說聖智自性事，而墮於有見。然而，衆生聞說空句，便生恐怖，爲令離此恐怖句故，權說聖自性事，這那裏是墮有見？又爲破衆生自無始來，計著實有諸法的性自性相，及計著如來實有聖智自性事相可見，所以才權說空法，這那裏是墮空見？

大慧！我爲破有說空，破空說有，不說實有性自性相。大慧！我住自得的眞如實際畢竟空法，離於邪倒的惑亂相見，及自心所現的性與非性。得空、無相、無作的三解脫門，而爲實相法印之所印證。於性自性，得緣自覺聖智的觀察，有無見相，都已遠離了。

第三節　誡勿立宗

復次大慧！一切法不生者，菩薩摩訶薩不應立是宗。

〔註解〕上文所說的「離有無事見相」，卽顯一切法不生之理，妙絕言思，無宗可立。故今文勸誡菩薩不應立此爲宗。

〔語譯〕復次大慧！一切法本自不生，菩薩摩訶薩，不應立此爲宗。

所以者何？謂宗一切性非性故，及彼因生相故。

〔註解〕此下明其不應立宗的所以，爲有多過之故。今先出其二過：(1)無法體（性卽體義）可宗。(2)爲因生之相。

〔語譯〕爲什麼不應立此爲宗？一則、因爲一切法不生，則無所宗的法體；既無所宗的法體，宗個什麼？二則、既立宗義，必明其宗義成立之因；既有成宗之因，則彼宗就是因生之相了。何以名爲不生？

說一切法不生宗，彼宗則壞。彼宗一切法不生彼宗壞者，以宗有待而生故。又彼宗不生，入一切法故。不壞相不生故。立一切法不生宗者，彼說則壞。

〔註解〕此再展轉出其三過：(1)有待而生。(2)入一切法。(3)不壞相不生。

〔語譯〕若說以一切法不生爲宗，則是自壞彼宗。何以說是自壞彼宗？一則彼不生宗，是待生而立的，並不是絕待的不生。二則彼所宗的不生，既是待生而立，則是入於世間生滅的一切法中，不得名爲不生了。三則不生，就是不壞相，不壞相本自不生，何得妄立？所以說，立一切法不生爲宗者，就是自壞彼宗。

大慧！有無不生宗，彼宗入一切性，有無相不可得。大慧！若使彼宗不生，一切性不生而立宗，如是彼宗壞。以有無性相不生故，不應立宗。五分論多過故，展轉因異相故，及爲作故。不應立宗分。

〔註解〕彼爲避免有待而生之過，轉立有無不生宗。殊不知有無不生，更有二過：⑴無相可得。⑵墮五分論過。五分論，如前已解。

〔語譯〕大慧！一切法不出有無，若立有無不生爲宗，則彼宗徧入一切法中，有既不生，則有相不可得；無既不生，則無相亦不可得。如此，則彼宗必壞，以其有無性相既都不生，宗將何立？所以不應立此爲宗。

要立宗，若以五分論式的作法來勘定，則其辯因、引喻、同類、異類，必與其所立的宗義，有相違、不極成等的多過。是則展轉因相不同，及墮有爲造作。所以不應立此一切法不生爲宗。

謂一切法不生，如是一切法空、如是一切法無自性。不應立宗。

〔註解〕此以一切法不生爲例，推及法空、無自性，都不應立宗。

〔語譯〕所謂一切法空、一切法無自性，都同一切法不生，是一樣的不應立宗。

大慧！然菩薩摩訶薩，說一切法如幻夢，現不現相故，及見覺過故，當說一切法如幻夢性。除爲愚夫離恐怖句故。大慧！愚夫墮有無見，莫令彼恐怖，遠離摩訶衍。』

〔註解〕此佛教菩薩不應立宗的說法儀式，當隨機應變，不可定執一說。

〔語譯〕大慧！菩薩摩訶薩，當說一切法猶如幻夢。因爲一切法相，有時現，有時不現，這都是衆生的妄見錯覺，實則非現非不現，所以當說一切法如幻夢性。除爲愚夫離「如幻夢」的恐怖句故，權說不生，以破生見。大慧！愚夫墮有無見，怕聞如幻夢句，不要教他們爲發生恐怖，而遠離摩訶衍——大乘。』

第四節　偈　頌

爾時，世尊欲重宣此義，而說偈言：『無自性無說，無事無相續，彼愚夫妄想，如死屍惡覺。一切法不生，非彼外道宗，至竟無所生，性緣所成就。一切法不生，慧者不作想。彼宗因生故，覺者悉除滅。

〔註解〕此下說十頌又二句，重明上義。這三頌總明辨難。初一頌明無自性的邪正之辨。次二頌明外道不應立宗。

〔語譯〕這時，世尊爲重明上義，說偈頌道：『一切法本無自性，亦無言說事法相續；但彼愚夫妄想以斷滅爲無性，其惡覺所見如同死屍。

一切法本自不生，豈彼外道可得以立宗嗎？良以諸法畢竟無所生性，不過是衆緣假合的成就罷了。

一切法既本不生，有智慧的人便不作不生妄想。彼不生宗爲因生相故，所以覺者都要除滅他們這種以生爲不生的戲論。

譬如翳目視，妄見垂髮相，計著性亦然，愚夫邪妄想。施設於三有，無有事自性，施設事自性，思惟起妄想。相施設言教，意亂極震掉，佛子能超出，遠離諸妄想。

〔註解〕這三頌的初二句，舉翳目所視，譬愚夫妄見。次八句，以法合譬。末二句，示菩薩正見。

〔語譯〕譬如空中本無垂髮，而翳眼妄見有垂髮相。愚夫的邪見妄想，其計著性也是如此。

他不知本無三有，亦無事法自性，而以情見施設為有，乃從思惟生起妄想。更計著如來施設的假名言教以為實有，使意地惑亂而震動掉舉。惟菩薩能超越愚夫情見，遠離妄想。

非水水想受，斯從渴愛生，愚夫如是惑，聖見則不然。聖人見清淨，三脫三昧生，遠離於生滅，遊行無所有。修行無所有，亦無性非性，性非性平等，從是生聖果。

〔註解〕這三頌的初三句，舉譬以明愚夫非有計有的迷惑。次九句，明聖人非有非無的證悟。

〔語譯〕譬如渴鹿於非水的陽燄妄作水想，是從渴極愛水而生的。於非有計有的愚夫如此迷惑，**聖智所見就不然了。**

聖人見三界清淨本然，由是而入空、無相、無願的三解脫定，遠離世間有漏生滅，遊行於畢竟空無所有的無相理境。

修行空無所有，則有無俱離，性自平等，聖果就從此而生了。

云何性非性？云何爲平等？謂彼心不知，內外極漂動。若能壞彼者，心則平等見。』

〔註解〕這最後的一頌又二句，爲徵釋凡聖的所以見異。

〔語譯〕爲什麼愚夫見有見無？爲什麼聖人見有無平等？因彼愚夫不了心外無境，遂爲內心外境的風浪所漂動。若能壞彼情見，就證得非有非無的平等心了。』

（章後贅言：聖人爲破愚夫有見，於非空說空，以顯非有。爲破無見，於非有說有，以顯非無。說空說有，只是方便施設的言教。非有非無，才是平等眞如。學者若能會得這一章要旨，就不至隨語生解，不但自墮有無二見，且謂如來亦墮有無二見了。）

第十四章　辨智不得境難

第一節　請　問

爾時，大慧菩薩復白佛言：『世尊！如世尊說，如攀緣事智慧不得，是施設量，建立施設。所攝受非性，攝受亦非性。以無攝故，智則不生，唯施設名耳。

〔註解〕此大慧述世尊一往所說，作爲他假設疑難的依據。

〔語譯〕這時，大慧菩薩又請問佛。他說：『世尊！如世尊所說，若將攀緣塵境之事，以智慧觀察，是不可得的。因爲是施設情量所建立的施設，所取非有，能取亦非有，旣無能取所取，故以智慧觀之，本自不生，唯有施設的假名而已。

云何世尊！爲不覺性自相共相，異不異故，智不得耶？爲自相共相，種種性自性相隱蔽故，智不得耶？爲山巖石壁，地水火風障故，智不得耶？爲極遠極近故，智不得耶？爲老小盲冥，諸根不具故，智不得耶？

〔註解〕此大慧依據所述佛說，而假設的五疑。自共相等，如前已解。餘義可知。

〔語譯〕爲什麼世尊說：「如攀緣事，智慧不得。」？爲不能覺知事法的自相共相，異不異故，所以智不可得呢？爲種種自相共相，隱覆遮蔽之故，所以智不可得呢？爲山巖石壁，地水火風的障礙之故，所以智不可得呢？爲距離太遠，非目力所及；或距離太近，無展視空間之故，所以智不可得呢？爲老小盲冥諸根殘缺之故，所以智不可得呢？

世尊！若不覺自共相異不異，智不得者；不應說智，應說無智。以有事不得故。

〔註解〕此下爲因五疑，而興五難。這是第一難。

〔語譯〕世尊！假如以不能覺知自共相異不異，爲智不得者；那就不應說智，應說無智才對。何則？因雖有事法，卻不能得知的緣故。

若復種種自共相性自性相隱蔽故，智不得者；彼亦無智，非是智。世尊！有爾燄故智生，非無性會爾燄，故名爲智。

〔註解〕這是第二難。爾燄，如前已解。餘義可知。

〔語譯〕假如爲種種法的自共相性隱蔽之故，而智不得者；那也是無智，而不是智。何則？因爲有所知之事，方名智生，並非無法會合所知，名爲智哪。

若山巖石壁，地水火風，極遠極近，老小盲冥，諸根不具，智不得者；此亦非智，應是無智。以有事不可得故。』

〔註解〕此合三難。如文可知

〔語譯〕假如爲山巖石壁及地水火風所障礙，或距離太遠太近，或老小盲冥諸根殘缺之故，而智不可得者；這也都不是智，應是無智。何則？因實有其事，卻不能得知的緣故。』

第二節　答　釋

甲　長　文

佛告大慧：『不如是，無智應是智，非非智。我不如是隱覆，說攀緣事，智慧不得

，是施設量建立。

〔註解〕此總斥大慧疑難之非是。故佛出言便說：「不如是」，予以斷然的否定。

〔語譯〕佛告訴大慧：『並非如此，無前境可得，便是無智。當知無智應即是智，不是非智。我不是說，實有隱覆的攀緣事，智慧不得；而是說，攀緣事爲施設量的建立，但是妄想，而非智慧。

覺自心現量，有無有，外性非性，知而事不得。不得故，智與爾燄不生。順三解脫，智亦不得。非妄想者，無始性非性，虛僞習智，作如是知。是知彼不知。故於外事處所，相性無性，妄想不斷。自心現量建立，說我我所相，攝受計著。

〔註解〕此約唯心以釋智不得義，揀非妄想。

〔語譯〕覺了諸法唯自心現，有法無法，都無自性。知此，那攀緣事就不可得了。以不可得故，則能知之智，與所知之境，便寂然不生，隨順入三解脫門，亦無解脫的智相可得。這無智之智，不是妄想愚夫，以無始有無的虛僞習氣之智，所能知的。以不知故，便於外境攀緣事處，分別有無，妄想不斷；於自心現量，無所建立處，而妄自建立，說有我及我所，相互攝受，計著執取。

不覺自心現量，於智爾燄而起妄想。妄想故，外性非性，觀察不得，依於斷見。』

〔註解〕此約唯心以責大慧不如實知，而起無智的斷滅空見。

〔語譯〕不覺諸法唯自心現，以能知之智，會所知之境，而起妄想。由妄想故，觀察不得若有若無的外境，都無自性；隨依有已還無，而起斷見。』

乙　偈　頌

爾時，世尊欲重宣此義，而說偈言：『有諸攀緣事，智慧不觀察，此無智非智，是妄想者說。於不異相性，智慧不觀察，障礙及遠近，是名為邪智。老小諸根冥，而智慧不生，而實有爾燄，是亦說邪智。』

〔註解〕此說三頌重宣上義，斥其疑難之非。義顯可解。

〔語譯〕這時，世尊為重明上義，說偈頌道：『計有諸攀緣事，智慧觀察不得，以此為無智非智者；那是妄想愚夫的胡說。若於自共相異不異，或石壁障礙及太遠太近，疑此為智慧觀察不得者；這叫做邪智。若說老小盲冥諸根殘缺，雖智慧不生，卻實有所知之境者；這也是邪智。』

（章後贅言：統觀本章，大慧以不達諸法唯心之故，疑實有外境，智慧不得，應為無智，而興問難。世尊答以若達諸法唯心，則能所雙亡，智境不生，無智即是真智。可知這一迷一悟，是以能否了達唯心為關鍵了。）

第十五章　再明二通

第一節　承斥請教

復次大慧！愚癡凡夫，無始虛僞惡邪妄想之所迴轉，迴轉時，自宗通及說通，不善了知。著自心現外性相故，著方便說，於自宗四句清淨通相，不善分別。

〔註解〕前第七章，已明宗通及說通二相。若善了知此二通相，何至於興起上章智不得境的五難。故佛斥之爲愚癡凡夫。

〔語譯〕復次大慧！愚癡凡夫，因爲被無始以來的虛僞惡邪妄想所轉，就不善了知自性宗通及說通二相了。不知宗通，則計著自心所現的外境，以爲實有。不知說通，則計著方便化他的言說，隨語生解，而於自宗離四句絕百非的清淨通相，妄起分別。

大慧白佛言：『誠如尊敎，唯願世尊爲我分別說通及宗通。我及餘菩薩摩訶薩，善於二通，來世凡夫聲聞緣覺不得其短。』

〔註解〕此大慧承佛斥責，請敎二通。

〔語譯〕大慧向佛稟白：『誠然如世尊所敎，唯願世尊爲我們分別說通及宗通，使我及其餘的諸大菩薩，善知二通，則行解相應；來世的凡夫二乘，就不得伺隙而乘其短了。』

第二節　許　說

佛告大慧：『善哉善哉！諦聽諦聽，善思念之，當爲汝說。』大慧白佛言：『唯然受教。』

〔註解〕善哉，是讚其能問二通。諦聽，是誠以如實聞法。

〔語譯〕佛告訴大慧：『很好很好！你要如實諦聽，善爲思念，我就給你解說。』大慧答道：『唯願受教。』

第三節　正　說

甲　長　文

佛告大慧：『三世如來，有二種法通。謂：說通及自宗通。

〔註解〕此總標二種通名，向下分別解釋。

〔語譯〕佛告訴大慧：『過去、現在、未來的三世諸佛，有二種通法：一是化他的說通。二是自行的宗通。

說通者，謂：隨衆生心之所應，爲說種種衆具契經。是名說通。

〔註解〕此別釋說通。九部經教，理無不契，則權實該備；機無不攝，則普被三根。故名「衆具契經」。

〔語譯〕所謂說通者，就是：隨著衆生心量，適應機宜，為他們說種種衆具契經。這名就叫做說通。

自宗通者，謂：修行者，離自心現種種妄想。謂：不墮一異俱不俱品，超度一切心意意識。自覺聖境界，離因成見相，一切外道聲聞緣覺墮二邊者，所不能知。我說是名自宗通法。

〔註解〕此別釋宗通。不墮四句品，則言語道斷。超度心意識，則心行處滅。此中道第一義諦，故非墮邊見者所能了知。

〔語譯〕所謂自宗通者，就是：修大乘行者，離了自心所現的種種妄想，便不墮一異俱不俱的四句分別，超度一切心、意、意識，到自覺聖境界，離因緣成就的有所見相了。這不是墮空有二邊的外道二乘，能夠了知的。我說這名就叫做自宗通。

大慧！是名自宗通及說通相。汝及餘菩薩摩訶薩，應當修學。』

〔註解〕此結勸修學。義顯可解。

〔語譯〕大慧！這名就叫做宗通及說通二相。你和其餘的諸大菩薩，應當修學。」

乙　偈　頌

爾時，世尊欲重宣此義，而說偈言：『我謂二種通，宗通及言說。說者授童蒙，宗爲修行者。』

〔註解〕此說偈頌，重明二通爲自行化他。

〔語譯〕這時，世尊爲重明上義，說偈頌道：『我所說的二種通相，就是宗通及說通。說通，是教授初機的化法。宗通，是修行者的自證本心。』

（章後贅言：自證本來的宗通，本不可說，故必寄言於說通以教授童蒙，使初機學人，也從說通而自證本來。如是展轉：說通於宗，就是遣法相；宗通於說，就是遣非法相。這不取於法，不取於非法的宗說二通，甚深微妙，故佛不憚其繁的爲諸菩薩明之又明。）

第十六章　戒習世論

第一節　請　問

爾時，大慧菩薩白佛言：『世尊！如世尊一時說言：世間諸論種種辯說，愼勿習近。若習近者，攝受貪欲，不攝受法。世尊何故作如是說？』

〔註解〕世論，就是外道盧伽耶陀的惡論，雖與內教的「說通」並行於世，然一邪一正，絕不兩立。此一往世尊之所以誡勿習近，今大慧之所以興問。

〔語譯〕這時，大慧菩薩向佛禀白，他說：『世尊往時曾說，對世間的種種議論，巧辯言說，萬勿習近。假使習其說，近其人；那就只能攝受貪欲，不能攝受正法了。世尊爲什麼作這樣的言說？』

第二節　答　釋

甲　正答所問

佛告大慧：『世間言論，種種句味，因緣譬喻，採集莊嚴，誘引誑惑愚癡凡夫。不入眞實自通，不覺一切法，妄想顚倒，墮於二邊。凡愚癡惑而自破壞，諸趣相續不得解脫。不能覺知自心現量，不離外性自性，妄想計著。是故世間言論種種辯說，不脫生老病死憂悲苦惱，誑惑迷亂。

〔註解〕「世間言論」句下，出世論過惡。「凡愚癡惑」句下，責習近之非。義顯可解。

〔語譯〕佛告訴大慧：『世間言論，用種種文句、種種因緣、種種譬喻，藻飾華美，以誑惑愚夫。不能證入眞實通義，不能覺了一切法空，但以妄想顚倒，墮有無二邊。凡夫愚癡，爲他誑惑，破壞正法，墮落五趣，相續流轉，不得解脫。推究其故，都因不能覺知一切法唯自心現，心外無法，妄想計著實有自性。所以世間言論，雖有種種巧辯說辭，卻不能使人出離生老病死憂悲苦惱，但能誑惑愚夫心識迷亂。

大慧！釋提桓因，廣解衆論，自造聲論。彼世論者有一弟子，持龍形像，詣釋天宮，建立論宗，要壞帝釋千輻之輪。隨我不如，斷一一頭，以謝所屈。作是要已，即以釋法，摧伏帝釋。釋墮負處，即壞其車，還來人間。如是大慧！世間言論，因譬莊嚴，乃至畜生，亦能以種種句味，惑彼諸天，及阿修羅，著生滅見，而況於人。是故大慧！世間言論，應當遠離，以能招致苦生因故，愼勿習近。

〔註解〕此引事證，以顯世論過惡，誡勿習近。「釋提桓因」，就是切利天主，略稱「帝釋」。餘義可解。

〔語譯〕大慧！釋提桓因，既廣解衆論，又自造聲論。有一世論弟子，以神通變現龍的形像，到帝釋天宮，建立世論宗旨，要與帝釋一角勝負。誓言：「如果我勝你負，就壞了你的千輻輪車。如果你勝我負，願一刀一刀的斷我頭顱，以謝所屈。」結果，以帝釋的聲論法式，摧伏帝釋。帝釋既落負數，隨即壞其千輻輪車，還來人間。大慧！如此以因緣譬喻所藻飾的世間言論，卽使是畜生之類的龍，也能以種種句味，迷惑諸天及阿修羅，著生滅二見；何況世人而能不被其誑惑迷亂嗎？因此之故，大慧！世間言論，應當遠離。因爲他能招致來世生苦之因，怎可習近？

大慧！世論者，惟說身覺境界而已。大慧！彼世論者，乃有百千，但於後時後五百年，當破壞結集。惡覺因見盛故，惡弟子受。如是大慧！世論破壞結集，種種句味，因譬莊嚴，說外道事，著自因緣，無有自通。大慧！彼諸外道，無自通論，於餘世論，廣說無量百千事門，無有自通，亦不自知愚癡世論。』

〔註解〕此總結世論過惡。「身覺」，就是五陰，色陰爲「身」，餘四陰爲「覺」。「後時後五百年」，就是佛滅度後，按佛法逐漸式微，分爲五個時期，每一時期爲五百年的最後時期。餘義可解。

〔語譯〕大慧！那世論者，他們言不及義，但說色身覺知的煩惱塵境而已。大慧！那世論者，有百千種類，部黨分立，於我法後五百年，正法欲滅之時，破壞我結集的十二部經。以彼惡覺、苦因、邪見的熾盛之故，我法中的惡見弟子，受其誑惑。大慧！此等世論破壞結集，以種種句味、因緣、譬喻的文飾莊嚴，說外道事，執著自以爲有、爲無的邊見因緣，沒有離有離無的自性宗通。大慧！彼外道等，廣說世論無量百千法門，不但沒有自通，而且也不自知其爲愚癡的世論。』

乙　轉釋疑難

爾時，大慧白佛言：『世尊！若外道世論，種種句味因譬莊嚴，無有自通，自事計著者：世尊亦說世論，爲種種異方諸來會衆天人阿修羅，廣說無量種種句味，亦非自通耶？亦入一切外道智慧言說數耶？』

〔註解〕此大慧疑十二分教裏，所說的因緣、譬喻等，混同世論。所以致問。

〔語譯〕這時，大慧向佛稟白，他說：『世尊！若果外道世論，種種句味、因緣、譬喻的莊嚴，都無自通的話；那末，世尊也曾爲來自異方國土的會衆，天龍八部，廣說種種無量句味，豈非亦無自通，亦墮一切外道的智慧言說數中嗎？』

佛告大慧：『我不說世論，亦無來去，唯說不來不去。大慧！來者，趣聚會生。去者，散壞。不來不去者，是不生不滅。我所說義，不墮世論妄想數中。所以者何？謂：不計著外性非性，自心現處。二邊妄想所不能轉。相境非性，覺自心現，則自心現，妄想不生。妄想不生者，空無相無作，入三脫門，名爲解脫。』

〔註解〕此佛答釋大慧的疑難。先拂其難以顯正教，次申所以。義顯可解。

〔語譯〕佛告訴大慧：『我不說世論，也不見有異方人天的來去，唯說不來不去的不生滅法。大慧！來，就是緣會而生；去，就是緣散而滅；不來不去，就是無所從來，亦無所去的不生不滅。我所說的這不生滅義，不墮世論的生滅妄想數中。何以不墮世論妄想？我不計著自心現處的外境，爲有爲無，不爲這有無二邊的妄想所轉。若覺一切相境，非實有性，唯自心現；那自心所現的有無妄想，就不生了；妄想不生，便證入空、無相、無作的三解脫門，這就叫做解脫。』

大慧！我念一時，於一處住。有世論婆羅門，來詣我所。不請空閑，便問我言：『瞿曇！一切所作耶？』我時答言：『婆羅門！一切所作，是初世論』。彼復問言：『一切非所作耶？』我復報言：『一切非所作，是第二世論。』彼復問言：『一切常耶？一切無常耶？一切生耶？一切不生耶？』我時報言：『是六世論。』大慧！彼復問我言：『一切一耶？一切異耶？一切俱耶？一切不俱耶？一切因種種受生現耶？』我時報言：『是十一世論。』大慧！彼復問言：『一切無記耶？一切記耶？有我耶？無我耶？有此世耶？無此世耶？有他世耶？無他世耶？有解脫耶？無解脫耶？一切剎那耶？一切不剎那耶？虛空耶？非數滅耶？涅槃耶？瞿曇！作耶？非作耶？有中陰耶？無中陰耶？』大慧！我時報言：『婆羅門！如是說者，悉是世論，非我所說，是汝世論。

〔註解〕這是世尊舉往事以明世論。「婆羅門」，是印度奉事梵天的一種族姓，自謂其鼻祖從梵天口生。持圍陀論，倨傲一切。故其所問，佛概以世論斥之。

〔語譯〕大慧！我想過去有一段時期，住在一處。有一世論婆羅門，來到我處，他不請問我有無空閑，便遽然問我：『瞿曇！一切法，是有作的嗎？』我那時答覆他說：『婆羅門！一切法，有所作者，是第一世論。』

他又問我：『一切法，是非所作嗎？』我又酬答他說：『一切法，非所作者，是第二世論。』

他又問我：『一切法，是常？是無常？是生？是不生？』我那時酬答他說：『合上二問，是六重世論。』

大慧！他又問我：『一切法，是一？是異？是亦一亦異？是不一不異？一切法，是從種種受生之因而現起的嗎？』我那時酬答他說：『合上六問，是十一重世論。』

大慧！他又問我：『一切法，是非善非惡的無記性呢？還是有記？是有我呢？還是無我？有無此世？有無他世？有解脫門？無解脫門？一切法，是剎那遷變呢？不是剎那遷變？瞿曇！虛空、涅槃、非擇滅，這三無爲法，是有所作的嗎？還是無所作？有死後生前的中陰身嗎？還是無中陰身？』大慧！我那時酬答他說：『婆羅門！你所說的這些話題，都是世論，非我所說。

我唯說無始虛僞妄想習氣種種諸惡，三有之因。不能覺知自心現量而生妄想，攀緣外性。如外道法，我諸根義，三合知生。我不如是，婆羅門！我不說因，不說無因。唯說妄想攝所攝性，施設緣起。非汝及餘墮受我相續者，所能覺知。』

〔註解〕此佛明示內教正論，不同外道。亦非外道所能測知。

〔語譯〕我唯說，無始虛僞妄想習氣，及種種諸惡現行，是欲、色、無色的三有生因。由於不能覺知一切法唯自心現，而妄生攀緣，心外取法。如彼外道，說有神我、根、境的三法和合，而生知識。我可不是這樣說法，婆羅門！我不定說有因，不定說無因；唯說妄想分別能取所取，假緣施設，而生起諸法。這不是你及其餘的世論弟子，墮於我見，計著三界實有生死相續者，所能測知。』

大慧！涅槃、虛空、滅，非有三種，但數有三耳。

〔註解〕此明示三無爲法，亦爲世論。

〔語譯〕大慧！涅槃、虛空，及非擇滅的三無爲法，並非心外實有三種法體，不過假說有三法的名數而已。

復次大慧！爾時世論婆羅門，復問我言：『癡愛業因故，有三有耶？爲無因耶？』我時報言：『此二者，亦是世論耳。』彼復問言：『一切性皆入自共相耶？』我復報言：『此亦世論，婆羅門！乃至意流妄計外塵，皆是世論。』

〔註解〕此婆羅門不信佛說，而起的疑問。即此因疑起問，便屬世論，故佛一並斥之。

〔語譯〕大慧！還有一次，世論婆羅門又問我說：『三有，是以癡愛的業行爲因而有的嗎？還是無因自有？』我那時答覆他說：『這二問，都是世論。』他又問說：『一切法，都入自相及共相嗎？』我又答覆他說：『婆羅門！不但這也是世論，乃至稍有意念流動，妄計外塵，都是世論。』

復次大慧！爾時世論婆羅門，復問我言：『頗有非世論者不？我是一切外道之宗，說種種句味、因緣、譬喻莊嚴。』我復報言：『婆羅門！有，非汝有者。非爲，非宗，非說，非不說種種句味，非不因譬莊嚴。』

〔註解〕這是婆羅門既被斥爲世論，雖窮猶辯，再興問難。意謂，除世論外，豈有非世論者，爲所宗所說嗎？那知又被斥爲非彼所有，非宗非說。

〔語譯〕大慧！還有一次，世論婆羅門又問我說：『除世論外，尚有非世論否？我是一切外道的宗師，所宗的經書，說有種種句味、因緣、譬喻莊嚴，那裏有非世論？』我又答覆他說：『婆羅門！有非世論，但不是你所有的。而且非所作爲，非宗，非說。然，亦非不說種種句味，亦非不說因緣譬喻莊嚴。』

婆羅門言：『何等爲非世論，非非宗，非非說？』我時報言：『婆羅門！有非世論，汝諸外道所不能知。以於外性不實妄想虛僞計著故。謂妄想不生，覺了有無自心現量。妄想不生，不受外塵。妄想永息，是名非世論。此是我法，非汝有也。婆羅

門！略說彼識：若來若去，若死若生，若樂若苦，若溺若見，若觸若著，種種相。若和合相續，若愛，若因計著。婆羅門！如是比者，是汝等世論，非是我有。』

〔註解〕婆羅門雖遭『有非世論，非宗非說』之斥，還是執迷不悟，又疑佛是以『非非宗』爲宗；以『非非說』爲說的。故再與此問。答中分析世論與非世論，至爲詳明。爭奈其一迷永迷，始終不悟。

〔語譯〕婆羅門又問我說：『什麼是非世論，非非宗，非非說？』我那時酬答他說：『婆羅門！有非世論，但不是你們外道所知；因爲你們於心外不實之法，妄想分別，計著爲實之故。所謂非世論者，就是妄想不生，則能覺了有無諸法，唯自心現；覺了諸法唯自心現，則不攝受外塵境界；如是心境雙亡，妄想永息，就叫做非世論。但這是我所證法，不是你所有的。婆羅門！再略微說說你們的世論吧，就是不覺有識心的若來若去、若生若死、若苦若樂、若陷溺沈沒、若顯見漂浮、若觸著種種境相、若三法和合相續、若貪愛爲緣、若計著異因。婆羅門！如是比類，都是你們的世論，不是我所有的。』

大慧！世論婆羅門，作如是問，我如是答。彼卽默然，不辭而退。思自通處，作是念言：『沙門釋子，出於通外，說無生無相無因，覺自妄想現相，妄想不生。』大慧！此卽是汝向所問我：『何故說習近世論種種辯說，攝受貪欲，不攝受法。』

〔註解〕此對大慧敍說婆羅門倨傲頑固的難化之狀，以結答其一向請問之詞。

〔語譯〕大慧！世論婆羅門，如此致問，我如此囘答。他竟默無一語，悻悻然不辭而退。而且自以爲通，口雖不言，心裏卻這樣念道：「沙門釋子，出乎我通之外，只會說，無生，無相，無因，覺了妄想唯自心現，則妄想不生。」大慧！這就是你一向所問，「爲什麼習近世論種種辯說，就只能攝受貪欲，而不能攝受正法。」的明證。』

丙　釋貪法句義

大慧白佛言：『世尊！攝受貪欲及法，有何句義？』佛告大慧：『善哉善哉！汝乃能爲未來衆生，思惟咨問如是句義，諦聽諦聽，善思念之，當爲汝說。』大慧白佛言：『唯然受教。』

〔註解〕前大慧所請「何故世尊說，若習近世論，攝受貪欲，不攝受法？」的問題，雖承世尊於上文分別答釋，但尚未的指，何爲貪句義？何爲法句義？此今文大慧之所以再度請問，世尊之所以讚善許說也。

〔語譯〕大慧向佛請問：『世尊！什麼是貪欲句義？什麼是法句義？』佛告訴大慧：『很好很好！你能為未來際衆生，思惟咨詢如此句義。你要仔細的聽著，善爲思念體會，我當給你分別解說。』大慧唯然應諾，說：『願受教誨』。

佛告大慧：『所謂貪者，若取、若捨、若觸、若味，繫著外塵，墮二邊見。復生苦陰，生老病死憂悲苦惱。如是諸患，皆從愛起，斯由習近世論，及世論者。我及諸佛說名爲貪。是名攝受貪欲，不攝受法。

〔註解〕此下正答所問。今先釋貪欲。

〔語譯〕佛告訴大慧：『所謂的貪，就是：有取、有捨、有觸、有味，繫著外塵境界，計有計無，墮二邊見，又生五陰苦報的生老病死憂悲苦惱。諸如此類的患難，都是由習近世論及世論者的欲愛而起。我與三世諸佛，說此名叫做貪。這就是所謂的「攝受貪欲，不攝受法。」

大慧！云何攝受法？謂：善覺知自心現量。見人無我及法無我相，妄想不生。善知上上地，離心意意識，一切諸佛智慧灌頂，具足攝受十無盡句，於一初法無開發自在，是名爲法。所謂不墮一切見、一切虛僞、一切妄想、一切性、一切二邊。大慧！多有外道癡人，墮於二邊若常若斷，非黠慧者。受無因論，則起常見。外因壞因緣非性，則起斷見。大慧！我不見生住滅故，說名爲法。

〔註解〕此釋攝受法義。如前已解。

〔語譯〕大慧！什麼叫攝受法？就是：善能覺知諸法唯自心現，得見人法二空所顯的中道實相理體，則妄想不生；善知上上地等覺法門，遠離心意意識；一切諸佛，以智慧水爲之灌頂，授法王位；具足攝受十無盡願，於一切法，不待開發，得大自在。這名就叫做法。亦即所謂的：不墮一切見、一切虛僞、一切妄想、一切自性、一切有無斷常二邊。大慧！有很多非黠慧的外道癡人，計常計斷，墮二邊見。他們受無因論，認爲四大本有，非從因生，便起常見；或見四大造色的外因壞滅，認爲永不再生，便起斷見。大慧！我卻不然，不見有生住滅相，唯證眞如，所以說名爲法。

大慧是名貪欲及法。汝及餘菩薩摩訶薩，應當修學。』

〔註解〕此結勸修學。

〔語譯〕大慧！這就叫做貪欲及法。你及其餘的諸大菩薩，應當修學遠離貪欲，攝受正法。」

丁　偈　頌

爾時，世尊欲重宣此義，而說偈言：『一切世間論，外道虛妄說，妄見作所作，彼則無自宗。唯我一自宗，離於作所作，爲諸弟子說，遠離諸世論。心量不可見，不觀察二心，攝所攝非性，斷常二俱離。乃至心流轉，是則爲世論，妄想不轉者，是人見自心。來者謂事生，去者事不現，明了知來去，妄想不復生。有常及無常，所

作無所作，此世他世等，斯皆世論通。』

〔註解〕此以六頌重明前義。初二頌，約自宗通，以揀別世論與非世論的不同。次二頌，約自心現量，以揀別世論與非世論的不同。次一頌，明妄想不生之由。末一頌，總斥一切世論的錯失。

〔語譯〕這時，世尊爲重明前義，說偈頌道：『一切世論，都是外道妄說，他們妄見諸法有能作所作，故無自證的宗通。唯我自證一心宗通，離能作所作，所以爲諸弟子說，敎他們遠離一切世論。

彼外道不見自心現量，不能以智慧觀察有無二心，及能攝所攝非實有性，俱離斷常；乃至一念心識流轉，都是世論。唯有不被妄想所轉者，此人就是見自本心了。

妄見來爲事生，去爲事滅，若明了來去如幻，那計著生滅的妄想就不再生了。

至於計著常與無常、作與無作、此世他世等，這都是屬於世論外道所通。』

〔章後贅言：本章佛敎弟子遠離世論，並將世論與非世論，作一邪正對比的揀別，謂：世論者，不覺自心現量，妄想顚倒，墮於二邊，諸趣相續，不得解脫。非世論者，覺自心現量，妄想不生，入空、無相、無作的三解脫門。然，世間言論，應汎指一切八難之一的世智辯聰，不但指婆羅門外道。遠離世論，亦應師法契嵩大師，撰「非韓子」三十篇，痛斥韓愈的排佛邪說。豈但不習近而已哉。）

第十七章　再辨涅槃

第一節　請　問

爾時，大慧菩薩復白佛言：『世尊！所言涅槃者，說何等法，名爲涅槃？而諸外道各起妄想。』

〔註解〕前在心品之二的第七章裏，已詳明般涅槃義，今爲一切外道，亦各妄計涅槃，恐濫正教，所以大慧再請佛說。

〔語譯〕這時，大慧菩薩再請問佛：『世尊！所謂的涅槃，是說那些法，名叫涅槃？而諸外道，何以各起妄想，著涅槃見？』

第二節　許　說

佛告大慧：『諦聽諦聽！善思念之，當爲汝說，如諸外道妄想涅槃。非彼妄想隨順涅槃。』大慧白佛言：『唯然受教。』

〔註解〕妄想非涅槃，涅槃非妄想，彼諸外道怎能以妄想隨順涅槃？故佛許說，並於下文一一出其過非。

〔語譯〕佛告訴大慧：『你要仔細聆聽，善爲思念，我就給你解說那一切外道的妄想涅槃。實則涅槃，非彼妄想所能隨順。』大慧應諾的說：『唯願受教。』

第三節　正　說

佛告大慧：『或有外道，陰界入滅，境界離欲，見法無常，心心法品不生，不念去來現在境界，諸受陰盡，如燈火滅，如種子壞，妄想不生。斯等於此，作涅槃想。

大慧！非以見壞，名爲涅槃。

〔註解〕此下一一出外道過。這一種外道，以境界滅，作涅槃想。故佛斥其見一切法壞，非眞涅槃。

〔語譯〕佛告訴大慧：『或有外道，於五陰、十八界、六入滅離了欲界的繫縛之時，見法無常，不起心及心所的法數，不念過去、未來、現在的三世境界。便以謂諸受陰盡，如燈火滅，如種子壞，妄想不生了。這種外道，以此作涅槃想。

大慧！涅槃妙果，不見有生滅可得，怎可以見一切法壞，名爲涅槃？

大慧！或以從方至方，名爲解脫，境界想滅，猶如風止。

〔註解〕這種外道，計方爲涅槃。方，就是方所。解脫，是涅槃的異名。

〔語譯〕大慧！或有外道，計著諸法境界，是從方生的，滅時還歸於方，以此從方至方，名爲涅槃；境界想滅，喻如風止。

或復以覺所覺見壞，名爲解脫。

〔註解〕覺，就是覺想。見壞，就是伏而不見。這種外道，大乘止觀，喻之爲「閉眼入闇」。

〔語譯〕或更有外道，以能覺所覺，暫伏不見，名爲涅槃。那知涅槃本無可見的能所覺想？

或見常無常，作解脫想。

〔註解〕這種外道，計常無常。卽楞嚴經所謂四顚倒見中的「一分無常，一分常論。」

〔語譯〕或顚倒妄見常與無常，作涅槃想。旣屬倒見，違乎等理，豈眞涅槃？

或見種種相想，招致苦生因，思惟是已，不善覺知自心現量，怖畏於相，而見無相，深生愛樂，作涅槃想。

〔註解〕這種外道，不知相唯心現，有卽非有，於有相外，別著無相，以爲涅槃。

〔語譯〕或見種種森羅萬相，乃招感生苦之因。不知諸法唯自心現，相卽非相，而怖畏有相，愛著無相，作涅槃想。

或有覺知內外諸法，自相共相，去來現在，有性不壞，作涅槃想。

〔註解〕這種計常外道，不出楞嚴所說的四徧常論。

〔語譯〕或有覺知內而根身，外而器界，這內外諸法的自相共相，徧歷過去、現在、未來三世，常住不壞，即是涅槃。

或謂我、人、衆生、壽命，一切法壞，作涅槃想。

〔註解〕這種計斷外道，不出楞嚴所說的七斷滅論。有師釋爲二乘的偏空涅槃。

〔語譯〕或說，我、人、衆生、壽命，這一切法壞，即是涅槃。

或以外道惡燒智慧，見自性及士夫，彼二有間，士夫所出，名爲自性。如冥初比，求那轉變，求那是作者，作涅槃想。

〔註解〕此數論外道，妄立二十五諦。第一是物質的本體，名爲自性，亦名冥初。第二十五是精神的本體，名爲士夫，亦名神我。自性受士夫的精神作用，依緣轉變，變作二者中間的大等二十三法。即計此冥初自性，以爲涅槃。求那，當文旣自釋爲作者，似不必別作他釋。

〔語譯〕或有外道，以惡見火燒了他們的正智。妄見自性及士夫，這二者之間構造的作用，從士夫所出的，名叫自性。比類而推，冥初自性也能轉變作大等二十三法。所以他們就計此冥初爲作者，作涅槃想了。

或謂福非福盡，或謂諸煩惱盡，或謂智慧。

〔註解〕此類外道，卽行苦行論師，及淨眼論師等。他們不知生死的本因，在於無明。必須以智慧觀照無明性空，才能除滅無明，究竟涅槃。所以心經上說：「無無明，亦無無明盡。」涅槃尚無無明與無明盡，那有罪福煩惱的盡不盡可言，不但所觀的無明性空，卽能觀的智慧亦無。所以經上又說：「無智亦無得」。據此可知彼外道所計，都非究竟涅槃了。

〔語譯〕或說罪福都盡，名爲涅槃。或說諸煩惱盡，名爲涅槃。或說智慧就是涅槃。

或見自在是眞實作生死者，作涅槃想。

〔註解〕凡妄計天爲萬物生因的，如：韋陀論師，計梵天爲生因；摩陀羅論師，計那羅延天爲生因；摩醯首羅論師，計摩醯首羅天爲生因等，都屬於這一流類的外道。

〔語譯〕或妄見自在天，是眞實職掌人類生死的司命者，就計著彼天以爲涅槃了。

或謂展轉相生，生死更無餘因。如是卽是計著因，而彼愚癡不能覺知。以不知故，作涅槃想。

〔註解〕此無因外道，計著生死無因，卽是涅槃。

〔語譯〕或有外道，謂：「衆生由父母生子，子又生孫，如是瓜代遷謝，展轉相生，除此以外，衆生生死更無餘因。」因彼愚癡，不能覺知他所計著的根本生因，就是無明愛業。以不知故，就妄計無因爲涅槃了。

或有外道言，得眞諦道，作涅槃想。

〔註解〕此外道，迷眞著妄，計妄爲眞。

〔語譯〕或有外道，謬執邪妄，自以謂得眞諦道，作涅槃想。

或見功德，功德所起和合，一異俱不俱，作涅槃想。

〔註解〕此卽成唯識論，將所有的外道，歸納爲數論、勝論、無慚、邪命四種。這四種外道，對所生的「有法」與能生的「有等性」：或執爲一；或執爲異；或執亦一亦異；或執非一非異。今文中的「功德」，卽彼所謂的「有等性」。「功德所起」，卽彼所謂的「有法」。

〔語譯〕還有些外道，對能作與所作的和合體：或定執爲一；或定執爲異，或執爲亦一亦異；或執爲非一非異。這樣虛妄分別，名爲涅槃。

或見自性所起孔雀文彩，種種雜寶，及利刺等性。見已作涅槃想。

〔註解〕此自然外道所計，類似首楞嚴經所說「烏從來黑，鵠從來白。」等的二無因論。

〔語譯〕或見：孔雀的羽毛文彩、種種珍寶、荆棘利刺等，都從自然性起，名爲涅槃。

大慧！或有覺二十五眞實，或王守護國，受六德論，作涅槃想。

〔註解〕二十五眞實，就是數論師所立的二十五諦。六德論，就是勝論師所立的六句義。

〔語譯〕大慧！或有覺了二十五諦，便謂已得涅槃。或說守護國土，能容受六德論的王者，即得涅槃。

或見時是作者。時節世間。如是覺者，作涅槃想。

〔註解〕此時論外道，計時爲涅槃。那知彈指流光刹那不住，非涅槃因。

〔語譯〕或覺時爲世間法的作者，就妄計時爲涅槃了。

或謂性，或謂非性，或謂知性非性。

〔註解〕此取有、無等四句中的三句，計爲涅槃。故唐譯「性」爲有物，「非性」爲無物。

〔語譯〕或計有物是涅槃。或計無物是涅槃。或計有物無物俱是涅槃。

或見有覺與涅槃差別，作涅槃想。

〔註解〕唐譯「或計有物與涅槃無別，作涅槃想。」一與今宋譯大相逕庭。經家釋此，亦多見仁見智，各有所據。今釋仍依宋譯。覺，即覺想，故與寂靜的涅槃有別。

〔語譯〕或見與涅槃差別的覺想，以爲涅槃。

有如是比種種妄想，外道所說，不成所成，智者所棄。大慧！如是一切，悉墮二邊，作涅槃想。如是等外道涅槃妄想，彼中都無若生若滅。大慧！彼一一外道涅槃，彼等自論。智慧觀察，都無所立。如彼妄想心意來去，漂馳流動，一切無有得涅槃者。

〔註解〕此總斥外道所計涅槃。義顯可解。

〔語譯〕如是種種外道所說，盡是妄想，不成其爲涅槃，所以有智慧的人，都棄如敝屣。大慧！他們所說這一切，都不契中道，墮於二邊，作涅槃想。此等外道的涅槃妄想裏，本無生滅，卻妄計以爲生滅了。大慧！彼外道所謂的涅槃，個個都是妄自立論，若以智慧觀察，總屬妄想，實無所立。因爲他們的妄想心意，來去不定，漂流馳散，所以種類雖多，卻沒有一人證得涅槃。

大慧！如我所說涅槃者，謂善覺知自心現量，不著外性，離於四句，見如實處。不

墮自心現妄想二邊，攝所攝不可得。一切度量不見所成。愚於眞實，不應攝受。棄捨彼已，得自覺聖法。知二無我，離二煩惱，淨除二障，永離二死。上上地如來地，如影幻等諸深三昧，離心意意識，說名涅槃。

〔註解〕上來出外道過竟。此正明佛說涅槃，具有法身、般若、解脫三德：(1)「自覺聖法」就是法身德。(2)「知二無我」就是般若德。(3)「永離二死」就是解脫德。餘可例知。顯非外道的種種妄想。

〔語譯〕大慧！我所說的涅槃，是：善能覺知自心內現，不著外境；遠離一異俱不俱的四句分別；如實洞見中道之處，不墮自心所現的妄想二邊；能所攝取，都不可得。至於那凡愚的一切計度心量，不見所成的涅槃，而迷於眞實，都應當捨棄，不應攝受。既已捨棄了凡愚的計度心量，便得自覺聖法：了知人、法二無我理；離分別、俱生二種煩惱；淨除惑、智二障；永離分段、變易二死，直登上上的如來果地；得諸法如幻影等的深禪三昧，轉離心、意、意識，而成正智。這名就叫做涅槃。

大慧！汝等及餘菩薩摩訶薩，應當修學。當疾遠離一切外道諸涅槃見。』

〔註解〕此結勸修學。義顯可解。

〔語譯〕大慧！你和其餘的諸大菩薩，應當修學，趕快遠離一切外道的涅槃邪見。」

第四節 偈頌

爾時，世尊欲重宣此義，而說偈言：『外道涅槃見，各各起妄想，斯從心想生，無解脫方便。愚於縛縛者，遠離善方便，外道解脫想，解脫終不生。衆智各異趣，外道所見通，彼悉無解脫，愚癡妄想故。一切癡外道，妄見作所作，有無有品論，彼悉無解脫。

〔註解〕此下再說十頌重明前義。這四頌是總明外道涅槃，都無解脫。凡愚的妄想，爲能縛；所取的涅槃，爲所縛。縛則不得解脫，故名「愚於縛縛者」。餘義可解。

〔語譯〕這時，世尊欲重明前義，說偈頌道：『外道所計的涅槃邪見，個個都是起於妄想，既從妄想心生，那有解脫方便？

凡愚之所以墮於能縛所縛者，都爲遠離善巧方便之故。如此外道作解脫想，那解脫怎能生起？

外道邪見各異其趣，卻自以爲通，那知都無解脫，全是愚癡妄想。

一切愚癡外道，妄見能作所作，建立有、無品的邪論，他們如何能得解脫？

凡愚樂妄想，不聞眞實慧，言語三苦本，眞實滅苦因。

〔註解〕這一頌明凡愚顛倒眞妄。妄想是言語之裏，言語是妄想之表，表裏都是三苦根本。故妄想卽言語，言語卽妄想。三苦，如前已釋。餘義可解。

〔語譯〕凡夫愚癡樂著妄想，不聞眞實智慧。那知妄想言語是三苦根本，眞實智慧才是滅苦之因哩？

譬如鏡中像，雖現而非有，於妄想心鏡，愚夫見有二。不識心及緣，則起二妄想，了心及境界，妄想則不生。

〔註解〕這二頌的第一頌，擧譬以明妄想：以鏡喻心，以像喻境。第二頌，明妄想之所以生起。緣，就是境。

〔語譯〕譬如以鏡照物，雖有像現而像實非有，愚夫卻於妄想心鏡及所現境像，見有心境二法了。

由於他不識境唯心現的心境不二之理，而起二妄想。若了心境不二，那妄想就不生了。

心者卽種種，遠離相所相，事現而無現，如彼愚妄想。三有唯妄想，外義悉無有，妄想種種現，凡愚不能了。

〔註解〕這二頌，約唯心以明妄想本無。一切法唯自心現，故曰：「心者卽種種」。外義，就是外境。

〔語譯〕若了心卽種種法，就遠離能所二相了。事相雖現而實無所現，不過如愚夫的妄想分別而已。

三界所有唯是妄想，實無外境。但是妄想所現的種種境界，非凡愚所能了知。

經經說妄想，終不出於名，若離於言說，亦無有所說。』

〔註解〕這最後一頌，結示妄想不出名言，離言卽無妄想。

〔語譯〕諸經都說，妄想不外名言，若能忘言得義，就沒有能說所說的妄想可得了。』

〔章後贅言：涅槃至理究極，離言絕思，而凡愚、外道、二乘之流，卻妄以情見，作涅槃想。如六祖偈云：『無上大涅槃，圓明常寂照，凡愚謂之死，外道執爲斷，諸求二乘人，自以爲無作。盡屬情所計，六十二見本，妄立虛假名，何爲眞實義？』故本經在前心品之二的第七及十五兩章裏，已詳辨涅槃，今復再辨。可知佛對衆生的悲愍深心，爲何如了？學人應前後參研，務須得魚亡筌，萬勿逐語成滯。庶幾可轉迷爲悟，入解脫門。〕

——一切佛語心品之三竟——

一切佛語心品之四。

第一章　明如來自性

第一節　請問許說

爾時，大慧菩薩白佛言：『世尊！唯願爲說三藐三佛陀。我及餘菩薩摩訶薩，善於如來自性，自覺覺他。』佛告大慧：『恣所欲問，我當爲汝隨所問說。』

〔註解〕涅槃，是如來證得的果法。如來，是證得涅槃的果人。故大慧前既聆聽涅槃，今復請說如來。「三藐三佛陀」是梵語，此翻正徧知，亦翻等正覺。「如來自性」即是平等法身。揀非外道所計的自性神我。

〔語譯〕這時，大慧菩薩向佛稟白：『世尊！但願爲說，什麼叫做等正覺？使我及其餘的大菩薩們，於此如來平等法身，能夠自覺覺他，轉迷爲悟，同證菩提。』

佛告訴大慧：『任你恣意所問，我當爲你隨問隨答。』

第二節　重申問意

大慧白佛言：『世尊！如來應供等正覺，爲作耶？爲不作耶？爲事耶？爲因耶？爲相耶？爲所相耶？爲說耶？爲所說耶？爲覺耶？爲所覺耶？如是等辭句，爲異爲不異？』

〔註解〕此大慧承佛許說，重申所問。如來、應供、等正覺，是諸佛十號通名的前三號。這三號，雖亦表三德，然三德不一不異，總歸法身德的本體所收。問中所列「事耶」的事字，魏唐二譯爲果。毘婆娑論云：「果者從因有，事成名爲果。」

〔語譯〕大慧向佛稟白：『世尊！如來法身，是造作的呢？還是非所造作？是果？是因？是能現相者？還是所現之相？是能說法者？還是所說之法？是能覺之智呢？還是所覺之理？如來的自性法身，與此等辭句，是異是一？』

第三節　答　辯

甲　長　文

佛告大慧：『如來應供等正覺，於如是等辭句，非事，非因。所以者何？俱有過故。

〔註解〕此總略答釋，以顯法身離過絕非。向下別釋。

〔語譯〕佛告訴大慧：『如來應供等正覺，非果非因。因爲這若果若因等的辭句，都有過非。

大慧！若如來是事者，或作或無常。無常故，一切事應是如來。我及諸佛，皆所不欲。若非所作者，無所得故，方便則空，同於兎角，槃大之子。以無所有故。

〔註解〕此別釋事果有過之所以。文但約事，義該因果。〔槃大之子〕，就是石女兒。

〔語譯〕大慧！若說如來法身是果事的話；那因果之事，或屬所作，或屬無常。如此說來，一切世間所作的無常之事，都是如來了。我及諸佛，豈有欲墮無常過非之理？

若說如來是非所作者的話；則是所修方便，空無所得了。如此說來，那如來法身，豈不同於兎角，或石女兒，墮於無所有的斷滅過非了嗎？

大慧！若無事無因者，則非有非無。若非有非無，則出於四句。四句者，是世間言說。若出四句者，則不墮四句。不墮四句故，智者所取。一切如來句義亦如是。慧者當知。

〔註解〕此釋如來句義。眞如有不變隨緣二義：隨緣則眞如卽萬法，因果歷然；不變則萬法卽眞如，因果都非。今言「無事無因」者，就是約眞如不變來說的。果生因滅，不離有無，今因果旣非，則有無亦離，故曰「非有非無」。然此非有非無，乃遣有無二邊，並非四句執裏的「非有非無」句，故曰「出於四句」。餘義可解。

〔語譯〕大慧！若無果無因，則離有離無；若離有離無，就超出一異有無等的四句執外了。四句執，是世間言說，若能超出四句，就不墮四句之過，而爲智者所取了。這就是一切如來法身句義。有智慧的人應當了知。

如我所說，一切法無我。當知此義，無我性是無我。一切法有自性，無他性，如牛

馬。大慧！譬如非牛馬性，非馬牛性。其實非有非無。彼非無自性。如是大慧！一切諸法，非無自相有自相。但非無我愚夫之所能知。以妄想故，如是一切法空，無生，無自性。當如是知。

〔註解〕此約無我釋如來句義。文分：法說、譬說、法合三段。義顯可解。

〔語譯〕如我所說的一切法無我，當知此義是說諸法的當體卽空，實無我性。然一切法，唯有眞如自性，更無他性。

大慧！譬如牛馬：非牛有馬性；非馬有牛性。其實彼牛馬只是沒有他性，並非牛無牛的自性，馬無馬的自性。

大慧！一切諸法，也是如此：非無眞如自相，非有我法自相。但這不是妄想分別，著斷滅空見的無我愚夫所能了知。如此，一向所說的：一切法空、一切法無生、一切法無自性，並不是空無眞如自性哪。你應當作這樣了解才是。

如是如來與陰，非異非不異。若不異陰者，應是無常。若異者，方便則空。若二者，應有異。如牛角，相似故不異；長短差別故有異。一切法亦如是。大慧！如牛右角異左角，左角異右角。如是長短種種色各各異。大慧！如來於陰界入，非異非不異。

〔註解〕此約如來與五陰對辨，以顯法身平等。文分：正辨、反顯、總結三段。

〔語譯〕如是如來法身與五陰色心，非異非不異。若說如來與五陰不異，那如來豈不同五陰是一樣的生滅無常了嗎？若說如來與五陰定異，那如來依體起用方便應化的相好莊嚴，豈不落空？

而且如來與五陰，本非二法。若是二者，那就如牛有二角：角形相似，所以不異；長短差別，所以有異，而不是非異非不異了。大慧！不但如來與五陰，本非二法，卽與一切法，也是如此。若是二者，那就如牛的右角異左角；左角異右角，長短不同，色相各別了。

大慧！實則以如來的平等法身，對陰界入來說，不是異，也不是不異。

如是如來解脫，非異非不異。如是如來以解脫名說。若如來異解脫者，應色相成：色相成故，應無常。若不異者，修行者得相應無分別，而修行者見分別。是故非異非不異。

〔註解〕此約如來與解脫對辨，以顯法身平等。「如來以解脫名說」——就是如來身心離一切繫縛，名爲解脫。也就是五分法身之一的解脫法身。「修行者見分別」——就是能證的行業，與所證的果位不同。如十地菩薩，證十眞如。又如金剛云：『一切賢聖，皆以無爲法而有差別。』

〔語譯〕如是，如來與解脫，不是異，不是不異；所以如來以解脫說名法身。若說如來與解脫異，那法身豈不成爲生滅無常的色相了嗎？然而，如來法身，卻不是無常的色相。若說如來與解脫不異，那修行人，就應當沒有能證所證的分別了；然而，修行人，卻見有分別。因此，如來與解脫，不是異，也不是不異。

如是智及爾燄，非異非不異。大慧！智及爾燄，非異非不異者：非常非無常，非作非所作，非有爲非無爲，非覺非所覺，非相非所相，非陰非異陰，非說非所說，非一非異，非俱非不俱。非一非異，非俱非不俱故，悉離一切量。離一切量，則無言說。無言說，則無生。無生，則無滅。無滅，則寂滅。寂滅，則自性涅槃。自性涅槃，則無事無因。無事無因，則無攀緣。無攀緣，則出過一切虛僞。出過一切虛僞，則是如來。如來則是三藐三佛陀。大慧！是名三藐三佛陀佛陀。大慧！三藐三佛陀佛陀者，離一切根量。』

〔註解〕此約智及爾燄，將前來大慧所問，作一有系統的分層疊釋，以顯如來正覺的極果。文分爲三：⑴智，卽能知之心。爾燄，卽所知之境。二者體一而用別，所以非異非不異。⑵智及爾燄，旣是非異非不異，則常與無常等見，自爾皆非；言說等量，亦皆遠離。⑶綜上所釋，不外一切法，離一切相，以顯示如來等正覺的極果。

〔語譯〕如是，能知之智及所知之境，自性平等，體一而用別，不可說異，不可說非異。

大慧！智及所知，既本非異非不異；那常與無常、作與所作、有爲無爲、能覺所覺、能見相與所見相、五陰與異陰、能說與所說、一異俱不俱的四句，也都一切皆非了。一異俱不俱，既已都非，便遠離一切根量；既離一切量，則唯有實義，都無言說；既無言說，則生滅亦無；無生無滅，就是寂滅的自性涅槃；自性涅槃，無果無因；無果無因，則無所攀緣；無所攀緣，則迥超一切虛僞；超一切虛僞，就是如來；如來就是三藐三佛陀。

大慧！此名就叫做三藐三佛陀的究竟覺果。大慧！三藐三佛陀的覺果，非一切見聞覺知的根量所能測度。」

乙　偈　頌

爾時，世尊欲重宣此義而說偈言：『悉離諸根量，無事亦無因，已離覺所覺，亦離相所相。

〔註解〕此下再說七頌重明前義。這最初一頌，重明如來法身，總非諸句。

〔語譯〕這時，世尊欲重明前義，說偈頌道：『如來法身離諸根量，無果無因；既已離了根量的能覺與所覺之境，亦離能見與所見之相。

陰緣等正覺，一異莫能見，若無見有者，云何而分別。非作非不作，非事亦非因，非陰非在陰，亦非有餘雜。

〔註解〕這二頌，重明約五陰爲辨，以顯法身平等。陰，卽五陰。緣，卽緣起。緣起性空，故五陰與法身平等無二。等正覺，卽是法身。

〔語譯〕以平等法身觀五陰緣起，那有一異之相可見？旣無一異可見，那有分別？所以法身非作非不作，非果亦非因，非卽是陰非在陰中，亦非爲餘法所混雜。

亦非有諸性，如彼妄想見，當知亦非無，此法法亦爾。以有故有無，以無故有有，若無不應受，若有不應想。

〔註解〕這二頌，重明約無我爲辨，以顯法身平等。(1)明有無都非。(2)明有無相待。

〔語譯〕亦非實有我法諸性，如彼凡愚的妄想邪見。然而當知亦非無法身自性，法法都是如此。無是待有而立的；有是待無而立的；對此相待而立的假名有無，不應攝受而起妄想。

或於我非我，言說量留連，沉溺於二邊，自壞壞世間。解脫一切過，正觀察我通，是名爲正觀，不毀大導師。』

〔註解〕這最後二頌：(1)訶斥邊見。(2)稱讚正觀。如文可解。

〔語譯〕或於我及非我的實義未了，但於言說量中留連滯礙，沈溺於有無二邊，自壞壞他。若欲解脫這一切過非，以正智觀察我所說的自性宗通，就叫做中道正觀，不謗大乘。』

（章後贅言：本章明如來自性，無論約無我辨、約五陰辨、約解脫辨、約爾燄辨，無非顯示法身平等，卽一切法，離一切相。如起信論云：『一切法從本已來，離言說相、離名字相、離心緣相，畢竟平等，無有變易，不可破壞，唯是一心，故名眞如。』又云：『當知眞如自性，非有相、非無相、非非有相、非非無相、非有無俱相。非一相、非異相、非非一相、非非異相、非一異俱相。』學人如能會通經論，深解大行，就不難如大慧菩薩所謂「善於如來自性，自覺覺他。」了。）

第二章　明不生滅義

第一節　隨問略答

爾時，大慧菩薩復白佛言：『世尊！如世尊說，修多羅攝受不生不滅。又世尊說，不生不滅，是如來異名。云何世尊，爲無性故，說不生不滅，爲是如來異名？』佛告大慧：『我說一切法不生不滅，有無品不現。』

〔註解〕大慧此問，是由聞上章所說：「無言說，則無生；無生，則無滅……是名如來。」而起。經中處處言不生不滅，顯義不同，不可執一。故今大慧執無性爲問，佛以超有無爲答。

〔語譯〕這時，大慧菩薩再請問佛，他說：『世尊！世尊的契經一往嘗說，不生不滅，是顯示諸法無自性義。今世尊又說，不生不滅，是如來異名。然而，如來是諸法如義，非無自性。世尊爲什麼說無性的不生不滅，爲如來異名？』

佛告訴大慧：『我說一切法不生不滅，乃有而非有，無而非無，不墮有無品量。』

第二節　重問許說

大慧白佛言：『世尊！若一切法不生者，則攝受法不可得，一切法不生故。若名字中有法者，惟願爲說。』佛告大慧：『善哉善哉！諦聽諦聽！善思念之，吾當爲汝分別解說。』大慧白佛言：『唯然受敎。』

〔註解〕大慧又疑一切法不生，就是無法；無法，則誰名如來？故再興此問。

〔語譯〕大慧再請問佛：『世尊！如果一切法不生，那就沒有攝受的一法可得了。既無一法可得，誰是如來異名？那末，這如來名字中的法，將何所指？惟願爲說。』

佛告訴大慧：『很好很好！你要仔細的聽著，善爲思念，我就給你分別解說。』

大慧應諾的說：『但願謹受教誨。』

第三節　正　說

佛告大慧：『我說如來，非無性，亦非不生不滅攝一切法，亦不待緣故不生不滅，亦非無義。大慧！我說意生法身如來名號，彼不生者，一切外道聲聞緣覺七住菩薩，非其境界。大慧！彼不生即如來異名。

〔註解〕審上二問所計，大謬不然。故今答中，先斥其謬計之非，再申張正義。

〔語譯〕佛告訴大慧：『我說如來法身，不是無法；也不是不生不滅攝一切法，皆不可得；也不是待生滅因緣而建立不生不滅；也不是但有假名而無實義。大慧！我說意生法身，不生而生，生而不生，爲如來名號。然此不生義，除八地菩薩實證無生法忍外；殊非一切外道、二乘、七地菩薩，所證境界。大慧！彼意生身的不生義，就是如來異名。

大慧！譬如因陀羅釋迦、不蘭陀羅。如是等諸物，一一各有多名，亦非多名而有多性，亦非無自性。如是大慧！我於此娑呵世界，有三阿僧祇百千名號，愚夫悉聞，各說我名，而不解我如來異名。

〔註解〕此引帝釋爲喻，以顯示如來名異而體一。「娑呵」——亦名娑婆，此翻堪忍。乃釋迦如來攝化之境，三千大千世界的總名。因此土衆生安忍於煩惱諸苦，不肯出離，故名堪忍。

〔語譯〕大慧！譬如帝釋：一名釋提桓因、一名不蘭陀羅、一名憍尸迦。類如此等諸物，一一各有多名，而非多體；也不是沒有自體，而淪於斷滅。

大慧！如來也是如此，我在這娑婆世界裏，有無數百千名號，而愚癡凡夫，雖皆聞說，卻不了解是如來異名。

大慧！或有衆生，知我如來者，有知一切智者，有知佛者，有知救世者，有知自覺者，有知導師者，有知廣導者，有知一切導者，有知仙人者，有知梵者，有知毗紐者，有知自在者，有知勝者，有知迦毗羅者，有知眞實邊者，有知月者，有知日者，有知主者，有知無生者，有知無滅者，有知空者，有知如如者，有知諦者，有知實際者，有知法性者，有知涅槃者，有知常者，有知平等者，有知不二者，有知無相者，有知解脫者，有知道者，有知意生者。大慧！如是等三阿僧祇百千名號，不增不減。此及餘世界，皆悉知我，如水中月，不出不入。

〔註解〕此略擧如來三十三名，以例三阿僧祇百千名號。名詮自體，體藉名顯，如：名「毗紐」顯佛十力。名「迦毗羅」顯佛金色。餘義可解，不煩備釋。

〔語譯〕大慧！有的衆生知我名爲如來。有的知我名一切智。有的知我名佛。有的知我名救世者。有的知我名爲自覺。有的知我名爲導師。有的知我名爲廣導。有的知我名一切導。有的知我名為仙人。有的知我名梵。有的知我名為毗紐。有的知我名為自在。有的知我名勝。有的知我名迦毗羅。有的知我名眞實邊。有的知我名月。有的知我名日。有的知我名主。有的知我名為無生。有的知我名為無滅。有的知我名空。有的知我名為如如。有的知我名諦。有的知我名為實際。有的知我名為法性。有的知我名為涅槃。有的知我名常。有的知我名為平等。有的知我名為不二。有的知我名為無相。有的知我名為解脫。有的知我名道。有的知我名為意生。

大慧！如此名雖無數，而法體唯一，不增不減。此土及餘方世界的利根人，都知道我如來法身，隨機應現，在衆生心裏，本無去來。譬如水中月影，那有出入？

彼諸愚夫，不能知我，墮二邊故。然悉恭敬供養於我，而不善解知辭句義趣，不分別名，不解自通，計著種種言說章句。於不生不滅，作無性想。不知如來名號差別，如因陀羅釋迦、不蘭陀羅。不解自通，會歸終極。於一切法，隨說計著。

〔註解〕此明如來法身，離言說相。而愚夫不知，計著言說，墮二邊見。

〔語譯〕彼諸愚夫，不知我法身平等，而墮於有無二邊。雖知，恭敬供養於我，卻不善於解知辭句義趣。既不分別名所詮旨，又不達於自性宗通。計著言說章句，而於超過有無的不生不滅，謬作無性的斷滅見論。不知此不生不滅，是如來的差別名號，也像帝釋有因陀羅及不蘭陀羅等的差別名號一樣。因彼不達自性宗通，不能將差別名號，會歸於自性平等的終極之旨，故於一切法，隨言取義而計著了。

大慧！彼諸癡人，作如是言：義如言說，義說無異。所以者何？謂義無身故，言說之外，更無餘義，惟止言說。大慧！彼惡燒智，不知言說自性，不知言說生滅，義不生滅。大慧！一切言說，墮於文字，義則不墮。離性非性故，無受生，亦無身。

〔註解〕此斥癡人計名失義。不知楞嚴經云：「凡有言說，都非實義。」

〔語譯〕大慧！那些不分別名所詮旨的癡人，作這樣謬論：「義就是言說，言說就是義，義與言說無異。因爲義無體相，除言說外，更無餘義可聞可見，惟止言說而已。」大慧！他們被惡見火燒了智慧，不知言說自性是生滅法，義不生滅。大慧！一切言說，墮於文字，惟義不墮，因爲實義離有離無，既無受生，那復有體？

大慧！如來不說墮文字法，文字有無不可得故，除不墮文字。大慧！若有說言，如來說墮文字法者，此則妄說。法離文字故。是故大慧！我等諸佛及諸菩薩，不說一字，不答一字。所以者何？法離文字故。

〔註解〕此明如來說法，不墮文字相。如金剛經云：「說法者，無法可說，是名說法。」

〔語譯〕大慧！如來不說墮文字法，因爲文字隨說有無，了不可得。所以如來說法，除方便顯實，不墮文字外，就無法可說了。大慧！假使有人，說如來說法墮文字者，那就是謗佛妄說，因爲諸法實義，離文字故。因此大慧！我等諸佛及諸菩薩，雖嘗說法，酬答問難，卻不曾說著一字，答著一字。何則？諸法實義，離文字故。

非不饒益義說。言說者，衆生妄想故。大慧！若不說一切法者，教法則壞。教法壞者，則無諸佛菩薩緣覺聲聞。若無者，誰說爲誰？是故大慧！菩薩摩訶薩，莫著言說，隨宜方便，廣說經法。以衆生希望煩惱不一故，我及諸佛，爲彼種種異解衆生，而說諸法。令離心意意識故，不爲得自覺聖智處。

〔註解〕此明無說而說，說卽無說，不著言說，非斷滅法。如金剛云：「不應取法，不應取非法。」

〔語譯〕非不饒益衆生，爲顯實義，方便說法。然得旨忘言，說卽無說。若以謂有言說者，那不過是衆生的分別妄想罷了。大慧！若不方便說一切法，則教法壞；教法若壞，那就沒有諸佛菩薩緣覺聲聞的機教緣起了，若無機教，誰爲誰說？豈不淪爲斷滅法了嗎？因此大慧！諸大菩薩，要不著言說，隨順機宜，方便說法。以衆生的希望貪愛煩惱不一，我與諸佛，爲彼種種機類的理解不同，演說諸法，教他們離了心意意識，當處卽是自覺聖智，不是爲已得自覺聖智處者而說的。

大慧！於一切法無所有，覺自心現量，離二妄想，諸菩薩摩訶薩依於義，不依文字。若善男子善女人依文字者，自壞第一義，亦不能覺他。墮惡見相續而為衆說。不善了知一切法、一切地、一切相，亦不知章句。若善一切法、一切地、一切相，通達章句，具足性義，彼則能以正無相樂而自娛樂。平等大乘建立衆生。

〔註解〕文分為三：⑴明依義不依文，乃菩薩能事。⑵明依文之失。⑶明依義之得。

〔語譯〕大慧！能夠了悟一切法本無所有，唯自心現，遠離能取所取的二種妄想，此等諸大菩薩，但依於義，不依文字。

若善男子善女人，依文字者，則自壞壞他。不但自塞悟門，乖違第一義諦，而且也不能開他人茅塞，使之明悟。反而墮於惡見，計著相續，妄為衆說；不善了知修一切法、證一切地、離一切相，亦不善知章段句文。

若善知修一切法、證一切地、離一切相，並通達章句，會歸於性自具足的第一義諦，便能離於偏邪的躭樂三昧，而以自覺覺他的正無相樂，建立平等大乘，成就衆生。

大慧！攝受大乘者，則攝受諸佛薩菩緣覺聲聞。攝受諸佛菩薩緣覺聲聞者，則攝受一切衆生。攝受一切衆生者，則攝受正法。攝受正法者，則佛種不斷。佛種不斷者，則能了知得殊勝入處。知得殊勝入處，菩薩摩訶薩，常得化生，建立大乘十自在

力，現衆色像。通達衆生形類希望煩惱諸相，如實說法。如實者，不異。如實者，不來不去相，一切虛僞息，是名如實。

〔註解〕此接上文，釋平等大乘。文分三段：(1)明大乘之體，周徧法界，無所不攝，一如平等。(2)明大乘之用，紹繼佛種，現應化身，如實說法。(3)釋如實義。

〔語譯〕大慧！若能攝受平等大乘，就能攝受四聖法界的諸佛、菩薩、緣覺、聲聞。能攝受諸佛、菩薩、緣覺、聲聞，就能攝受六凡法界的一切衆生。能攝受一切衆生，就能攝受不生不滅的如來正法。

既能攝受如來正法，就能續佛慧命，不使佛種斷絕。既能使佛種不斷，就能了知得自覺聖智的殊勝入處。知得殊勝入處的大菩薩，常得應化身生，建立大乘，而以如來的十種自在智力，現衆色像，通達衆生的種種形類、種種希望、種種煩惱，隨其所宜，說如實法。

什麼叫做如實？就是眞如實際，無有別異，無所從來，亦無所去，一切計著來去相的虛僞都息滅了，就叫做如實。

大慧！善男子善女人，不應攝受隨說計著，眞實者，離文字故。大慧！如爲愚夫以指指物，愚夫觀指，不得實義。如是愚夫，隨言說指，攝受計著，至竟不捨，終不能得離言說指第一實義。大慧！譬如嬰兒，應食熟食，不應食生。若食生者，則令發狂。不知次第方便熟故。大慧！如是不生不滅，不方便修，則爲不善。是故應當善修方便，莫隨言說，如視指端。

〔註解〕此釋不應計著言說之故。文分爲三：⑴勸。⑵譬。⑶結。譬亦分二：⑴以指喻言說，物喩實義。⑵以食熟喩離言方便，食生喩望文解義，侈談性理。

〔語譯〕大慧！善男子善女人，不應隨言說相攝受計著，以爲眞實。因爲眞實，是離文字的，那有言說？

大慧！譬如，爲愚癡凡夫，以指指物；那愚夫但觀指物之指，不觀所指之物。像這樣的愚夫，隨著言說，攝受計執，竟不捨棄；他終於不能得證離言說相的第一實義。大慧！譬如嬰兒，應食熟食，不應食生；若食生食，必狂亂發病。那望文解義，侈談不生不滅的性理者，就是由於但知生食，而不知修次第方便，離言說相的熟食之故。

大慧！如是不生不滅，若不方便而修，反爲不善。因此，應當善修方便，莫著言說。否則，那就如視指端，不見所指之物了。

是故大慧！於眞實義當方便修。眞實義者，微妙寂靜，是涅槃因。言說者，妄想合。妄想者，集生死。大慧！眞實義者，從多聞者得。大慧！多聞者，謂善於義，非善言說。善義者，不隨一切外道經論，身自不隨，亦不令他隨，是則名曰大德多聞。是故欲求義者，當親近多聞，所謂善義。與此相違，計著言說，應當遠離。』

〔註解〕此教修方便，得眞實義。如文可解。

〔語譯〕是故大慧！當修離言方便。契眞實義。因爲眞實義，是微妙寂靜的涅槃正因；言說，則與集起生死的妄想相合。所以非修離言方便，不能契會眞實義諦，大慧！眞實義，是於多聞而得的。什麼叫做多聞？大慧！多聞者，惟善於義，非善言說。善於義者，能分別邪正，不隨一切外道邪論，而違正教。不但自身不隨，且亦不令他隨。這就叫做大德多聞。

因此之故，欲求實義，就應當親近那所謂善義的大德多聞。若與此善義相違，計著言說者，縱使多聞，也應當遠離。』

（章後贅言：本章爲明不生不滅離言說相所學的「以指指物」及「應食熟食」二譬，最爲精當顯了。然，這也是以言遣言的言說，而非不生不滅的實義。吾輩學人，不要再隨語脈而轉，把實義丟在九霄雲外了。）

第三章　再辨不生滅義

第一節　問　難

爾時，大慧菩薩，復承佛威神而白佛言：『世尊！世尊顯示不生不滅，無有奇特。所以者何？一切外道因，亦不生不滅。世尊亦說虛空，非數緣滅，及涅槃界，不生不滅。世尊！外道說因，生諸世間，世尊亦說無明愛業妄想爲緣，生諸世間。彼因此緣，名差別耳。外物因緣亦如是。世尊與外道論無有差別。微塵勝妙自在衆生主等，如是九物不生不滅。世尊亦說一切性不生不滅，有無不可得。外道亦說四大不壞，自性不生不滅，四大常。是四大，乃至周流諸趣不捨自性。世尊所說亦復如是。是故我言無有奇特。惟願世尊爲說差別，所以奇特勝諸外道。若無差別者，一切外道皆亦是佛。以不生不滅故，而世尊說，一世界中多佛出世者，無有是處。如向所說，一世界中應有多佛，無差別故。』

〔註解〕上章正明內教不生不滅。今再約外道，以辯差別。大慧所問，凡有四難。第一難中的非數緣滅，就是非擇滅無爲。涅槃界，就是擇滅無爲。第三難中的九物，就是：時、方、虛空、微塵、四大種、大梵天、勝妙天、自在天、衆生主（神我）。餘義可解。

〔語譯〕這時，大慧菩薩，承佛威神，向佛質疑。他說：『世尊！世尊所顯示的不生不滅之義，並沒有什麼奇特。何以說沒有奇特？這有四種緣故：

(1)一切外道，都說造作諸法的生因，是不生不滅的。世尊也說，虛空、非擇滅、擇滅，

這三無爲法，不生不滅。⑵外道說，依作者爲因，生諸世間。世尊也說，無明愛業妄想爲緣，生諸世間。彼因此緣，不過是名字的不同，而實無差別。至於外物，如瓶衣穀麥等，必藉因緣而生者，世尊與外道所說，亦無差別。⑶外道說，時、方、虛空、微塵、四大種、大梵天、勝妙天、自在天、神我，這九物，是不生不滅的。世尊也說一切性，不生不滅，若有若無，俱不可得。⑷外道計著四大不壞，常周流諸趣，不捨自性，不生不滅。世尊所說，也是如此。

所以我說，世尊顯示的不生不滅，與外道既無差別，那有奇特？唯願世尊爲我們解說，有何差別奇特，勝諸外道？若無差別奇特，那一切外道，豈不都是佛嗎？因爲他們同佛一樣的證得不生不滅之故。如此說來，一世界中，有多佛出世，決無是處。如世尊一向所說，不生不滅是如來異名；而今又說，外道與佛並無差別，那就是一世界中，應有多佛出世了。既有多佛出世，有什麼奇特？』

第二節　答　釋

甲　長　行

佛告大慧：『我說不生不滅，不同外道不生不滅。所以者何？彼諸外道，有性自性，得不生不變相。我不如是墮有無品。大慧！我者離有無品，離生滅，非性非無性

。如種種幻夢現，故非無性。云何無性？謂色無自性相攝受，現不現故，攝不攝故。以是故，一切性，無性非無性。但覺自心現量，妄想不生，安隱快樂，世事永息。愚癡凡夫，妄想作事，非諸聖賢。

〔註解〕向下是如來答釋大慧的問難。今先總明佛說不生不滅，是離有離無的，不比外道墮有無品。義顯可解。

〔語譯〕佛告訴大慧：『我所說的不生不滅，與外道的不生不滅，迥然不同。所以者何？彼諸外道，妄計諸法實有自體，不生不變；我卻不同外道一樣的計有計無，墮有無品。大慧！我所說的是離有離無，離生離滅，非有性，非無性。何以說是非無？如種種幻夢，似有色現，所以非無。何以說是非有？以色相自性本無，所以非有。如是幻夢色相，見如不見，取無所取，所以我說一切法非有非無。但能覺了唯自心現，心外無法，則妄想不生；妄想不生，則安隱快樂，世事就永遠的息滅了。至於愚癡凡夫，妄想造作之事，那不是聖賢所爲。

不實妄想，如犍闥婆城，及幻化人。大慧！如犍闥婆城及幻化人，種種衆生商賈出入，愚夫妄想謂眞出入，而實無有出者入者，但彼妄想故。如是大慧！愚癡凡夫，起不生不滅惑，彼亦無有有爲無爲。如幻人生，其實無有若生若滅。性無性無所有故。一切法亦如是離於生滅。愚癡凡夫，墮不如實，起生滅妄想，非諸聖賢。

〔註解〕此以犍闥婆城幻人爲喻，以明境本無生，而愚夫妄想，起生滅見。

〔語譯〕大慧！不實妄想，如海市蜃樓，犍闥婆城及幻化人，似有種種衆生商賈出入，愚夫妄想，認爲眞有出入。然而，實無出者入者，不過是他們的妄想計著以爲眞有出入罷了。如是大慧！愚癡凡夫，就在那微塵、勝妙等物的幻境上，生起不生不滅的迷惑了。那知那微塵、勝妙，既無生滅的有爲，亦無不生滅的無爲。譬如幻人，其實沒有若生若滅，有性無性都無所有。一切諸法，也是如此離於生滅。愚癡凡夫，不能如實而知，隨計生滅爲不生滅，不生滅反成生滅了。這都是顚倒妄想，豈是聖賢？

不如實者，不爾。如性自性妄想，亦不異。若異妄想者，計著一切性自性，不見寂靜。不見寂靜者，終不離妄想。是故大慧！無相見勝，非相見。相見者，受生因，故不勝。大慧！無相者，妄想不生，不起不滅，我說涅槃。大慧！涅槃者，如眞實義見，離先妄想心心數法，逮得如來自覺聖智。我說是涅槃。』

〔註解〕文分爲二：⑴明不離妄想的所以。⑵結示離相離念而成涅槃。

〔語解〕不如實者不爾，他不同聖者的如實而知。聖者了知法法皆如，眞如自性與妄想，亦無有異。若起異見妄想者，那就是計著一切法各有自體，不能洞見法法皆如的寂靜理體了。不見寂靜者，終不離妄想。

是故大慧！無相見者勝於著相，非著相見勝於無相。以著相見者，是受生之因，不悟無生，所以不勝無相。大慧！無相見者，妄想不生，旣無有起，亦無有滅，我說這就是涅槃。大慧！所謂涅槃者，見眞實義諦，遠離先前爲凡夫時的妄想心心數法，轉而證得如來的自覺聖智。我說這就是涅槃。』

乙　偈　頌

1、正頌前義

爾時，世尊欲重宣此義，而說偈言：『滅除彼生論，建立不生義，我說如是法，愚夫不能知。一切法不生，無性無所有，犍闥婆幻夢，有性者無因。不生無自性，何因空當說，以離於和合，覺知性不現。是故空不生，我說無自性。謂一一和合，性現而非有。分析無和合，非如外道見。

〔註解〕此下總有七頌重明前義。這四頌又二句，約義分三：(1)明爲破生論，立不生義。外道所說的不生不滅，實爲妄想分別的受生之因，故名「生論」。(2)明非有非無。(3)再徵釋上義。

〔語譯〕這時，世尊爲重明前義，說偈頌道：『爲破彼外道妄計的生論，所以才建立本自不生之義。我說這無生法，非愚夫所能了知。

所謂一切法不生者，就是「無」性亦無所有。又如犍闥婆城幻夢之境，雖有而實無「有」因。

這空無自性的不生義，爲什麼如來當說？爲使外離因緣和合之境，內無覺知性的分別心現，顯此心境俱空的不生之義，所以我說無自性。謂一一和合，雖有相現而性實非有。分析這本無和合的不生之義，非如外道所見計有自性的生論。

夢幻及垂髮，野馬犍闥婆，世間種種事，無因而相現。折伏有因論，申暢無生義。申暢無生者，法流永不斷。熾然無因論，恐怖諸外道。』

〔註解〕這二頌又二句，是以夢幻等喻，顯示世間法無因而現，並以折伏外道的有因論。野馬，就是陽燄。此有因論，與上文的生論義同。

〔語譯〕世間的種種事物，如夢、垂髮、曠野陽燄、犍闥婆城，雖有虛妄相現，實則本無生因。我爲折伏外道的有因論，而申暢無生正義。既已申暢無生，則如來的正法流通就永不斷滅了。我這熾然的無因論，可使外道恐怖他們的有因論未離生死。』

2、重申問答

爾時，大慧以偈問曰：『云何何所因，彼以何故生，於何處和合，而作無因論？』

〔註解〕此疑問，是承上文「折伏有因論，申暢無生義」等句而起。問意可知。

〔語譯〕這時，大慧以偈頌問佛：『彼諸外道有何所因？何故說爲生論？又於何處見有因緣和合的生相，而煩世尊作無因論來折伏他們呢？』

爾時，世尊復以偈答：『觀察有爲法，非無因有因，彼生滅論者，所見從是滅。』

〔註解〕此對上問的答釋：觀察有爲法唯自心現，故非無因；心外無法，故非有因。既非無因有因，那問中的何因、何故、何處，就一切皆非了。如此，彼外道的生滅論者，豈不永滅？

〔語譯〕這時，世尊對大慧所問，再以偈頌答道：『以智慧觀察有爲諸法，非有因非無因，彼生滅論者所見的和合相，就從此永滅了。』

爾時，大慧說偈問曰：『云何爲無生，爲是無性耶？爲顧視諸緣，有法名無生？名不應無義，唯爲分別說。』

〔註解〕此疑問，爲徵釋無生義而起。如文可解。

〔語譯〕這時，大慧又說偈問佛：『什麼叫做無生？是以諸法無性名無生呢？還是觀諸緣相待，別有一法而名爲無生？有名應有義，唯願世尊爲我解說。』

爾時，世尊復以偈答：『非無性無生，亦非顧諸緣，非有性而名，名亦非無義。

〔註解〕此下以二十二頌半文，答大慧所問。今先遮其所問皆非，以起後正答。如文可解。

〔語譯〕這時，世尊再以偈頌答道：『不是斷滅的無性名叫無生，也不是逐境觀諸緣相待，別有一法名叫無生，更不是有名無義。

一切諸外道，聲聞及緣覺，七住非境界，是名無生相。

〔註解〕此正明無生義相，非外道著有，亦非二乘及七地菩薩但證空理的境界，反顯八地以上菩薩證中道法身，名無生相。七住，就是七地。

〔語譯〕非一切外道，及聲聞緣覺，與七地菩薩所證境界。這名就叫做無生相。

遠離諸因緣，亦離一切事，唯有微心住，想所想俱離，其身隨轉變，我說是無生。

〔註解〕此以意生身離一切相，名爲無生。

〔語譯〕不但遠離諸因緣相，而且亦離一切事相，唯有安住於微妙的一心眞如，則能想所想俱離，其意生身亦隨機應現。我說這就是無生。

無外性無性，亦無心攝受，斷除一切見，我說是無生。如是無自性，空等應分別，非空故說空，無生故說空。

〔註解〕此以心境俱空，名爲無生。並申明此空並非斷空，而是爲顯無生實義所說的眞空。

〔語譯〕外無有性無性之境，內無攝受執取之心，如此斷除了一切分別妄見，我說這就是無生。但這無自性的空義，應當分別解說，此非斷滅空見之空，而是爲顯無生實義所說的眞空。

因緣數和合，則有生有滅，離諸因緣數，無別有生滅。捨離因緣數，更無有異性，若言一異者，是外道妄想。有無性不生，非有亦非無，除其數轉變，是悉不可得。

〔註解〕此以十二因緣法數的合離，顯示生滅不生滅義。順觀十二因緣的流轉，從無明緣行，乃至生緣老死，就是「因緣數和合，則有生有滅。」逆觀十二因緣的還滅，從無明滅則行滅，乃至生滅則老死滅，就是「離諸因緣數，無別有生滅。」餘義可解。

〔語譯〕以十二因緣數的和合，所以才有生有滅。不但離此諸因緣數，就別無生滅了；而且捨此因緣數外，更無有性異此因緣，若說尚有一異等性者，那就是外道的妄想分別。那知無生乃非有非無，非非有無，唯除十二因緣數的轉變外，這些一異有無等的分別俱不可得。

但有諸俗數，展轉爲鉤鎖，離彼因緣鎖，生義不可得。生無性不起，離諸外道過，但說緣鉤鎖，凡愚不能了。若離緣鉤鎖，別有生性者，是則無因論，破壞鉤鎖義。

〔註解〕此頌離因緣諸數，顯無生正義。如文可解。

〔語譯〕但有凡俗墮因緣諸數，展轉生死如鉤鎖連環，若離彼因緣鉤鎖，就沒有生義可得了。故說生原無性緣本不起，使之離於外道計有計無的生滅過失。若但說緣鉤鎖而不說無性，那凡愚就不能了知離緣鉤鎖了。假使離了緣鉤鎖外，別有生性可得者，那就是我爲折伏外道所說的無因論，反而自壞鉤鎖義了。

如燈顯衆像，鉤鎖現若然，是則離鉤鎖，別更有諸性。無性無有生，如虛空自性，若離於鉤鎖，慧無所分別。

〔註解〕這二頌：先牒起外道轉計，諸法待緣顯現，而非緣生。再申張緣生無性的正義，以爲破斥。

〔語譯〕若妄計本有諸法待緣顯現，猶如待燈光照見暗室裏本有的衆物一樣。是則離了緣鉤鎖外，別有待緣而現的諸法了。

那知諸法緣生無性，其自體猶如虛空，若離緣鉤鎖外別求無生，那就不是智慧所分別了。

復有餘無生，賢聖所得法，彼生無生者，是則無生忍。若使諸世間，觀察鉤鎖者，一切離鉤鎖，從是得三昧。

〔註解〕此二頌：初約證悟以顯無生。次約修斷以顯無生。

〔語譯〕此外還有餘無生理，爲三賢十聖漸證之所得法。以彼能安住於生即無生之理而不動，便是無生法忍。

假使諸世間人，都能觀察鉤鎖緣生無性，即鉤鎖而離鉤鎖，就從此證得無生三昧了。

癡愛諸業等，是則內鉤鎖，鑽燧泥團輪，種子等名外。若使有他性，而從因緣生，彼非鉤鎖義，是則不成就。若生無自性，彼爲誰鉤鎖，展轉相生故，當知因緣義。

〔註解〕此以對內外鉤鎖的觀法，破彼外道計因緣外，別有他性；及其計無自性的斷滅空見。正報的身心，隨著十二因緣，三世流轉，名內鉤鎖。依報的事物，如鑽燧得火、泥團成器、種子生芽等，名外鉤鎖。癡，就是無明。

〔語譯〕無明、愛等的十二因緣，是內鉤鎖；鑽燧、泥團、種子等，名外鉤鎖。若謂離鉤鎖外，別有他性從緣生者；則彼既非鉤鎖之義，怎能成就無生教理？若謂生法斷滅無性，則彼因緣爲誰鉤鎖？當知因緣之所以立義，爲有無明愛等的流轉生死之故。

堅濕煖動法，凡愚生妄想，離數無異法，是則說無性。

〔註解〕此破凡愚妄計，堅濕煖動，實爲能生地水火風的四大種性——堅爲地性。濕爲水性。煖爲火性。動爲風性。

〔語譯〕**堅濕煖動的四大種性，凡愚妄計爲實有生因。那知離了因緣數外更無異法，因**

此我說四大無自體性。

如醫療衆病，無有若干論，以病差別故，爲設種種治。我爲彼衆生，破壞諸煩惱，知其根優劣，爲彼說度門。非煩惱根異，而有種種法，唯說一乘法，是則爲大乘。』

〔註解〕此以醫療衆病，喻如來說法，爲實施權，卽權卽實。如法華經云：「雖施種種道，其實爲一乘。」又云：「如來但以一佛乘故，爲衆生說法，無有餘乘，若二若三。」

〔語譯〕譬如醫療衆病，論其復元的宗旨則一；唯以病有差別，才施設種種不同的方藥。我爲衆生破除煩惱，也是如此，隨其根機的利鈍，爲他們說諸度法門。然爲實施權，非爲根異而法有殊，如來唯說一乘實法，這就是大乘。』

（章後贅言：本章再辨不生滅義，明外道墮有無品；聖教則離有離無。邪正差別，判若霄壤。然吾輩行人，切不可高推聖境，自居凡夫。試看偈云：「若使諸世間，觀察鉤鎖者，一切離鉤鎖，從是得三昧。」誰說凡夫不能成聖？行人勉乎哉。）

第四章　辨無常門

第一節　請　問

爾時，大慧菩薩摩訶薩復白佛言：『世尊！一切外道，皆起無常妄想，世尊亦說一切行無常，是生滅法。此義云何？爲邪爲正，爲有幾種無常？』

〔註解〕外道與聖教所說的無常，名同而義異，不可不辨。此大慧之所以興問。

〔語譯〕這時，大慧菩薩摩訶薩再請問佛，他說：『世尊！一切外道，都起無常妄想，世尊也說，諸行無常，是生滅法。此義不知邪正誰屬，那外道又有幾種無常？』

第二節　答　釋

甲　長　文

佛告大慧：『一切外道有七種無常，非我法也。何等爲七？彼有說言，作已而捨，是名無常。有說形處壞，是名無常。有說卽色是無常。有說色轉變中間，是名無常。無間自之散壞，如乳酪等轉變，中間不可見，無常毀壞，一切性轉。有說性無常。有說性無性無常。有說一切法不生無常，入一切法。

〔註解〕此先標列外道的七種無常，作爲下文釋義及破斥的張本。唯標列中的色轉變無常，略帶釋義：「色」就是地水火風的四大造色。「轉變」就是生住異滅四相的變化。「無間自之散壞」就是不間斷的轉變，自然歸於壞滅。「如乳酪等」是轉變的喻辭。

〔語譯〕佛告訴大慧：『一切外道，有七種無常，非我佛法。那七種？一、有說作已而捨，叫做無常。二、有說形處壞，叫做無常。三、有說色卽是無常。四、有說色轉變中間，**名爲無常。就是一切法不間斷的變異，自然歸於壞滅。如乳變酪等，在刹那的變異中，雖微**

不可見，然於無常壞時，便知一切法轉。五、有說性是無常。六、有說性無性，俱是無常。七、有說一切法不生的無常，入一切法中。

大慧！性無性無常者，謂四大及所造自相壞。四大自性不可得，不生。

〔註解〕此初釋破第六的性無性無常。外道不達心外無法，妄計「性」是能造的四大，「無性」是所造的諸物。能造所造的自相壞滅，如種子生芽，芽復開花結果，果熟又落，這叫做無常。

〔語譯〕大慧！外道的性無性無常者，就是能造的四大，及所造的諸物，其自相必歸壞滅。不知四大自性，非心外法，本不可得，本自不生，那有什麼能造與所造？

彼不生無常者，非常無常，一切法有無不生。分析乃至微塵不可見，是不生義非生，是名不生無常相。若不覺此者，墮一切外道生無常義。

〔註解〕此二釋破第七的不生無常。外道不達一切法本自不生之旨，妄計有箇不生性，入一切法裏，令法壞滅，叫做不生無常。然無常並非不生，既由不生而生無常，那就是生無常義，何得名爲不生無常？故佛斥之爲非。

〔語譯〕彼外道的不生無常者，並非聖教常與無常，及一切有無諸法，本自不生；而是**有箇不生性，入一切法中，分析乃至微塵，都無生性可見，是不生義。即以此倒見，名爲不**

生無常相了。吾教弟子，若不覺此，便墮入外道名爲不生無常，而實爲生無常義了。

大慧！性無常者，是自心妄想，非常無常性。所以者何？謂無常自性不壞。大慧！此是一切性無性無常事。除無常，無有能令一切法性無性者。如杖瓦石，破壞諸物。

〔註解〕此三釋第五的性無常義。外道計有一物，名叫無常。能壞一切物而無常不壞，故以杖擊瓦石爲喻。此但釋義，向下作五番破斥。

〔語譯〕大慧！外道的性無常者，就是他自心妄想的非常非無常性。此話怎講？他以謂無自性不會壞滅，既是無常，又不壞滅，豈非非常非無常嗎？大慧！這仍是前「性無性無常」之事。除此無常外，沒有能使諸法壞滅者。譬如杖擊瓦石，能壞諸物，而無常不壞。

現見各各不異，是性無常事，非作所作有差別。此是無常，此是事。作所作無異者，一切性常。無因性。大慧！一切性無性有因，非凡愚所知。

〔註解〕此第一番約一異破性無常能壞諸法。倘若無常能壞諸法，則無常與事，必定有能壞與所壞的差別。然而無常與事，卻是一體，並無別異。故今破斥。

〔語譯〕現見無常與諸法各各不異，是則性無常事，並非有能壞與所壞的差別。誰也不能指出，這是能壞的無常，這是所壞的事。若能壞與所壞無異者，那一切法豈不都成無常不壞的常性，而沒有無常爲壞法的因性了嗎？大慧！一切諸法，無論有性無性，生起壞滅，實亦有因，不過其因隱微，非凡愚所能了知罷了。

非因不相似事生。若生者，一切性悉皆無常。是不相似事，作所作無有別異。而悉見有異。

〔註解〕此第二番破轉計無常能生諸法。初句直斥其非。「不相似事生」就是異因生異果，如桃生李，李生桃。次句已下是暫縱之辭。末句是證成其非。

〔語譯〕一切法，並非由不相似事而生的。若由不相似事而生，可以說是一無常性，生一切法，一切法都歸無常。是則不相似事，能作所作，就沒有如桃生桃，李生李的別異了。然而現見世間，桃但生桃，李但生李，分明有異。怎能說一無常性，能生一切法呢？

若性無常者，墮作因性相。若墮者，一切性不究竟。一切性作因相墮者，自無常應無常，無常無常故，一切性不無常，應是常。

〔註解〕此第三番約墮造作因相，破性無常。外道妄計無常能壞諸法，而自性不壞。能壞諸法，就是能作諸法壞滅之因，故曰「墮作因性相」。「一切性」就是一切法。餘義可解。

〔語譯〕若妄計無常自性不壞，能壞一切法者，就墮於造作因性之相了。若墮作因性相**，就同一切法一樣的不是究竟不壞的常性了。若爲一切法墮作因性相者，那無常自性應是無**

常。無常自性尚屬無常，怎能使諸法壞滅？那一切法，就應當不是無常，而是常住不壞了。

若無常入一切性者，應墮三世。彼過去色與壞俱，未來不生，色不生故，現在色與壞相俱。

〔註解〕此第四番約墮三世，破無常入一切法，而自性不壞。義顯可解。

〔語譯〕設若無常入一切法裏，而自性不壞者，應墮三世。何則？若入過去世，則過去的四大造色已壞，無常也應隨之俱壞。若入未來世，那未來的色還沒有生起。若入現在世，則現在的色刹那變壞，無常也應隨之俱壞哪。

色者，四大積集差別。四大及造色自性不壞，離異不異故。一切外道一切四大不壞。一切三有四大及造色，在所知有生滅。離四大造色，一切外道於何所思惟性無常，四大不生，自性相不壞故。

〔註解〕此第五番破轉計四大不壞。初句已下，出其妄計。「一切三有」句下，破其妄計。

〔語譯〕外道所計的色，乃四大積聚而成的差別相。以能造的四大及所造之色的體性無二，離異不異，故其自體亦不壞滅。如此，一切外道都妄計一切四大的自體不壞了。然而一切三有裏的四大造色，所在之處，儘人皆知有生滅相。若離四大造色，那一切外道，憑什麼妄想思惟，更有性無常，在四大裏本自不生，故其自體相亦不壞滅呢？

離始造無常者，非四大，復有異四大。各各異相。自相故，非差別可得，彼無差別。斯等不更造，二方便不作，當知是無常。

〔註解〕此四釋破第一的作已而捨無常。離始造，就是作已而捨，外道計此名爲無常。今約互造、自造、共造三義，斥其能造不成，那有作已而捨的無常之理？如地造水，水造地等，叫做互造。如地造地，水造水等，叫做自造。如地水火，共造一風等，叫做共造。

〔語譯〕外道妄計，剛才造成，便卽捨離的能造四大，名爲無常。這並非有個大種，又有個異大種，彼此互造。因爲地水火風各各異相，互造不成。若謂自造，則自相無能造所造的差別，故自造亦不成。若謂斯等更相共造。則互造、自造二既不成，又怎能作爲共造的二種方便？當知這就是外道所計的無常。有此理否？

彼形處壞無常者，謂四大及造色不壞，至竟不壞。大慧！竟者，分析乃至微塵觀察壞。四大及造色形處異見長短不可得。非四大。四大不壞，形處壞現。墮在數論。

〔註解〕此五釋破第二的形處壞無常。彼計四大的形處變壞，而四大的體實不壞。形處，就是長短的形狀。數論外道所立的二十五諦中，亦說地水火風空五大爲常，故斥之爲「墮在數論」。

〔語譯〕彼妄計形處變壞爲無常者，他以謂四大及造色，究竟不壞。大慧！彼所謂究竟不壞者，乃分析至於微塵，觀察變壞，都不見有四大造色的形處長短可得。可見變壞的是四大的形處，而非四大。這四大不壞，但形處壞的妄計，正墮數論外道的常見。

色卽無常者，謂色卽是無常。彼則形處無常，非四大。若四大無常者，非俗數言說。世俗言說非性者，則墮世論。見一切性，但有言說，不見自相生。

〔註解〕此六釋破第三的卽色無常。色卽無常，乃佛教因緣正義。然外道計此爲四大斷滅，與前所計形處無常，都非正義。故佛以「非俗數言說」，反顯其正墮俗數。「世俗言說」句下結斥其墮。世論，據魏唐二譯爲盧伽耶見，卽順世外道的斷見。

〔語譯〕外道妄計的色卽無常者，他以謂四大造色的壞滅，卽是無常。是則同前形處無常一樣，都非佛教正義的四大無常。若正義的四大無常者，那就不是俗數言說所及了。若世俗言說四大斷滅爲非性者，則墮盧伽耶見。彼見一切法，但有言說，不見自相無生而生。

轉變無常者，謂色異性現，非四大。如金作莊嚴具，轉變現，非金性壞，但莊嚴具處所壞。如是餘性轉變等，亦如是。

〔註解〕此七釋第四的色轉變中間無常。釋此色轉變無常之計，前在標列中已擧乳酪爲喩，今復擧金莊嚴具爲喩。義顯可解。

〔語譯〕外道所計的色轉變中間無常者，他以謂四大造色中間，有一個變異性，能令四大相續轉變，名爲無常，並非四大壞滅，叫做無常。譬如以金作釧釵等的莊嚴具時，有轉變現象，但非金性變壞，而是莊嚴具的轉變處壞。以此例知，餘法轉變等，也是如此。

如是等種種外道無常見妄想。火燒四大時，自相不燒。各各自相相壞者，四大造色應斷。

〔註解〕此總結斥外道妄計的七種無常。義顯可解。

〔語譯〕如是等種種外道，作無常見的妄想分別，他說火燒四大時，只能使四大分離，而自相不燒。若四大各各自相能燒壞者，那四大造色，就應當斷滅。

大慧！我法起非常非無常。所以者何？謂外性不決定故。唯說三有微心，不說種種相有生有滅。四大合會差別，四大及造色，故妄想二種事攝所攝。知二種妄想，離外性無性二種見。覺自心現量。妄想者，思想作行生，非不作行。離心性無性妄想，世間出世間出世間上上一切法，非常非無常。不覺自心現量，墮二邊惡見相續。一切外道不覺自妄想·此凡夫無有根本。謂世間、出世間、出世間上上，從說妄想生·非凡愚所覺。』

〔註解〕此將聖教正義，與外道邪見，作一簡別。文分爲二：初明正義。次出邪見。義顯可解。

〔語譯〕大慧！我法起於非常非無常的中道理體。所以起於非常無常者，因爲心外取法，不能決定是常無常，所以我說三界諸有，唯心所現，不說種種相有生有滅。由因緣合會而有四大造色的種種差別，都是能取所取的二種妄想，故非實有。既知諸法是能所攝取的二種妄想，就遠離心外取法計有計無的二種妄見，唯覺諸法都是自心現量了。所謂妄想者，就是由思想所作的業行而生的，並非不作業行。只要離了心性有無二見的妄想分別，則一切世間、出世間、出世間上上法，都歸於中道理體的非常非無常了。

那不覺自心現量，墮於有無二邊，惡見相續的一切外道凡夫，他們不知自心妄想，無有根本，妄謂世間、出世間、出世間上上法，都是從言說妄想而生的。此等顚倒迷妄，殊非愚癡凡夫所能覺悟。」

乙　偈　頌

爾時，世尊欲重宣此義，而說偈言：『遠離於始造，及與形處異，性與色無常，外道愚妄想。

〔註解〕向下總有五頌重明前義。今初頌外道所計七種無常中的四種無常，都是妄想。如文可知。

〔語譯〕這時，世尊爲重明前義，說偈頌道：『所謂作已而捨無常，及形處壞無常，性無常與色無常，都是外道凡愚的妄想分別。

諸性無有壞，大大自性住，外道無常想，沒在種種見。

〔註解〕此頌色轉變、性無性、不生的三種無常。外道在這三無常中，或計四大自性爲常，或計四大造色爲無常。自語相違，故斥其爲「沒在種種見」。

〔語譯〕諸法自性不壞，四大自性大大常住，外道於此作無常想，淪沒在種種邪見裡。

彼諸外道等，無若生若滅，大大性自常，何謂無常想？

〔註解〕此頌總破外道的無常論，不能成立。

〔語譯〕一切外道，都說不生不滅，四大自性大大常住，那末什麼是無常呢？

一切唯心量，二種心流轉，攝受及所攝，無有我我所。梵天爲樹根，枝條普周徧，如是我所說，唯是彼心量。』

〔註解〕這二頌重申佛法正義，一切唯心，都非實有。如文可知。

〔語譯〕一切法唯心所現，本無有無二見、能取所取、我及我所。外道計梵天能生諸法如樹根，所生諸法如枝條，若以我法正義來說，那都是他們的自心現量。』

（章後贅言：外道不達唯心無境之旨，妄見外境實有有無，隨計「有」為常，計「無」為無常。故彼一切外道的七種無常，都不出有無二見，每將常與無常相對立論，謬為印證。若能了達唯心無境，就遠離有無二見，當下便是非常非無常的眞常理境。可見本章辨無常門，分別邪正的關鍵，在於是否了達唯心之旨了。）

第五章　辨滅正受門

第一節　請說

爾時，大慧菩薩復白佛言：『世尊！唯願為說一切菩薩聲聞緣覺滅正受次第相續。若善於滅正受次第相續相者，我及餘菩薩終不妄捨滅正受樂門，不墮一切聲聞緣覺外道愚癡。』

〔註解〕梵語三昧，此翻正受。滅盡一切心心數法的邪亂，而與三昧正受相應的禪定，叫做「滅正受」。亦名滅盡定。此定為三乘聖者所共修，而有淺深位次的不同。大慧為此興問，辭意可知。

〔語譯〕這時，大慧菩薩再向佛啓請。他說：『世尊！但願為說一切菩薩、聲聞、緣覺，這三乘聖者入滅正受時次第相續而進的行相。若能善知滅正受次第相續相者，則我及其餘的菩薩，就終不妄捨大乘的滅正受樂門，而墮在一切聲聞、緣覺、外道的愚癡中了。」

第二節　許　說

佛告大慧：『諦聽諦聽，善思念之，當爲汝說。』大慧白佛言：『世尊！惟願爲說。』

〔註解〕此如來許說，如文可解。

〔語譯〕佛告訴大慧：『你要一心專注的仔細聆聽，善爲思念，我當爲你解說。』大慧再向佛稟白：『世尊！惟願爲說。』

第三節　正　說

甲　長　文

佛告大慧：『六地菩薩摩訶薩及聲聞緣覺，入滅正受。第七地菩薩摩訶薩，念念正受，離一切性自性相正受，非聲聞緣覺。諸聲聞緣覺，墮有行覺，攝所攝相滅正受。是故七地非念正受。得一切法無差別相，非分得種種相性，覺一切法善不善性相正受。是故七地無善念正受。

〔註解〕此下約三乘共十地，以辨滅正受的行相差別。今先以六地與七地的三乘對辨。

〔語譯〕佛告訴大慧：『六地菩薩與聲聞緣覺，同斷煩惱入滅正受，無有差別。第七地菩薩念念不住的入滅正受，遠離諸法自性，生滅妄相；這就非聲聞緣覺所及了。因爲諸聲聞緣覺，墮有爲行，他們覺得有能攝取的意念，與所攝取的定境，入滅正受。所以七地非同二乘有取著之念的正受。又因爲第七地菩薩，得一切法空，無差別相，並非分別一切善法不善法的種種性相入滅正受的。所以七地也沒有善不善念的正受。

大慧！八地菩薩及聲聞緣覺，心意意識妄想相滅。初地乃至七地菩薩摩訶薩，觀三界心意意識量，離我我所。自妄想修墮外性種種相。愚夫二種自心，攝所攝，向無知。不覺無始過惡，虛僞習氣所熏。

〔註解〕此以八地與前七地對辨差別。

〔語譯〕大慧！八地菩薩及聲聞緣覺，他們從心、意、意識而起的虛妄想相，都已寂滅了。初地至七地菩薩，若觀察三界，一切唯是心、意、意識的現量，則離我我所；若以自心妄想而修，那就墮於心外之法的種種諸相了。如此，則無異愚夫自心有能取所取的二種妄想，一向不知不覺，爲無始過惡虛僞習氣所熏變。

大慧！八地菩薩摩訶薩聲聞緣覺涅槃。菩薩者，三昧覺所持，是故三昧門樂不般涅槃。若不持者，如來地不滿足。棄捨一切有爲衆生事故，佛種則應斷。諸佛世尊爲

示如來不可思議無量功德。聲聞緣覺三昧門，得樂所牽故，作涅槃想。

〔註解〕此以八地三乘對辨差別。上文言八地三乘同滅妄想，然尚有不住涅槃與樂著涅槃之別，故今再作對辨。如文可知。

〔語譯〕大慧！八地菩薩與聲聞緣覺，雖同證涅槃，然尚有差別。大乘菩薩，為佛以如幻三昧覺力所加持，故於三昧門樂，為利他行，不住涅槃。若不以三昧覺力加持者，則於如來果地的覺行不能圓滿，棄捨了一切度化眾生之事，那佛種就要斷絕了。所以諸佛世尊，示以如來的不可思議無量功德，策勵菩薩，教他不住槃涅。聲緣二乘，則為樂著三昧所牽故，自了生死，作涅槃想。

大慧！我分部七地，善修心意意識相。善修我我所。攝受人法無我，生滅自共相。善四無礙，決定力三昧門，地次第相續，入道品法。不令菩薩摩訶薩不覺自共相，不善七地，墮外道邪徑。故立地次第。

〔註解〕此言八地已前菩薩，可能進入道品；也可能退為外道。故建立七地，以資策進，庶免退墮。

〔語譯〕大慧！我所以分別部類為七地者，為教菩薩善能修斷心意意識的虛妄想相；善修離我我所，以攝受人法二無我理，不墮生滅自相共相；善於法、義、辭、樂說的四無礙辯，爲決定三昧門力。由此歷階八地，乃至等覺，次第相續，入三十七品菩提分法。不令菩薩不覺生滅自相共相，不善七地歷階修進，而墮於外道的邪見行徑。因此之故，所以才建立地地次第相續。

大慧！彼實無有若生若滅，除自心現量。所謂地次第相續，及三界種種行，愚夫所不覺。愚夫所不覺者，謂我及諸佛說地次第相續，及說三界種種行。

〔註解〕此結示一切唯心，更無別法。義顯可知。

〔語譯〕大慧！除自心現量外，實無生滅。所謂地地次第相續，及斷三界惑使的種種諸行，也是假言建立，這是愚夫所不覺的。此愚夫以不覺故，謂我及諸佛實有言說諸地次第相續，及斷三界惑使的種種諸行。

復次大慧！聲聞緣覺第八菩薩地，滅三昧門樂醉所醉。不善自心現量，自共相習氣所障。墮人法無我法攝受見，妄想涅槃想，非寂滅智慧覺。

〔註解〕「復次」二字的辭意，是說上文以八地三乘對辨差別，義猶未盡，故須再爲對辨。今先辨二乘。

〔語譯〕復次大慧！聲聞緣覺，雖至第八菩薩地，卻爲樂著寂滅三昧所昏醉。因其不善了知自心現量，而爲自共相的習氣所障蔽故，墮於人法無我的但空法見，起涅槃妄想。這並非八地空而不空的寂滅智慧。

大慧！菩薩者，見滅三昧門樂，本願哀愍，大悲成就，知分別十無盡句，不妄想涅槃想。彼已涅槃妄想不生故，離攝所攝妄想。覺了自心現量，一切諸法妄想不生。不墮心意意識，外性自性相計著妄想。非佛法因不生，隨智慧生，得如來自覺地。

〔註解〕此辨菩薩本大悲願力，不取涅槃，直達寶所。不同二乘樂著三昧，止於化城。文分正辨、引喩、法合三段。今第一段正辨。「十無盡句」，爲華嚴十地品所說，以之成就菩薩大願者。今不煩釋。

〔語譯〕大慧！第八地菩薩，雖見有寂滅三昧的樂境，卻爲因地所發悲愍衆生的本願所成就，故能了達十無盡句，不作取證涅槃的妄想。彼菩薩爲已不生涅槃妄想之故，遠離能所攝取，覺了諸法唯自心現，不墮心意意識，計著心外之法的性相而起妄想。因爲妄想非佛法正因，所以不生。既已不生妄想，那就隨著不生的智慧，以爲生因，而得如來自證的妙覺果地了。

如人夢中方便度水，未度而覺。覺已思惟，爲正爲邪？非正非邪，餘無始見聞覺識因想，種種習氣，種種形處，墮有無想，心意意識夢現。

〔註解〕此第二段引喩。以「方便」喩七地已前修滅盡定。以「水」喩生死。以「未度而覺」喻八地菩薩未至極果，已悟生死涅槃俱如昨夢，實無生死可了，涅槃可證。生死涅槃，邪正都非，故曰「非正非邪」。七地已前雖斷煩惱，尚餘妄惑習氣，而起生死涅槃的妄想分別，故曰「餘無始……」等。

〔語譯〕譬如人在夢中，夢見藉著舟筏的方便，度大海水。還沒度到彼岸，就忽然醒覺了。於是思惟夢中之事，是正是邪？思惟結果，非正非邪，只是尚餘無始見聞覺知的種種習氣，起種種形相，墮有無妄想，由心意意識而現夢境。

大慧！如是菩薩摩訶薩，於第八菩薩地，見妄想生。從初地轉進至第七地，見一切法如幻等，方便度攝所攝心妄想，行已，作佛法方便，未得者令得。大慧！此是菩薩涅槃方便不壞，離心意意識，得無生法忍。大慧！於第一義無次第相續，說無所有妄想寂滅法。』

〔註解〕此第三段法合。「見妄想生」，與「覺」喻合。「從初地……至第七地」，與「度水」喻合。「見一切法如幻」，與「非正非邪」喻合。「於第一義」下，總結佛說契會至極之理，無說而說，說無所說。

〔語譯〕大慧！如此第八地菩薩，能見妄想分別心生，從初地轉進至第七地，見諸法如幻，不執為實，但以方便自度能取所取的妄想分別。既已自行，更復化他作佛法方便，使未得度的衆生，都能得度。大慧！這就是菩薩涅槃，不壞方便自行化他，遠離心意意識的妄想分別，得無生法忍。

大慧！我爲方便度門，於一法不立的第一義中，本無次第相續，說有次第相續；本無妄想寂滅之法，說有妄想寂滅。雖說而實無所說。』

乙 偈 頌

爾時，世尊欲重宣此義，而說偈言：『心量無所有，此住及佛地，去來及現在，三世諸佛說。心量地第七，無所有第八，二地名爲住，佛地名最勝。

〔註解〕此下有七頌重明前義。這二頌，初約唯心顯第一義。次約唯心明住地相。

〔語譯〕這時，世尊爲重明前義，說偈頌道：『住地及佛地，都是唯心現量，一無所有，這是過去、未來、現在的三世諸佛所說。第七地依住於但空心量，第八地依住於空無所有，這二地但名爲住，唯佛地無住獨名最勝。

自覺智及淨，此則是我地，自在最勝處，清淨妙莊嚴。照曜如盛火，光明悉徧至，熾燄不壞目，周輪化三有。化現在三有，或有先時化，於彼演說乘，皆是如來地。

〔註解〕這三頌的前二頌，明報身佛地，淨妙莊嚴。後一頌，明化身佛地，爲實施權。

〔語譯〕自覺智的淨報，就是佛地。於大自在天的最勝處，示現世間的清淨妙相莊嚴。

譬如大火，光明徧照，燄雖熾然而不壞目，這樣周徧度化三界諸有。或現在度化，或先時已化，於彼三界雖權說三乘，然皆會三歸一入如來地。

十地則爲初，初則爲八地，第九則爲七，七亦復爲八。第二爲第三，第四爲第五，第三爲第六，無所有何次。』

〔註解〕這二頌明佛地圓融。雖對差別衆機，說有十地，實則第一義中，不歷位次，不落階級，一地卽一切地，一切地卽一地，故曰「無所有何次」。

〔語譯〕十地就是初地。初地就是八地。第九就是第七。第七就是第八。第二就是第三。第四就是第五。第三就是第六。那有什麼次第差別？』

〔章後贅言：本章辨三乘三昧，淺深位次，歷別分明。及至佛地，方顯性本圓融，不涉途程，不落階級。但爲方便度門，於第一義中，爲實施權，會權歸實。使行人知眞空不空，勿以躭樂三昧，自了生死，爲究竟涅槃。〕

第六章　辨常無常門

第一節　請問

爾時，大慧菩薩復白佛言：『世尊！如來應供等正覺，爲常爲無常？』

〔註解〕常與無常之理，前已屢說，然下機人往往不知擧一反三，故大慧再爲請說。「

等正覺」就是佛十號中第三的正徧知。

〔語譯〕這時，大慧菩薩再向佛請問：『世尊！如來應供等正覺，是常呢，還是無常？』

第二節　答　釋

甲　長　文

佛告大慧：『如來應供等正覺，非常非無常。謂二俱有過。若常者，有作主過。常者，一切外道說作者。無所作，是故如來常非常，非作常有過故。若如來無常者，有作無常過。陰所相，相無性，陰壞則應斷。而如來不斷。大慧！一切所作皆無常。如瓶衣等，一切皆無常過。一切智衆具方便應無義，以所作故。一切所作皆應是如來，無差別因性故。是故大慧！如來非常非無常。

〔註解〕此正釋非常非無常義。文分：雙遮、破常、破無常、雙結四段。

〔語譯〕佛告訴大慧：『如來應供正徧知，非常非無常。所謂常與無常，二俱有過，如來離過，那有常與無常？

若說如來是常，那就墮於有造作主宰的過失了。因爲一切外道說有自在、神我等的作者爲常。如來無所作，所以如來之常，非彼之常。因彼外道所計，旣有造作的動轉不定，又說作者是常，顚倒妄見，有過失故。

若說如來是無常，那就又墮於有所作的無常之過了。因爲五陰是有所作相，此相畢竟無體，如來若同五陰的有所作相，那五陰壞時，如來也應當斷滅了。然而如來法身，常住不斷，怎能與所作的陰相，同日而語？大慧！一切所作，都是無常，如瓶衣等物。假使如來同一切所作有無常過者，則一切智所修的六度萬行，衆具方便，應空無實義，因爲是所作之故。又一切所作，也應當都是如來，因爲有所作因，與如來無差別故。然而如來眞常的極理，不生不滅，不變不壞，豈是所作的無常可比？

以是之故，大慧！如來不是常，也不是無常。

復次大慧！如來非如虛空常。如虛空常者，自覺聖智衆具無義過。大慧！譬如虛空，非常非無常。離常無常一異俱不俱常無常過，故不可說。是故如來非常。復次大慧！若如來無生常者，如兎馬等角。以無生常故，方便無義。以無生常過故。如來非常。

〔註解〕此擧喩以顯如來非常。文分爲三：一以虛空異類爲喩。二以虛空同類爲喩。三以兎馬等角異類爲喩。

〔語譯〕復次大慧！如來非如虛空之常，不待修成。若如來如虛空常者，則自覺聖智所修的萬德衆具，就有空無實義的過失了。所以如來非常。

大慧！又如來譬如虛空，非常非無常。以性本圓離常與無常，及離一異俱不俱等的四句分別，故常與無常的過失，俱不可說。所以如來非常。

復次大慧！若說如來無生爲常者，則如來應如兎馬等角一樣的無生。以無生故，那萬行方便，豈不成爲斷滅而無實義了嗎？以此無生之常，有過失故，所以如來非常。

復次大慧！更有餘事知如來常。所以者何？謂無間所得智常，故如來常。大慧！若如來出世，若不出世，法畢定住。聲聞緣覺，諸佛如來，無間住。不住虛空。亦非愚夫之所覺知。大慧！如來所得智，是般若所熏；非心意意識，彼諸陰界入處所熏。大慧！一切三有，皆是不實妄想所生。如來不從不實虛妄想生。

〔註解〕此約智以顯常。上來說如來非常非無常，乃爲簡非外道的常與無常，顯性圓離而說的，實則如來所證的無漏智，卻是無間常住，徧一切法。

〔語譯〕復次大慧！如來不但非常，更有餘事可知如來眞常。什麼餘事？就是由無間道修得的無漏智常，所以如來亦常。大慧！無論如來出世與不出世，法性畢定常住。徧在聲聞、緣覺、諸佛如來的法中，無間斷的常住不變，並非空無；不過未得聖智的愚夫不能覺知罷了。大慧！如來所得的自覺聖智，是從圓常大覺的般若智慧所熏的；非從心意意識，五陰、十八界、十二入處所熏。大慧！一切三界諸有，都是從不實妄想生的，所以無常。如來不從不實妄想生，所以常住無間。

大慧！以二法故，有常無常，非不二。不二者寂靜，一切法無二生相故。是故如來應供等正覺，非常非無常。大慧！乃至言說分別生，則有常無常過。分別覺滅者，則離愚夫常無常見，不寂靜。慧者永離常無常，非常無常熏。』

〔註解〕此結顯如來非常非無常的所以。一實之理，如如平等，無彼此之別，就叫做不二。否則，便非不二。

〔語譯〕大慧！以不達一實之理，見有涅槃生死二法，故落常無常見。常無常見，非不二法。不二法者，生死即涅槃，本來寂靜，一切法，那有常與無常的二種生相？所以如來應供等正覺，非常非無常。大慧！只要有言說分別的妄心生起，便有常無常過。若分別的心行處滅，就遠離愚夫不寂靜的常無常見了。有智慧者，永離常無常見，非為常無常所熏習，而是般若所熏。』

乙 偈 頌

爾時，世尊欲重宣此義，而說偈言：『衆具無義者，生常無常過，若無分別覺，永離常無常。從其所立宗，則有衆雜義，等觀自心量，言說不可得。』

〔註解〕此以偈頌重明前義。如文可解。

〔語譯〕這時，世尊爲重明前義，說偈頌道：『若無如來修德的衆具妙義，就要生起常無常的過失了。若無分別覺想，則永離常無常見。從其外道所立自宗來看，則有常無常等的衆義雜亂紛紜。若以平等正觀唯自心現，則雖言說亦不可得。』

（章後贅言：前在第四章裏，已將如來非常非無常的眞常正義，與外道計常無常的邪見，作一簡別，其關鍵在於是否了達唯心之旨。本章再辨非常非無常，例前可知。或謂本章由第四章末，錯簡至此，不無道理。）

第七章　明陰界入生滅

第一節　請問許說

爾時，大慧菩薩復白佛言：『世尊！唯願世尊，更爲我說陰界入生滅。彼無有我，誰生誰滅？愚夫者，依於生滅，不覺苦盡，不識涅槃。』佛言：『善哉諦聽，當爲汝說。』大慧白佛言：『唯然受教。』

〔註解〕大慧問意，謂：陰界入生滅的根本何在？如何從根本上，離此生滅，得證涅槃？

〔語譯〕這時，大慧菩薩再請問佛。他說：『世尊！唯願更爲我說，陰界入是怎樣生滅的？彼陰界入裏既無有我，誰生誰滅？那愚夫又怎能依於生滅，不覺生死苦盡，不知證入涅槃呢？』佛說：『你要好好的聆聽，我就給你解說。』大慧隨卽應諾說道：『唯願受佛教誨』。

第二節　正　說

甲　長　文

佛告大慧：『如來之藏，是善不善因，能徧興造一切趣生。譬如伎兒，變現諸趣，離我我所。

〔註解〕此總明如來藏爲生滅根本。如起信論云：「依如來藏，故有生滅心。」生滅如幻，無我我所，此理難明，故以伎兒變現諸趣爲喻。

〔語譯〕佛告訴大慧：『如來藏，雖自性清淨，卻是善不善法的生因。他能不變隨緣，興造一切善惡趣生。譬如演藝的伎兒，幻現諸趣，本無實體，那有我及我所，爲生爲滅？

不覺彼故，三緣和合方便而生。外道不覺，計著作者。爲無始虛僞惡習所熏，名爲識藏。生無明住地，與七識俱。如海浪身，長生不斷。離無常過，離於我論，自性無垢，畢竟清淨。其餘諸識，有生有滅，意意識等，念念有七。因不實妄想，取諸

境界，種種形處，計著名相。不覺自心所現色相，不覺苦樂，不至解脫，名相諸纏，貪生生貪。

〔註解〕此明如來藏隨緣不變。惟有七識念念生滅。識藏——就是第八阿賴耶識，卽起信論云：「不生不滅與生滅和合，名阿賴耶。」此識含藏一切善惡種子，故名識藏。無明住地——就是五住地第五的根本煩惱。根本爲枝末所依，故名爲住。能生枝末，故名爲地。餘義可解。

〔語譯〕二乘不覺如來藏隨緣之理，但見根塵識三緣和合，以爲生因。外道不覺如來藏無我之理，計著神我，以爲作者。然此如來藏爲無始以來的虛僞惡習所熏，就隨此熏緣，轉名爲識藏了。依此識藏生無明住地，與七識俱，而起現行，生死不已。這好比大海隨風起浪，相續不斷。實則如來藏隨緣不變，離無常見，離神我論，自性無垢，畢竟清淨。其餘七識，如：第七識意、第六意識、眼等五識，則念念生滅。因此念念生滅的不實妄想，攝取境界，而於六塵種種形處，計名著相。不覺色相爲自心所現，不覺於逆順境，生苦樂受，展轉生死，不得解脫。這都是被計著名相所纏縛，旣爲貪愛而生，更生貪愛，生生不息。

若因若攀緣，彼諸受根滅，次第不生，餘自心妄想，不知苦樂，入滅受想正受，第四禪，善眞諦解脫。修行者，作解脫想。不離不轉，名如來藏識藏。七識流轉不滅

生陰界入。所以者何？彼因攀緣諸識生故。非聲聞緣覺修行境界，不覺無我，自共相攝受，

〔註解〕此明外道二乘，不達如來藏性，但盡生死，非眞解脫。

〔語譯〕若因若緣，及彼取境的諸根都滅，則次第相續的妄念就不生了。若尚餘自心妄想未滅，又不知苦樂本因所在的外道二乘，或入滅盡定，或入第四禪，或善觀眞諦，修此行者，但盡生死，便爾妄作解脫之想。實則他們還未曾轉捨如來藏識藏之名，七識流轉依然未滅，豈眞解脫？何則？識藏與七識，是種子起現行，現行熏種子，互相緣起的，所以識藏若轉，七識亦滅。但這不是聲聞緣覺的修行境界，因爲他們但覺人無我，不覺法無我，猶於陰界入處，攝取自相共相，不能通達如來藏性之故。

見如來藏五法自性人法無我則滅。地次第相續轉進，餘外道見，不能傾動，是名住菩薩不動地。得十三昧道門樂，三昧覺所持。觀察不思議佛法自願。不受三昧門樂，及實際。向自覺聖趣。不共一切聲聞緣覺，及諸外道所修行道。得十賢聖種性道，及身智意生，離三昧行。

〔註解〕此明轉捨識藏，見如來藏，登不動地，得十聖種性，化他利物。聖者必賢，故稱十聖爲十賢聖。五法自性等，前已略釋，後第八章再爲詳明。

〔語譯〕若捨識藏見如來藏性，則向依識藏而立的：五法、三自性、人法二無我，這些染淨差別法門，就隨著一地一地的次第轉進而泯滅了。從此一切外道惡見不能傾動，這就叫做住菩薩不動地。住不動地菩薩，雖得十種三昧門樂，但爲諸佛三昧神力所加持，觀察不思議佛法無量功德，自願起化利物，不受三昧門樂，不住實際涅槃，而趣向於自覺聖智的究竟極果。不同二乘外道的灰身滅智，執著三昧的修行道。獨得十地聖行，及隨類應化的意生身智，離三昧行。

是故大慧！菩薩摩訶薩欲求勝進者，當淨如來藏及識藏名。大慧！若無識藏名如來藏者，則無生滅。大慧！然諸凡聖悉有生滅，修行者自覺聖趣現法樂住，不捨方便。

〔註解〕此下勸菩薩勝進修學，淨識藏名。

〔語譯〕以是之故，大慧！勇猛精進，欲求勝法的菩薩，當淨如來藏中識藏之名。大慧！若無識藏之名，則如來藏自性清淨，就沒有生滅的污染了。大慧！然諸凡聖何以皆有生滅？蓋以凡夫未淨識藏，故有分段生滅。修行者未至金剛心後，異熟未空，雖得自覺聖趣，卻住於現取法樂，不捨方便，化他益物，也還有變易生滅。

大慧！此如來藏識藏，一切聲聞緣覺心想所見。雖自性清淨，客塵所覆故，猶見不

淨，非諸如來。大慧！如來者，現前境界，猶如掌中視阿摩勒果。

〔註解〕此明如來藏性，非二乘所見，唯諸如來分明現證。

〔語譯〕大慧！此如來藏識藏，若以一切聲聞緣覺的心想臆度所見，雖自體清淨，卻爲其想心的客塵所覆，所以但見識藏不淨，不見清淨藏體。此二乘所見，並非諸佛如來的現證境界。大慧！如來的現證境界，洞見如來藏性，猶如觀掌中的阿摩勒果。

大慧！我於此義，以神力建立。令勝鬘夫人，及利智滿足諸菩薩等，宣揚演說如來藏及識藏名，七識俱生。聲聞計著，見人法無我。故勝鬘夫人承佛威神，說如來境界。非聲聞緣覺及外道境界。如來藏識藏，唯佛及餘利智依義菩薩智慧境界。是故汝及餘菩薩摩訶薩，於如來藏識藏，當勤修學，莫但聞覺作知足想。』

〔註解〕此引勝鬘夫人經，建立如來藏義，結勸修學。勝鬘夫人，是舍衛國波斯匿王的女兒，踰闍國王的夫人。

〔語譯〕大慧！我以神力建立此如來藏義，令勝鬘夫人，及利智充滿的諸菩薩等，宣揚如來藏及識藏名，與七識俱起。使既捨七識，見人無我，而猶計著法我的聲聞，更捨藏識，見法無我。故勝鬘夫人承佛威神力，說如來境界，非二乘外道所及。如來藏識藏自性清淨，唯佛及餘利根菩薩，依義不依語的智慧境界。以此之故，你及其餘的諸大菩薩，於如來藏識藏的深義，當勤勉修學，三慧相應，不要但聞名字，不加思修，就以爲滿足了。」

乙　偈　頌

爾時，世尊欲重宣此義而說偈言：『甚深如來藏，而與七識俱，二種攝受生，智者則遠離。如鏡像現心，無始習所熏，如實觀察者，諸事悉無事。如愚見指月，觀指不觀月，計著名字者，不見我眞實。心爲工伎兒，意如和伎者，五識爲伴侶，妄想觀伎衆。』

〔註解〕此以四頌重明前義。初二頌明如來藏爲迷悟依。第三頌誡勿著名言，不達實義。末一頌明八識行相差別。

〔語譯〕這時，世尊欲重明前義，說偈頌道：『理極深微的如來藏，隨緣與七識和合俱起。愚夫於此計能所二取攝受生滅，智者能所雙亡就遠離生滅了。此如來藏心如鏡現象，皆由無始虛僞習氣所熏，若能如實觀察如來藏者，則諸事都歸於寂滅而無事了。

愚夫聞法如見指月，他但觀指月之指，計著名字，卻不見所指之月的眞實義諦。

第八識心隨緣熏變如工伎兒。第七末那執持我法如調和伎藝。前五識緣塵如伎兒伴侶。第六意識的妄想如觀伎人衆。』

〔章後贅言：本章爲酬答大慧所問，陰界入生滅的根本所在，把自性清淨的如來藏，如何轉名識藏，而爲陰界入的生滅因緣；又如何滅此生滅，淨識藏名，還復到自性清淨的如來藏體；又如何簡別邪正，不著三昧門樂，起化他行，以求勝進，都說得瞭如指掌。修行者可依之而轉迷爲悟，認路還家了。）

第八章　明五法自性識無我相

第一節　請問許說

爾時，大慧菩薩白佛言：『世尊！惟願爲說五法自性識二種無我，究竟分別相。我及餘菩薩摩訶薩，於一切地次第相續分別此法，入一切佛法。入一切佛法者，乃至如來自覺地。』佛告大慧：『諦聽諦聽，善思念之。』大慧白佛言：『唯然受教。』

〔註解〕五法、三自性、八識、二無我，前來雖已屢說，但未說其究竟分別趣入之相。故今再爲請說。

〔語譯〕這時，大慧菩薩再請問佛，他說：『世尊！惟願爲我們解說那五法、三自性、八識、二無我的究竟分別趣入之相，使我及其餘的諸大菩薩，於一切地次第相續分別此法，趣入一切佛法，乃至如來自證的妙覺果地。』佛告訴大慧：『你要仔細聆聽，善爲思念。』大慧說：『唯願受佛敎誨』。

第二節　正　說

佛告大慧：『五法自性識二種無我分別趣相者，謂名、相、妄想、正智、如如。若修行者修行，入如來自覺聖趣，離於斷常有無等見，現法樂正受住，現在前。大慧！不覺彼五法自性識二無我，自心現外性。凡夫妄想，非諸聖賢。』

〔註解〕此總明凡聖於五法自性等的迷悟差別。至於分別趣入等相，後文備釋。

〔語譯〕佛告訴大慧：『五法、自性、識、二無我的分別趣入等相者，就是：修行者若修此：名、相、妄想、正智、如如五法，則入如來自覺聖趣，離於斷、常、有、無等見，安住於三昧的法樂，現在其前。大慧！倘若不覺五法、自性、識、二無我，爲自心所現，非心外法，而計著斷、常、有、無等見者，則是凡夫的分別妄想，非聖賢正智。』

乙　釋　疑

大慧白佛言：『世尊！云何愚夫妄想生，非諸聖賢？』佛告大慧：『愚夫計著俗數名相，隨心流散。流散已，種種相像貌，墮我我所見，希望計著妙色。計著已，無知覆障，故生染著。染著已，貪恚癡所生業積集。積集已，妄想自纏，如蠶作繭，墮生死海，諸趣曠野，如汲井輪。以愚癡故，不能知如幻野馬水月自性，離我我所；起於一切不實妄想。離相所相及生住滅，從自心妄想生。非自在時節微塵勝妙生。愚癡凡夫隨名相流。

〔註解〕大慧隨聞質疑，但問妄想；如來答釋，則兼及五法。今先總釋名、相、妄想。如文可解。

〔語譯〕大慧向佛請問：『世尊！爲什麼愚夫妄想生，非諸聖賢？』佛告訴大慧：『愚夫不知六塵俗數名相，乃假緣安立，隨起心分別，流散不定。心既流散，則墮入我及我所的執見，計著種種形貌，以爲妙色。既已計著，則爲無知昏闇覆障了正智，而生染著。既生染著，則由貪瞋癡所造的染業，就聚集起來了。業既集起，則妄想自纏，如蠶作繭，墮入五趣生死苦海，如汲水轆轤，輪迴不絕。

因爲愚癡之故，不知諸法自性：如幻、如燄、如水中月，本離我及我所，能相所相，及生住滅，從自心不實妄想而生，不是從自在天、微塵、勝性等而生的。此等愚癡凡夫，心隨俗數名相，流散不定。

大慧！彼相者，眼識所照，名爲色。耳鼻舌身意意識所照，名爲聲香味觸法。是名爲相。

〔註解〕此釋六識所緣六塵，名之爲相。雖意識所緣的法塵，亦有想相可名。所以但擧六塵相，則一切色心諸法，都該盡無遺了。

〔語譯〕大慧！彼五法中所謂的「相」者，就是：眼識所緣的塵境，名叫做色；耳、鼻、舌、身、意識所緣的塵境，依次名爲：聲、香、味、觸、法。這六識所緣的六塵，就叫做「相」。

大慧！彼妄想者，施設衆名，顯示諸相，如此不異，象馬車步男女等名，是名妄想。

〔註解〕此釋假立名相，分別計著，卽是妄想。

〔語譯〕大慧！彼五法中所謂的「妄想」者，就是施設許多假名，以顯示虛妄諸相，分別計著如此名相，實無變異。例如：象、馬、車、步四兵種，及男女等名，各如其相。這就叫做「妄想」。

大慧！正智者，彼名相不可得，猶如過客。諸識不生，不斷不常，不墮一切外道聲聞緣覺之地。

〔註解〕此釋不著名相，不落邊見，不墮外道二乘之地，卽是正智。

〔語譯〕大慧！彼五法中所謂的「正智」者，就是了彼名相實不可得，好像刹那不住的過客一般。妄識不生，不落斷常邊見，不墮一切外道聲聞緣覺偏邪之地。這就叫做「正智」。

復次大慧！菩薩摩訶薩以此正智，不立名相，非不立名相，捨離二見建立及誹謗，知名相不生，是名如如。

〔註解〕此釋以正智照了名相當體不生，即是如如。

〔語譯〕復次大慧！菩薩以正智觀察名相，非立非不立，捨離了建立及誹謗的有無二見，了知名相當體不生。這就叫做「如如」。

大慧！菩薩摩訶薩，住如如者，得無所有境界故，得菩薩歡喜地。得菩薩歡喜地已，永離一切外道惡趣，正住出世間趣。法相成熟。分別幻等一切法。自覺法趣相，離諸妄想，見性異相。次第乃至法雲地。於其中間，三昧力自在神通開敷。得如來地已，種種變化，圓照示現成熟衆生，如水中月。善究竟滿足十無盡句，爲種種意解衆生分別說法，法身離意所作。是名菩薩入如如所得。

〔註解〕此明菩薩住如如者之所得益。既住如如，安有所得，及所作意？故曰「得無所有境界」乃至「法身離意所作」。餘義可解。

〔語譯〕大慧！菩薩住於名相不生的如如者，得空無所有境界，登初歡喜地。既登初歡喜地，就永離一切外道惡見所趣，住於出世間的正法所趣了。並通達法相，善解成熟，徹了諸法如幻夢等，得自覺聖智法趣，離諸妄想，見有異相，乖違如理。

由此歷階次第漸進，乃至第十的法雲地。在這初地至十地中間，以三昧神力，如華開敷，莊嚴如來果地。既得如來地已，即以種種變化，圓照法界，隨類示現，成熟衆生，如水中月。善能究竟滿足弘誓大願的十無盡句，隨順衆生種種不同的意解，而爲說法。但法身無爲，離意所作。這就名爲菩薩入如如所得。』

第三節　明四門相攝

甲　請　問

爾時，大慧菩薩白佛言：『世尊！云何世尊爲三種自性入於五法。爲各有自相宗。』

〔註解〕前大慧舉五法、三自性、八識、二無我四門請問，而如來但約五法一門爲答，則四門相攝融通之義，自在裏許。大慧恐聞者不達，故今再興此問。

〔語譯〕這時，大慧菩薩再向佛請問：『世尊！世尊以三種自性攝入五法呢，還是各有其自相爲宗？』

乙　答　釋

1、長　文

佛告大慧：『三種自性及八識二種無我，悉入五法。大慧！彼名及相，是妄想自性。大慧！若依彼妄想生心心法，名俱時生，如日光俱。種種相各別分別持。是名緣

起自性。大慧！正智如如者，不可壞，故名成自性。復次大慧！自心現妄想，八種分別，謂識藏、意、意識，及五識身相者，不實相，妄想故，我我所二攝受滅，二無我生。

〔註解〕文分三段：1、總明三門攝入五法。2、別明三自性攝入五法。3、別明八識二無我攝入五法。

〔語譯〕佛告訴大慧：『三種自性，及八識，與二種無我，這三門都攝入五法。大慧！因爲名相是由妄想而起的，故五法中的名、相二法，就是三自性裏的「妄想自性」。大慧！若依彼五法中的妄想生心心所法時，諸法的假名，也隨之俱生，如日與光俱。既有種種名，必有種種相，各種名相，互爲依持。這就是三自性裏的「緣起自性」。大慧！五法中的正智及如如二法，妙性天然，非造作法，故不可壞。這就是三自性裏的「成自性」。

復次大慧！自心所現的八種分別：識藏、意、意識、眼等五識，都是五法裏不實的「名相妄想」。若我及我所的二攝受滅，則生二無我智，顯二空理。這就是五法裏的「正智如如」。

是故大慧！此五法者，聲聞緣覺菩薩如來，自覺聖智，諸地相續次第，一切佛法悉入其中。

〔註解〕此總結示，五法攝一切佛法盡，豈但攝餘三門？

〔語譯〕是故大慧！此五法，不但攝餘三門，卽聲聞、緣覺、菩薩、如來，自覺聖智之果，諸地相續之因，一切佛法，也都攝入無遺。

復次大慧！五法者：相、名、妄想、如如、正智。大慧！相者，若處所形相，色像等現，是名爲相。若彼有如是相，名爲瓶等，卽此非餘，是說爲名。施設衆名，顯示諸相瓶等心心法，是名妄想。彼名彼相，畢竟不可得，始終無覺，於諸法無展轉，離不實妄想，是名如如。眞實決定究竟自性不可得，彼是如相。我及諸佛隨順入處，普爲衆生如實演說施設顯示，於彼隨入正覺。不斷不常，妄想不起。隨順自覺聖趣。一切外道聲聞緣覺所不得相，是名正智。

〔註解〕此重釋五法，與前大同小異。惟次第倒置，以顯法義融通，順逆皆得。

〔語譯〕復次大慧！所謂五法者，就是：相、名、妄想、如如、正智。大慧！所謂相者：就是有形式色像顯現之處，就叫做「相」。所謂名者：就是在彼瓶等諸相上，安立瓶等衆名，這就叫做「名」。所謂妄想者：就是緣彼施設的瓶等衆名，顯示瓶等諸相時，所起的心心所法，就叫做「妄想」。所謂如如者：就是若了彼名相畢竟空不可得，則始終無分別覺知之心，而於諸法亦無展轉生滅之境，這樣心境皆如，離不實妄想，就叫做「如如」。所謂正智者：卽此眞實決定究竟無自性可得的如如實相，便是我及諸佛隨順證入之處；普爲衆生如實演說，施設名相，顯示如義，令彼衆生隨入正覺，不落斷常邊見，不起分別妄想，但隨順自覺聖趣，一切外道二乘所不得相。這就叫做「正智」。

大慧！是名五法三種自性八識二種無我，一切佛法悉入其中。是故大慧！當自方便學，亦敎他人，勿隨於他。』

〔註解〕此總結勸修。義顯可解。

〔語譯〕大慧！此名：五法、三自性、八識、二無我。一切佛法，都攝入其中。以此之故，大慧！爾等菩薩當自方便修學，並敎化他人，勿隨他轉。』

2、偈　頌

爾時，世尊欲重宣此義而說偈言：『五法三自性，及與八種識，二種無有我，悉攝摩訶衍。名相虛妄想，自性二種相，正智及如如，是則爲成相。』

〔註解〕此以偈頌重明前義。初頌總明四門攝盡一切大乘佛法。梵語摩訶衍，此翻大乘。次頌明五法攝三自性。

〔語譯〕這時，世尊欲重明前義，說偈頌道：『五法、三自性，以及八種識，二種無有我，這四門都攝盡一切大乘。名、相及妄想，就是妄想、緣起二種自性。正智及如如，就是成自性。』

（章後贅言：本章明五法攝一切佛法。惑者不察，難免疑正智如如攝一切佛法則可，名相妄想何以也攝一切佛法？當知正智所契的法性理體，不二平等，名之爲「如」，一切諸法彼此皆如，叫做「如如」。今既由正智契入如如，那名相妄想豈有不如之理？所以金剛經云：『如來者，諸法如義。』又云：『如來說，一切法皆是佛法。』）

第九章　釋恒河沙譬

第一節　請　問

爾時，大慧菩薩復白佛言：『世尊！如世尊所說句，過去諸佛，如恒河沙，未來現在，亦復如是。云何世尊！爲如說而受？爲更有餘義？惟願如來，哀愍解說。』

〔註解〕經教舉譬，原爲顯理，然理之極致，又往往非譬喻所及。此大慧之所以興問。

〔語譯〕這時，大慧菩薩再請問佛：『世尊！如世尊所說，過去諸佛，如恒河沙數，未來現在諸佛，也是如此。聞者當如世尊所說而受持呢，還是別有餘義？惟願如來大悲哀愍，給予解說。』

第二節　答　釋

甲　長　文

佛告大慧：『莫如說受。三世諸佛量，非如恒河沙。所以者何？過世間望，非譬所譬。

〔註解〕此先答釋佛非恒沙可譬。義顯可解。

〔語譯〕佛告訴大慧：『不可說三世諸佛之多，如恒河沙數。何則？佛數勝妙，超過世間量度所望，非恒沙可譬。

以凡愚計常，外道妄想，長養惡見，生死無窮。欲令厭離生死趣輪，精勤勝進故，為彼說言，諸佛易見，非如優曇鉢華難得見故，息方便求。有時復觀諸受化者，作是說言，佛難值遇，如優曇鉢華。優曇鉢華，無已見今見當見。如來者，世間悉見。不以建立自通故，說言如來出世如優曇鉢華。大慧！自建立自通者，過世間望，彼諸凡愚所不能信，自覺聖智境界，無以為譬，眞實如來，過心意意識所見之相，不可為譬。

〔註解〕文分二段：初明隨機淺深，舉譬非一，豈但恒沙？次明建立自通，眞實如來，無譬可譬。自通，就是自覺聖智如來法身。

〔語譯〕但為凡愚計無常為常，外道起有、無妄想，長養惡見，墮五趣生死，輪廻無窮。我想教他們厭離生死，精勤勝進，才給他們說，諸佛易見，如恒河沙，非如優曇鉢華，難得一見，可止息方便，直求佛道。有時爲已受化者，說佛難值遇，如優曇鉢華，敎他們作難遭想，免得懈怠。然優曇鉢華，並沒有人已見、今見、當見；而如來出世，則是人所共見，怎可以曇華譬喻如來？不過設喻原爲顯理，並非能喻就是所喻，更非爲建立自通法身故，說如來出世，如優曇鉢華。

大慧！所謂建立自通者，乃如來自覺聖智境界，眞實法身，超過世間以心意識量所見之相，愚癡凡夫不能信受，故無以爲譬。

大慧！然我說譬佛如恒河沙，無有過咎。大慧！譬如恒沙，一切魚鼈輸收魔羅獅子象馬人獸踐踏。沙不念言，彼惱亂我，而生妄想。自性淸淨，無諸垢汚，如來應供等正覺自覺聖智恒河，大力神通自在等沙，一切外道諸人獸等一切惱亂，如來不念而生妄想。如來寂然，無有念想。如來本願，以三昧樂安衆生故，無有惱亂。猶如恒沙等無有異。又斷貪恚故。

〔註解〕此下釋恒河沙譬，更有七種深義。今初釋法身離念，譬恒河沙。梵語「輸收摩羅」此翻殺子魚。餘義如文可解。

〔語譯〕大慧！眞實法身，雖無以爲譬，然我說諸佛如恒河沙，並無不當的過咎。大慧

！譬如恒沙，被一切魚、鼈、輸收魔羅、獅子、象、馬、人、獸，踩躪踐踏，而沙無念言，說被魚鼈等所惱亂，而生妄想。

恒沙如此，如來亦然。如來的自覺聖智，自性淸淨，無諸垢汚，猶如恒河。如來的大力神通自在等，如恒河中沙，雖被一切外道，如人獸等的踐踏惱亂，而如來寂然，無一念分別妄想。因爲如來本願，以三昧樂安隱衆生，更斷無始貪愛瞋恚習氣，所以無有惱亂，如恒河沙，不動本然，無有異相。

譬如恒沙，是地自性，劫盡燒時，燒一切地，而彼地大不捨自性，與火大俱生故。其餘愚夫作地燒想，而地不燒，以火因故。如是大慧！如來法身，如恒沙不壞。

〔註解〕此二釋法身不壞，譬恒河沙。法性，有事理二義：1、以事而論，諸法各有其不變不壞的自性，如堅爲地之自性等。2、以理而論，諸法平等，唯一實性不變不壞。法身與法性爲同體異名，故今舉事以譬理，曰：「如來法身，如恒沙不壞。」

〔語譯〕譬如恒沙之堅，是地的自性。劫期盡時，火燒一切地，而彼地大卻不捨自性。何則？土與木同屬堅性，木能生火，火又生土，地大與火大，互爲生因，愚夫不覺，作地燒想，而沙實不燒。

如是大慧！一切衆生，雖爲三界火宅所燒，而如來法身不壞，猶如恒沙。

大慧！譬如恒沙，無有限量。如來光明，亦復如是無有限量。爲成熟衆生故，普照一切諸佛大衆。

〔註解〕此三釋如來光明無量，譬恒河沙。如文可解。

〔語譯〕大慧！譬如恒河沙數，無有限量。如來的智慧光明，也是如此無有限量。故爲成熟衆生，隨機應現，普照一切諸佛國土。

大慧！譬如恒沙，別求異沙，永不可得。如是大慧！如來應供等正覺，無生死生滅，有因緣斷故。

〔註解〕此四釋如來斷德不變，譬恒河沙。如文可解。

〔語譯〕大慧！譬如於恒河沙中，別求與恒沙不同的異狀，永不可得。大慧！如來亦然，無分段、變易生死，因爲三界內外的生死邊緣，已竟斷除了。

大慧！譬如恒沙，增減不可得知。如是大慧！如來智慧成熟衆生，不增不減。非身法故，身法者有壞，如來法身，非是身法。

〔註解〕此五釋法身智慧不增不減，譬恒河沙。「身法」就是色身。餘義可解。

〔語譯〕大慧！譬如恒沙，增也不見得多，減也不見得少。大慧！如來亦然，以方便智慧成熟衆生，而於法身不增不減。何則？法身並非色身，色身可壞，如來法身，豈有增減？

如壓恒沙，油不可得。如是一切極苦衆生逼迫如來，乃至衆生未得涅槃，不捨法界自三昧願樂。以大悲故。

〔註解〕此六釋如來大悲，譬恒河沙。如文可解。

〔語譯〕如壓榨恒沙，要想壓出油來，那是不可得的。如來亦然，雖被一切極苦衆生難度所逼迫，乃至有一蠢動未得涅槃，要想如來捨離法界度生的三昧願樂，亦不可得。何則？以如來具足大悲心故。

大慧！譬如恒沙，隨水而流，非無水也。如是大慧！如來所說一切諸法，隨涅槃流。是故說言如恒河沙。如來不隨諸去流轉，去是壞義故。大慧！生死本際不可知，不知故，云何說去？大慧！去者斷義，而愚夫不知。』

〔註解〕此七釋說法隨涅槃流，譬恒河沙。「生死本際不可知」——勝鬘經云：『生死者，依如來藏。以如來藏故，說本際不可知。』據此，則如來藏就是生死本際。理極深微，故不可知。又圓覺經云：『平等本際，圓滿十方。』據此，則生死涅槃，本同一際，無有邊畔。

〔語譯〕大慧！譬如恒沙，是隨水而流的，並非無水，沙能自流。大慧！如來所說的一切諸法，也是隨著涅槃性海而流出的。因此，譬喻如來說法，如恒河沙。如來說法，所以隨順涅槃，不隨諸趣流轉者，因爲諸趣是生滅變壞之義。大慧！生死本際，尚不可以情量知其崖岸，如何可隨諸趣說法？大慧！趣義不但是變壞，而且也是斷滅，都不契眞常妙理，而愚夫不知。』

大慧白佛言：『世尊！若衆生生死本際不可知者，云何解脫可知？』佛告大慧：『無始虛僞過惡妄想習氣因滅，自心現知外義，妄想身轉解脫不滅。是故無邊，非都無所有。爲彼妄想，作無邊等異名。觀察內外，離於妄想。無異衆生，智及爾燄。一切諸法，悉皆寂靜。不識自心現妄想，故妄想生。若識則滅。』

〔註解〕此釋上文「生死本際不可知」義。義顯可解。

〔語譯〕大慧問佛：『世尊！若衆生生死，不可知其邊際者，怎知超度生死，而得解脫？』

佛告訴大慧：『無始以來的虛僞過惡妄想習氣，是生死因。要滅此因，必須了知諸法唯自心現，心外無法之義；則妄想身轉，即是解脫，而體實不滅。體既不滅，則圓滿十方，故無邊際可知，並非都無所有；但轉彼妄想，作解脫無邊等的異名而已。以智慧觀察，內心外境，法法皆如；則遠離妄想，別無衆生，智及智境，一切諸法，都歸寂滅了。但以不識妄想唯自心現，故生妄想；若識唯心，則妄想自滅。』

乙　偈　頌

爾時，世尊欲重宣此義而說偈言：『觀察諸導師，猶如恒河沙，不壞亦不去，亦復不究竟，是則爲平等。觀察諸如來，猶如恒河沙，悉離一切過，隨流而性常，是則佛正覺。』

〔註解〕此十句偈頌的前五句，頌法身平等；後五句頌法性常住。總該前長文中的七譬恒沙。導師，是佛菩薩的通稱。

〔語譯〕這時，世尊爲重明前義，說偈頌道：『觀察諸佛導師，譬如恒河中沙。不隨諸趣變壞而去，亦不住於究竟涅槃，這就是平等法身。觀察諸佛如來，譬如恒河中沙。遠離一切過惡妄想習氣，隨涅槃流而法性常住，這就是佛的正覺。』

〔章後贅言：大涅槃經云：『如來有時以因緣故，引虛空以譬解脫，如是解脫卽是如來。眞解脫者，一切人天無能爲匹，而此虛空，實非其譬。爲化衆生，故以虛空非喻爲喻。』據此例知，本章七譬恒沙，也是非喻爲喻，眞實如來，不可爲譬。〕

第十章　釋諸法刹那壞相

第一節　請　問

爾時，大慧菩薩復白佛言：『世尊！唯願爲說一切諸法，刹那壞相。世尊！云何一切法刹那？』

〔註解〕大慧此問，原在經初百八義中，先已提出。今聞上章「法身不壞」，才又觸及與不壞相對而致問的動機。極短促的一念之頃，或無常變壞，叫做「刹那」。

〔語譯〕這時，大慧菩薩再請問佛，他說：『世尊！唯願爲說一切諸法，刹那刹那，念念不住的變壞之相。世尊！爲什麼說一切法，刹那變壞？』

第二節　答　釋

甲　辨釋刹那

佛告大慧：『諦聽諦聽，善思念之，當爲汝說。』佛告大慧：『一切法者，謂：善、不善、無記、有爲、無爲、世間、出世間、有罪、無罪、有漏、無漏、受、不受。

〔註解〕此如來先誡大慧諦聽，然後標列一切法名，作爲下文釋壞不壞相的依據。如文可解。

〔語譯〕佛告訴大慧：『你要一心諦聽，善於思念，我就給你解說。大慧！所謂一切法者，就是：善法、不善法、非善非不善的無記法、有爲法、無爲法、世間法、出世間法、有罪法、無罪法、有漏法、無漏法、攝受法、不攝受法。

大慧！略說心意意識及習氣，是五受陰因。是心意意識習氣，長養凡愚善不善妄想。大慧！修三昧樂，三昧正受現法樂住，名爲賢聖善無漏。

〔註解〕此約凡聖略說壞不壞相，作爲下文廣說的發端。「五受陰」就是能取著攝受煩惱的五蘊色心，故唐譯爲「五取蘊法」。

〔語譯〕大慧！略而言之，心、意、意識，及其習氣，就是五陰色心的起因。這心意意識習氣，能增長凡愚善、不善的有漏妄想。故有剎那壞相。大慧！修三昧樂，得滅盡定，安住於現受法樂而不動，這名就叫做賢聖的善無漏法。故無剎那壞相。

大慧！善不善者，謂八識。何等爲八？謂如來藏，名識藏。心、意、意識，及五識身，非外道所說。大慧！五識身者，心意意識俱，善不善相，展轉變壞，相續流注。不壞身生，亦生亦滅。不覺自心現，次第滅，餘識生，形相差別攝受，意識五識，俱相應生，剎那時不住，名爲剎那。

〔註解〕此下廣明壞不壞相。今約善不善法，以明剎那。唯識論云：『阿賴耶識與諸轉識，於一切時展轉相生，互爲因果。』即出自今經「五識身者，心意意識俱」等文。前五識不離色身，故名「五識身」。

〔語譯〕大慧！善、不善法，就是八識。何謂八識？就是如來藏爲七轉識所熏變，名爲識藏；又由識藏種子轉生七識。故有：第八識心、第七識意、第六意識及眼等五識的八種識名。這是內教，非外道所說。

大慧！眼等五識，與心、意、意識俱時而起，緣攬塵境。由第六識分別善惡業相，轉變爲第七識的計著；再由第七識計著，轉變爲第八識藏的種子。這樣展轉變壞，生滅相續，如水流注。雖展轉變壞，卻不能斷壞五識身的生生滅滅。

由不覺諸法爲自心所現，依次而緣境、而分別、而計著，此識纔滅，餘識又生，見有形相差別，卽予攝受。因此意識五識，相應俱生，雖一念之頃的極短時間，也不停住，這名就叫做「剎那」。

大慧！剎那者，名識藏，如來藏意俱生識習氣剎那。無漏習氣非剎那。非凡愚所覺。計著剎那論故，不覺一切法剎那非剎那。以斷見壞無爲法。

〔註解〕此約如來藏隨緣熏變的習氣，來說明一切法卽剎那而非剎那。義顯可解。

〔語譯〕大慧！所謂刹那者，就是如來藏名識藏，隨著「意」等諸識俱時熏生的有漏習氣，是刹那法。若以無漏智熏彼習氣，那刹那就不是刹那了。但這一切法，即刹那而非刹那，不是計著刹那論者的凡愚，所能覺知。因爲他們錯把斷滅空見當作無爲，破壞了眞無爲法。

大慧！七識不流轉，不受苦樂，非涅槃因。大慧！如來藏者，受苦樂，與因俱，若生若滅。四住地無明住地所醉。凡愚不覺，刹那見妄想熏心。

〔註解〕此以七轉識與第八識對辨，以明如來藏，實非刹那之由。

〔語譯〕大慧！七識刹那生滅，本無自性，故不流轉生死；既不流轉生死，當然也不受苦樂；既非生死苦樂之本，當然也不能作涅槃之因了。大慧！如來藏不變隨緣，受熏持種，故受苦樂，與善惡因俱，若生若滅；而如來藏體實非生滅。但爲一切煩惱依處的四住地，及根本無明住地所昏醉，凡愚不覺，起刹那見，妄想熏心。

復次大慧！如金金剛，佛舍利，得奇特性，終不損壞。大慧！若得無間，有刹那者，聖應非聖，而聖未曾不聖。如金金剛，雖經劫數，稱量不減。云何凡愚，不善於我隱覆之說。於內外一切法，作刹那想？』

〔註解〕此引金剛及佛舍利爲譬，以顯出世無漏法體，非有刹那。

〔語譯〕還有大慧！譬如經過百鍊的純金金剛，及戒定慧熏修的佛骨舍利，得非常堅固的奇特性，終不爲他物所損壞。大慧！若得修無間道所證眞如，尙有剎那變壞的話，那聖人就不成其爲聖人了。然而聖人卻未嘗不聖，譬如金剛，雖經塵沙劫數，其稱量並不損減。爲什麼愚癡凡夫，於我「剎那非剎那」的隱密之說，不善了悟，而於內心外境的一切法，作剎那想？』

乙　辨釋六度

大慧菩薩復白佛言：『世尊！如世尊說，六波羅蜜滿足，得成正覺。何等爲六？』

〔註解〕上文雖已辨釋剎那；然則要由剎那的生死迷岸，到非剎那的涅槃覺岸，捨六度其誰？此大慧所以重復興問的深意所在。梵語「波羅蜜」，此翻爲度，或翻到彼岸。

〔語譯〕大慧菩薩再請問佛：『世尊！如世尊一往所說，修六度滿足，纔得成等正覺。那末，什度叫做六度？』

佛告大慧：『波羅蜜有三種分別。謂：世間、出世間、出世間上上。

〔註解〕此先標列三種六度名稱，作下文別釋張本。

〔語譯〕佛告訴大慧：『六度有三種分別，卽所謂：世間六度、出世間六度、出世間上上六度。

大慧！世間波羅蜜者，我我所攝受計著，攝受二邊。爲種種受生處。樂色聲香味觸故，滿足檀波羅蜜。戒、忍、精進、禪定、智慧，亦如是。凡夫神通，及生梵天。

〔註解〕此釋世間六度，乃著相凡夫所修，報在人天，未離生死。

〔語譯〕大慧！世間度者，乃凡夫計著我及我所，攝受有、無二邊，不契中道，不悟無生。但爲未來的種種受生之處，樂享色、聲、香、味、觸的五欲塵境之故，而行六度：布施、持戒、忍辱、精進、禪定、智慧。如是凡夫，得五神通，生於梵天。

大慧！出世間波羅蜜者，聲聞緣覺，墮攝受涅槃故，行六波羅蜜，樂自己涅槃樂。

〔註解〕此釋出世間六度，乃妄計偏空爲涅槃的二乘所修。

〔語譯〕大慧！出世間度者，乃聲聞、緣覺，墮於攝受偏空涅槃之理，而修六度。只顧樂享自己的涅槃之樂，不度衆生。

出世間上上波羅蜜者，覺自心現妄想量攝受，及自心二故，不生妄想。於諸趣攝受非分，自心色相不計著。爲安樂一切衆生故，生檀波羅蜜，起上上方便。卽於彼緣，妄想不生戒，是尸波羅蜜。卽彼妄想不生忍，知攝所攝，是羼提波羅蜜。初中後夜，精勤方便，隨順修行方便，妄想不生，是毗梨耶波羅蜜。妄想悉滅，不墮聲聞

涅槃攝受，是禪波羅蜜。自心妄想非性，智慧觀察，不墮二邊，先身轉勝而不可壞，得自覺聖趣，是般若波羅蜜。』

〔註解〕此釋出世間上上六度，乃大乘菩薩所修。超前世間的著相凡夫；出世間的偏空二乘。檀波羅蜜等，當文自釋可知。

〔語譯〕出世間上上度者，乃大乘菩薩，既已覺知心境二法，唯是自心所現的妄想量度，攝受外境，就不生妄想了。既不生妄想，則於諸趣的有所攝受，非菩薩分。於能施之我，受施之人，及所施財物的色相，亦不計著。但爲安樂一切衆生之故，起三輪體空的上上方便，修行布施。這就是第一的布施度——檀波羅蜜。

卽於彼施度的染淨境緣，妄想不生，那有過犯可禁？這妄想不生的禁戒，就是第二的持戒度——尸波羅蜜。

卽彼戒度妄想不生，自能了知能所攝受，性非實有，而安忍毀辱。這就是第三的忍辱度——羼提波羅蜜。

於初、中、後三時，晝夜精進，勤勉不懈，隨順修行方便，妄想不生。這就是第四的精進度——毘梨耶波羅蜜。

妄想旣都滅盡，則以同體大悲，救度衆生，不墮聲聞自了生死，取證涅槃的有所攝受。

這就是第五的禪定度——禪波羅蜜。

以智慧觀察，自心妄想所現，非實有性，則不墮有無二邊，中道法身先已轉勝，不可破壞，得自覺聖趣。這就是第六的智慧度——般若波羅蜜。』

丙　偈　頌

爾時，世尊欲重宣此義而說偈言：『空無常剎那，愚夫妄想作，如河燈種子，而作剎那想。剎那息煩亂，寂靜離所作，一切法不生，我說剎那義。

〔註解〕此下以九頌重明前剎那壞相。這二頌總答大慧所問「云何一切法剎那」之義。如文可解。

〔語譯〕這時，世尊爲重明前義，說偈頌道：『空無自體的無常剎那，乃愚夫妄想所作。猶如河流、燈燄、種子的不住遷變，就在這中間作剎那想了。若剎那的煩亂止息，當體寂靜離妄所作，則一切法生卽不生。這就是我說剎那的密義所在。

物生則有滅，不爲愚者說。無間相續性，妄想之所熏。無明爲其因，心則從彼生，乃至色未生，中間有何分？相續次第滅，餘心隨彼生，不住於色時，何所緣而生？以從彼生故，不如實因生，云何無所成，而知剎那壞？

〔註解〕這四頌反復辨釋剎那非剎那義。前二頌約生相以釋，先立後破。後二頌約滅相以釋，亦先立後破。

〔語譯〕凡物有生就有滅的生即不生之理，不是爲計著剎那生滅的愚夫而說的。蓋無間斷的生滅相續，乃以取著色境的妄想所熏爲緣，根本無明爲因，生滅心就從彼而生了。若無明乃至色境未生之時，試問這中間有何心生而起分別？

前念相續次第滅時，更有後念的餘心隨之而生，若不住於色境，試問將何所爲緣而生心呢？以從彼虛妄的色境而生之故，不是如實因生，爲什麼從不實因生無所成立的法體，妄見有剎那變壞之相呢？

修行者正受，金剛佛舍利，光音天宮殿，世間不壞事。住於正法得，如來智具足，比丘得平等，云何見剎那？揵闥婆幻等，色無有剎那，於不實色等，視之若眞實。』

〔註解〕這三頌：(1)舉譬以喻正受不壞，顯非剎那。(2)明住於正法的聖者，本無剎那可見。(3)斥凡愚妄見不實色相，爲實有剎那。「光音天」屬色界二禪天，劫火燒不到，故曰不壞。餘義如前可解。

〔語譯〕修行者得三昧正受，猶如金剛、佛骨舍利、光音天宮，此等世間現見的不壞之事，並非剎那。

住於正法的聖者，或得如來正智具足，或得比丘所證的平等眞如，那裏還有刹那可見？諸法猶如犍闥婆城、夢、幻等一般，其色相空無刹那，而凡愚竟視此如幻不實的色等以爲眞實，墮刹那見。』

（章後贅言：佛說刹那生滅，密示法本不生，當體寂滅之義，以破不了諸法如幻，執以爲實的凡愚妄見；而凡愚反泥語失義，又執諸法實有刹那。此本章所以反復辨釋刹那非刹那也。學者當知，迷此雖行六度，也不能達究竟彼岸；悟此而行六度，則此岸彼岸，生死涅槃，無二無別。）

第十一章　廣釋衆疑

第一節　請　問

爾時，大慧菩薩復白佛言：『世尊！世尊記阿羅漢得成阿耨多羅三藐三菩提，與諸菩薩等無差別。一切衆生法不涅槃，誰至佛道？

〔註解〕大慧鑒於世尊一往所說，義多隱密，語亦矛盾，故列舉六問，以徵釋疑。旣爲世尊一往所說，必有教乘可據，例如授聲聞成佛之記，便有法華授記品可資考證。涉及文長，不煩備述。今第一問，如文可知。

〔語譯〕這時，大慧菩薩再請問佛：『世尊旣給阿羅漢授記，得成無上正等正覺，與諸菩薩無有差別。又說一切衆生法，不至涅槃。那末，誰成阿羅漢蒙佛授記，至於佛道呢？

從初得佛，至般涅槃，於其中間不說一字，亦無所答。如來常定故，亦無慮，亦無察，化佛化作佛事。

〔註解〕此第二問，疑在不生滅章裏。如文可知。

〔語譯〕如來曾說，從最初成佛，乃至涅槃，在這一段期間，不曾說著一個字，也沒有給誰解答過問題。是則如來寂然常定，故無緣慮，亦無覺察。那末，如何化佛化作佛事？難道作佛事不說一個字嗎？

何故說識刹那展轉壞相。

〔註解〕此第三問。疑在刹那壞相章裏。如文可知。

〔語譯〕既說七識不流轉，何故又說五識身與心意意識，俱是刹那展轉壞相呢？

金剛力士，常隨侍衞。

〔註解〕此第四問。疑在恆河沙譬章裏。如文可知。

〔語譯〕既說如來法身過世間望，即是不可見相；那金剛力士，又何從常隨侍衞？

何不施設本際。

〔註解〕此第五問。亦疑在恆沙章裏。如文可知。

〔語譯〕若生死本際不可知者，何不施設本際，以爲敎法，使知解脫？

現魔魔業，惡業果報，旃遮摩納，孫陀利女、空鉢而出，惡業障現。云何如來得一切種智，而不離諸過？』

〔註解〕此第六問。疑恒沙章偈「觀察諸如來，悉離一切過。」之句，與「興起行經」中說佛一生所受種種災難，自語相違。

〔語譯〕如：天魔率魔兵魔女，妨佛成道；旃遮婆羅門女以木盂繫腹部，謗佛私通；外道孫陀利女殺女埋佛住處，謗爲佛殺；佛入刹梨那村乞食無施，空鉢而出。還有：食馬麥、頭痛、背痛、木刺傷足、調達推山壓佛等事，這都是惡業果報的障現。爲什麼如來得一切種智，還不離諸過？』

第二節　許　說

佛告大慧：『諦聽諦聽，善思念之，當爲汝說。』大慧白佛言：『善哉世尊！唯然受敎。』

〔註解〕此如來許說。如文可解。

〔語譯〕佛告訴大慧：『你要仔細聆聽，善於思念，我就給你解說。』大慧說：『很好啊世尊！唯願敬謹受教。』

第三節　正　說

甲　長　文

佛告大慧：『為無餘涅槃故說，誘進行菩薩行者故。此及餘世界修菩薩行者，樂聲聞乘涅槃，為令離聲聞乘，進向大乘，化佛授聲聞記，非是法佛。大慧！因是故，記諸聲聞與菩薩不異。大慧！不異者，聲聞緣覺諸佛如來，煩惱障斷，解脫一味，非智障斷。大慧！智障者，見法無我，殊勝清淨。煩惱障者，先習見人無我斷，七識滅。法障解脫，識藏習滅，究竟清淨。

〔註解〕此對第一問的答釋。分二：(1)釋所以給聲聞授記與菩薩不異之故。(2)釋不異之所以。

〔語譯〕佛告訴大慧：『一則為誘導取證有餘涅槃的聲聞，教他們進修菩薩行的無餘涅槃。二則為此方及餘方世界，畏退大乘樂聲聞涅槃的菩薩，教他們捨離聲聞，趣向大乘。所以化佛方便給聲聞授記，而不是法身如來。大慧！因此之故，說諸聲聞與菩薩不異。

大慧！所謂不異者，是說聲聞緣覺與諸佛如來，一樣的對見思煩惱障斷，僅此解脫一味相同；並非智障亦斷，與諸佛不異。大慧！智障若斷，則見法無我理，比較斷煩惱障，殊勝清淨。斷煩惱障者，乃最初修習見人無我，但滅七識的我執，而法執尚在。若法執解脫，則第八識藏的無明習氣滅盡，纔得究竟清淨的無餘涅槃。

因本住法故，前後非性。無盡本願故，如來無慮無察，而演說法。正智所化故，念不妄故，無慮無察。四住地無明住地習氣斷故，二煩惱斷，離二種死，覺人法無我，及二障斷。

〔註解〕此對第二問的答釋。「本住法」就是常住的法性，亦卽眞如實相，餘義可解。

〔語譯〕本來寂靜的常住法性，無始終，無內外。那有始自成佛，終至涅槃的前後際，及其中間所說之法？唯以如來曠劫修因，濟度衆生的無盡本願，故能寂而常照，照而常寂，無慮無察的隨應說法。又如來說法，出於正智，念無虛妄，故不待緣慮觀察，然後方說。如來已斷五住地枝末根本二種煩惱的無始習氣，離分段變易二死，覺人法二無我理，及煩惱所知二障並斷，故能依體起用，現應化身。化作佛事。

大慧！心意意識眼識等七，剎那習氣因，善無漏品離，不復輪轉。大慧！如來藏者輪轉，涅槃苦樂因。空亂意慧，愚癡凡夫所不能覺。

〔註解〕此對第三問的答釋，如文可解。

〔語譯〕大慧！意、意識、眼等五識，這七種識，以第八識裏的剎那習氣爲因，無實自體；離善無漏品，非涅槃因；所以他們就不復輪轉，受苦樂之報了。大慧！如來藏性，不變隨緣：隨染緣輪轉生死；隨淨緣證入涅槃。雖與生死涅槃的苦樂因俱，卻不爲生死涅槃的苦樂所轉。但這隱密之說，不是愚癡凡夫以空亂意的空慧，所能覺知。

大慧！金剛力士所隨護者，是化佛耳，非眞如來。大慧！眞如來者，離一切根量。一切凡夫聲聞緣覺及外道根量悉滅，得現法樂住，無間法智忍故，非金剛力士所護。一切化佛不從業生。化佛者，非佛，不離佛。因陶家輪等衆生所作相而說法，非自通處說自覺境界。

〔註解〕此對第四問的答釋。分二：(1)正答。(2)釋化佛依眞起化。

〔語譯〕大慧！金剛力士所隨護的，是化身佛，而不是眞實如來。大慧！眞實如來，離一切陰界入的大小根量，無相可見；滅盡一切凡夫外道及聲聞緣覺的根量；自得三昧正受的現法樂住，無間解脫的法智忍。這豈是金剛力士所隨護的嗎？

一切化佛，都不是從業報生的，乃依法身眞體而起化用，雖非法佛，亦不離法佛。好比陶家以輪繩泥模等衆緣資具，製造成磚瓦盆瓶等的器物。化佛亦然，隨著衆生機緣，現作三十二相，方便說法。並非由自通之處，說如來自覺聖智境界。

復次大慧！愚夫依七識身滅，起斷見。不覺識藏故，起常見。自妄想故，不知本際

。自妄想慧滅，故解脫。

〔註解〕此對第五問的答釋。如文可解。

〔語譯〕復次大慧！愚夫不知生滅相續，但於七識滅處，而起斷見。不覺第八識藏隨緣熏變，而起常見。這都是自心妄想，不知本際非斷非常。妄想若滅，便是解脫。何待施設？

四住地無明住地習氣斷故，一切過斷。』

〔註解〕此對第六問的答釋。如文可解。

〔語譯〕如來的五住煩惱習氣，究竟永斷，金剛法身，那還有一切魔障過惡？不過化佛以慈心三昧，化現魔障，使衆生知報應不爽，深懷戒心而已。』

乙　頌　頌

爾時，世尊欲重宣此義而說偈言：『三乘亦非乘，如來不磨滅，一切佛所記，說離諸過惡。爲諸無間智，及無餘涅槃，誘進諸下劣，是故隱覆說。諸佛所起智，即分別說道，諸乘非爲乘，彼則非涅槃。欲色有及見，說是四住地，意識之所起，識宅意所住。意及眼識等，斷滅說無常，或作涅槃見，而爲說常住。』

〔註解〕此總有五頌，重明前六答中義。但不次第，前後綜錯，尋對自知。

〔語譯〕這時，世尊欲重明前義，說偈頌道：『三乘權法非一實乘，眞實如來是不可磨滅的，故一切佛授給聲聞作佛之記，又說如來法身離諸過惡。

爲無間修斷的無漏聖智，及二死永寂的無餘涅槃，來誘進根機下劣的凡愚，所以才權作隱密的授記之說。

諸佛從初坐覺樹所起之智，後卽分別說道，三乘都非佛乘，彼但空偏眞不是無餘涅槃。欲愛、色愛、有愛及見一處，說此四住煩惱，乃意識起於第八識藏，第八識藏爲意識所住的宅舍。

彼見意及眼等轉識暫被伏斷，便說這是無常；或作涅槃見，說爲常住。』

（章後贅言：佛對千差萬別之機，說千差萬別之法，故金剛經云：『無有定法如來可說』。然皆爲實施權，畢竟還要會權歸實，故法華方便品云：『世尊法久後，要當顯眞實。』學者知此，就不會迷執方便，疑佛說法有自語相違之過了。這就是本章六問六答的旨趣所在。）

第十二章　遮禁食肉

第一節　請　問

爾時，大慧菩薩以偈問曰：『彼諸菩薩等，志求佛道者，酒肉及與葱，飮食爲云

何？惟願無上尊，哀愍爲演說。愚夫所貪著，臭穢無名稱，虎狼所甘嗜，云何而可食？食者生諸過，不食爲福善。惟願爲我說，食不食罪福。』

〔註解〕今楞伽會上的夜叉鬼王，其中不乏發菩提心，志求佛道者。但他們的生活習慣，非肉不食，正是上章所謂的「無明住地習氣」未斷。所以大慧代爲請問，食肉不食肉的罪福。

〔語譯〕這時，大慧菩薩以偈問佛：『那諸菩薩等，既是志願求佛道者，於酒肉葱等的飲食，可不嚴加禁戒嗎？惟願世尊，哀愍演說。愚夫貪著臭穢，無可稱譽，虎狼所嗜好的肉食，人怎可食？食肉則生諸過惡，不食才是修福的善業。惟願世尊爲我演說，這食肉與不食肉的罪福因緣。』

大慧菩薩說偈問已，復白佛言：『惟願世尊，爲我等說食不食肉功德過惡。我及諸菩薩於現在未來，當爲種種希望食肉衆生，分別說法。令彼衆生慈心相向，得慈心已，各於住地清淨明了，疾得究竟無上菩提。聲聞緣覺自地止息已，亦得速成無上菩提。惡邪論法，諸外道輩，邪見斷常，顚倒計著，尚有遮法，不聽食肉。況復如來，世間救護，正法成就，而食肉耶？』

〔註解〕此大慧再請佛說食肉不食肉的功過，並發願弘揚。如文可解。

〔語譯〕大慧菩薩，剛才說偈問佛已罷，再向佛申請。他說：『惟願世尊爲我們演說，食肉與不食肉的功德過惡。使我和諸菩薩等，好對現在未來的種種食肉衆生，分別說法，敎他們彼此以慈心相向，化異類怨仇爲同體大悲。既得慈心，便各於其菩薩住地頓斷二障，淸淨明了，速得究竟無上菩提。聲聞緣覺亦止息其自了的但空涅槃，速得無上菩提。惡法邪論者，如「路伽耶」等的諸外道輩，計著斷常，顚倒妄見，他們尚且有不聽食肉的遮法，何況如來爲救護世間，正法成就的大慈大悲，而許食肉嗎？』

第二節　許　說

佛告大慧：『善哉善哉！諦聽諦聽，善思念之，當爲汝說。大慧白佛言：『唯然受敎』。

〔註解〕此如來許說。如文可解。

〔語譯〕佛告訴大慧：『很好很好！你要一心聆聽，善爲思念，我就給你解說。』大慧隨卽應諾的說：『唯願受敎』。

第三節　正　說

甲　長　文

佛告大慧：『有無量因緣不應食肉。然我今當爲汝略說。謂一切衆生從本已來，展

轉因緣，嘗為六親，以親想故，不應食肉。驢騾駱駝狐狗牛馬人獸等肉，屠者雜賣故，不應食肉。不淨氣分所生長故，不應食肉。衆生聞氣，悉生恐怖，如旃陀羅及譚婆等，狗見憎惡，驚怖羣吠故，不應食肉。又令修行者慈心不生故，不應食肉。凡愚所嗜，臭穢不淨，無善名稱故，不應食肉。令諸咒術不成就故，不應食肉。以殺生者，見形起識，深味著故，不應食肉。彼食肉者，諸天所棄故，不應食肉。令口氣臭故，不應食肉，多惡夢故，不應食肉。空閒林中虎狼聞香故，不應食肉。令飲食無節故，不應食肉。令修行者不生厭離故，不應食肉。我嘗說言，凡所飲食，作食子肉想，作服藥想故，不應食肉。聽食肉者，無有是處。

〔註解〕此佛略說十五種不應食肉的因緣。梵語「旃陀羅」，此翻屠夫。「譚婆」，此翻獵人。餘義可解。

〔語譯〕佛告訴大慧：『有說之不盡的無量因緣，不應食肉。然我今天應當給你略說如下：⑴一切衆生從無始來，展轉輪廻，當互為父母兄弟妻子六親眷屬，當以親屬作想，不應食肉。⑵驢騾駱駝狐狗牛馬人獸等肉，乃屠夫所殺，犪割雜賣，故不應食。⑶肉類都是從臭穢不淨的氣分中所生長的，故不應食。⑷衆生聞到肉的腥氣，就心生恐怖。如狗見屠夫及打獵等人，便憎惡驚怖，羣起狂吠，故不應食肉。⑸食肉能使修行人慈心不生，妨礙道業，故不應食肉。⑹肉食是愚癡凡夫的嗜好，臭惡不淨，無善可稱，故不應食肉。⑺食肉能使定心散亂，所持的咒術不得成就，故不應食肉。⑻慣食肉者，見有形色蠢動，便爲深著肉味而起殺念，故不應食肉。⑼食肉者，尙爲諸天所棄，何況菩薩？故不應食肉。⑽食肉能令口氣發臭，惹人厭惡，故不應食肉。⑾食肉者，多驚險噩夢，故不應食肉。⑿食肉者，若在山林空閒之處，引得虎狼聞香而至，故不應食肉。⒀肉能令人飲食無節，影響健康，故不應食。⒁食肉者爲貪瞋癡三毒所惑，不作厭離生死之想，故修行人不應食肉。⒂如我嘗說，凡所飲食，都要體念物力，作食子肉想，作服藥想；何況食肉？若聽食肉，無有是處。

復次大慧！過去有王，名師子蘇陀婆，食種種肉，遂至食人，臣民不堪，卽便謀反，斷其俸祿。以食肉者有如是過故，不應食肉。

〔註解〕此引昔人食肉罪過，以昭炯戒。

〔語譯〕復次大慧！過去世有一國王，名叫「師子蘇陀娑」，食遍鳥獸種種肉類，尙不知足，遂至食人。臣民不堪暴虐，便卽謀反，削其王位，斷其俸給。因爲食肉者有這樣罪過，所以不應食肉。

復次大慧！凡諸殺者，爲財利故、殺生屠販。彼諸愚癡食肉衆生，以錢爲網而捕諸肉。彼殺生者，若以財物，若以鉤網，取彼空行水陸衆生，種種殺害。屠販求利，

大慧！亦無不教不求不想，而有魚肉。以是義故，不應食肉。

〔註解〕此明食肉與屠販同罪。如文可知。

〔語譯〕復次大慧！凡諸殺者不出二途：一方面爲貪財謀利，才去做殺生販肉的屠兒；一方面是食肉的愚夫，雖不直接殺生，卻以金錢爲網，捕得諸肉。彼殺生者：或以錢財，或用鉤網，取彼空行的飛鳥、水中的魚蝦、陸地的走獸，施設方便，種種殺害，食肉與屠販，同一罪業。大慧！那有不教人殺、不自求肉、不起肉想，而有屠販魚肉之理？因此之故，不應食肉。

大慧！我有時說，遮五種肉，或制十種。今於此經，一切種，一切時，開除方便，一切悉斷。

〔註解〕此明今經但立遮制，不許方便開戒，以示實義。如文可解。

〔語譯〕大慧！我有時說，遮止：見殺、聞殺、疑殺、非自死、非鳥食殘餘，這五種肉，都不許食；或制止：人、蛇、象、馬、龍、狐、狗、獅子、猿、猴，這十種肉，也不許食。除此遮制不許食外，其餘不見殺、不聞殺等的淨肉，都方便許食。但這都是一時的權教，今爲實義，於此楞伽經中，一切種、一切時、一切方便，都要究竟斷盡。

大慧！如來應供等正覺，尚無所食，況食魚肉？亦不教人，以大悲前行故，視一切衆生，猶如一子。是故不聽令食子肉。』

〔註解〕此如來以身作則，揭示同體大悲，不聽食肉。如文可解。

〔語譯〕大慧！如來應供等正覺，除以法喜、禪悅爲食外，尚無所食，何況魚肉？更何況教人食肉？但以大悲爲萬行之首，視一切衆生，如我赤子。因是之故，不聽吾教弟子，食諸子肉。」

乙　偈　頌

爾時，世尊欲重宣此義而說偈言：『曾昔爲親屬，鄙穢不淨雜，不淨所生長，聞氣悉恐怖。一切肉與葱，及諸韭蒜等，種種放逸酒，修行常遠離。

〔註解〕此下有二十頌半重明前義。這二頌明遮制酒肉，及葱、蒜、韭、薤、興渠的五種辛菜。興渠，出于闐國，亦名阿魏，臭與蒜同。餘義可知。

〔語譯〕這時，世尊欲明前義，說偈頌道：『衆生往昔曾爲親屬，而且鄙穢交雜，不淨所生，聞肉氣者都驚恐怖畏。這一切衆生之肉，和挪葱、韭、薤、蒜、興渠及種種酒，頗能令人放蕩淫逸。所以修行人要常常遠離。

亦常離麻油，及諸穿孔牀，以彼諸細蟲，於中極恐怖。

〔註解〕這一頌，是由上二頌推演而出。西土製造蔴油，先淹胡蔴，使之出蟲，然後榨油。

〔語譯〕不但遠離酒肉五辛，亦離蔴油及穿孔繩牀。因爲有微細蟲蟲，在裏頭極度恐怖。

飲食生放逸，放逸生諸覺，從覺生貪欲，是故不應食。由食生貪欲，貪令心迷醉，迷醉長愛欲，生死不解脫。

〔註解〕這二頌，明飲食酒肉爲解脫生死的障難，故不應貪嗜。

〔語譯〕飲食酒肉能生放逸；放逸生諸邪惡覺觀；邪覺又生貪欲；所以不應飲食酒肉。飲食酒肉則生貪欲；貪能令心昏迷沉醉；迷醉又長養欲愛煩惱。那生死繫縛就不得解脫了。

爲利殺衆生，以財網諸肉，二俱是惡業，死墮叫呼獄。若無教想求，則無三淨肉，彼非無因有，是故不應食。

〔註解〕這二頌，明食肉與屠販的惡業罪報相等。如文可解。

〔語譯〕屠販爲謀利而殺害衆生，愚夫以錢財而網食諸肉，這二種人所作的俱是惡業。他們死後必墮慘呼叫喚的酷刑地獄。若無愚夫給屠販作敎殺、想肉、求食之因，那有不見殺、不聞殺、不疑是殺的三淨肉？他旣不是無因而有的，如何可食？是故不應食肉。

彼諸修行者，由是悉遠離，十方佛世尊，一切咸呵責。展轉更相食，死墮虎狼類，臭穢可厭惡，所生常愚癡。多生旃陀羅，獵師譚婆種，或生陀夷尼，及諸食肉性，羅刹貓狸等，徧於是中生。

〔註解〕這三頌半，明食肉者的惡報。「陀夷尼」魏譯爲羅刹女。餘義可解。

〔語譯〕如此食肉者的罪業，諸修行人都應當遠離，十方諸佛，亦同所訶斥。他們死後，展轉再生，更互相食。先墮入畜生道中，臭穢可厭的虎狼之類；再生爲愚癡的屠夫、獵師，或羅刹女，以及那諸有食肉性的夜叉、貓、狸等。普徧生在此類中間，不得出離。

縛象與大雲，央掘利魔羅，及此楞伽經，我悉制斷肉。

〔註解〕這一頌，明佛制斷肉，所說的經典。縛象，就是象腋，與大雲、央掘利魔羅，皆屬經名。

〔語譯〕我在那象腋與大雲，央掘利魔羅，及此楞伽的深經裏，都制斷食肉。

諸佛及菩薩，聲聞所呵責，食已無慚愧，生生常癡冥，先說見聞疑，已斷一切肉，妄想不覺知，故生食肉處。

〔註解〕這二頌，明食肉罪業，由不覺佛說斷肉的密意所致。

〔語譯〕凡愚食肉，雖爲三乘聖人所訶斥，然猶無慚無愧，生生世世常墮癡冥。我先說不許食見殺、聞殺、疑殺的三不淨肉，已是密示本無淨肉可食而制斷一切肉了。愚夫不覺無淨肉可食，故於食肉處生起妄想。

如彼貪欲過，障礙聖解脫，酒肉葱韭蒜，悉爲聖道障。未來世衆生，於肉愚癡說，言此淨無罪，佛聽我等食。

〔註解〕這二頌，明貪欲爲障道之緣，以儆未來。

〔語譯〕如彼貪欲者的過惡，飲食酒肉及葱等五辛，都能障礙聖道，不得解脫。未來世的末法衆生，不可作愚癡妄說，三淨肉無罪，是佛聽許我們食的。

食如服藥想，亦如食子肉，知足生厭離，修行行乞食，安住慈心者，我說常厭離，虎狼諸惡獸，恒可同遊止。若食諸血肉，衆生悉恐怖，是故修行者，慈心不食肉。食肉無慈慧，永背正解脫，及違聖表相，是故不應食。得生梵志種，及諸修行處，智慧富貴家，斯由不食肉。』

〔註解〕這最後五頌，結示食肉與不食的利害得失。梵志，是修淨行者的通稱，非特指外道。餘義可解。

〔語譯〕食時應深切體念，如服藥餌及食子肉，知足無貪，修乞食行。如此安住於同體慈心者，我說此人已厭離貪染，可常與虎狼惡獸，一同遊息。若食諸肉，則衆生見之都恐怖畏避了。因此修行者，以慈心故，不食諸肉。因爲食肉者無同體慈慧，永背二死都亡的眞正解脫，及違離了妙相莊嚴的聖者儀表，故不應食肉。其得生於梵志種族，及諸修行道場，或富有智慧的法王家者，這都是由不食肉所感得。』

〔章後贅言：律儀中僅制斷食肉一律，卽廣涉三業。犯則三業垢染，持則三業清淨。一犯一持，則煩惱生死，菩提涅槃，便成乖違。所以佛在本章裏，盛說食肉與殺生，同一過惡。此如來從無緣大慈同體大悲的平等性裏，所發的眞實如語。學者當知，世之高賢，尙有「物我胞與」之說，何況如來？〕

——一切佛語心品之四竟——

楞伽阿跋多羅寶經今文譯註終

國家圖書館出版品預行編目資料

楞伽經今文譯註／普行法師著. -- 1 版. -- 新北市：華夏出版有限公司, 2022.04

面；　公分. -- (Sunny 文庫；216)

ISBN 978-986-0799-83-5(平裝)

1.經集部

221.751　　110020737

Sunny 文庫 216

楞伽經今文譯註

著　　作　普行法師

印　　刷　百通科技股份有限公司

電話：02-86926066　傳真：02-86926016

出　　版　華夏出版有限公司

220 新北市板橋區縣民大道 3 段 93 巷 30 弄 25 號 1 樓

電話：02-32343788　傳真：02-22234544

E-mail：pftwsdom@ms7.hinet.net

總 經 銷　貿騰發賣股份有限公司

新北市 235 中和區立德街 136 號 6 樓

電話：02-82275988　傳真：02-82275989

網址：www.namode.com

版　　次　2022 年 4 月 1 版

特　　價　新台幣 640 元 (缺頁或破損的書，請寄回更換)

ISBN：978-986-0799-83-5